모든 사람을 위한 한 사람

세움북스는 기독교 가치관으로 교회와 성도를 건강하게 세우는 바른 책을 만들어 갑니다.

모든 사람을 위한 한 사람
복음에 대한 35가지 이야기

초판 1쇄 발행 2024년 8월 1일

지은이 ㅣ 이복우
펴낸이 ㅣ 강인구

펴낸곳 ㅣ 세움북스
등 록 ㅣ 제2014-000144호
주 소 ㅣ 서울시 종로구 대학로 19 한국기독교회관 1010호
전 화 ㅣ 02-3144-3500
팩 스 ㅣ 02-6008-5712
이메일 ㅣ cdgn@daum.net

디자인 ㅣ 참디자인

ISBN 979-11-93996-11-9 (03230)

모든 사람을 위한 한 사람

이복우 지음

복음에 대한 35가지 이야기

ONE FOR ALL
ONCE FOR ALL

세움북스

머리글

남한산성 자락 아래에 어느 고즈넉한 동네가 있습니다. 매달 첫날 아침 8시 30분이면 한 건물에서 울려 퍼지는 찬송가 소리가 작은 계곡을 메웁니다. 바로 '한국유기농유통'의 임직원들이 하나님께 드리는 예배입니다.

한국유기농유통의 대표는 임성실 장로님입니다. 오래전 어느 날 임 장로님이 저에게 전화를 하셨습니다. 그리고 이 회사의 예배에 대해 말씀하면서 설교를 부탁하셨습니다. 그렇게 시작한 설교 사역이 벌써 20년이 훌쩍 지났습니다. 물론 그사이에 저의 형편 때문에, 때로는 회사의 상황 때문에 설교를 하지 못한 때도 종종 있었습니다. 코로나로 전 세계가 고통을 겪는 기간에는 아예 예배를 드리지 못했습니다. 이런 경우를 제외하고 저는 지금까지 이 회사의 직원예배에서 설교해 오고 있습니다.

처음에 임 장로님이 저에게 "복음만 전해 주세요!"라고 부탁하신 말씀은 오랜 시간이 지났지만 제 마음에 단단히 박힌 못처럼 남아 있습니다. 제가 처음 설교를 시작했을 때, 예배 참석 인원은 아마도 30여 명이 조금 넘었던 것 같습니다. 그중에 신자는 아주 소수였고 대부분 불신자였던 것으로 기억합니다. 지금은 많이 성장하여 여러 법인에서 대략 90여 명의 임직원이 모여 예배를 드립니다. 물론 지금도 불신자가 신자보다 많습니다. 그러나 예배 참석이 강요로 이루어지는 것은 아닙니다. 참석하는 이에게는 선물과 아침 식사를 제공합니다. 임 장로님은 이 한 번의 예배, 일 년에 단 열두 번 드리는 예배를 위해 상상 이상의 물질과 시간을 헌신합니다. 예배 시에 회사별로 매달 순번을 정해 특별 찬양을 드립니다. 저는 이때마다 큰 은혜를 받습니다. 너무도 감동적이고 고마워서 "오늘 찬송하신 분들 모두 교회에 다니시는 분들인가요?"라고 물어보기도 하고, 직장인 찬송가 경연대회에 나가 보라고도 말합니다. 입술의 찬양이 언젠가는 영혼에 충격을 주어 하나님을 믿고 마음으로 주님을 찬송할 그날이 꼭 오리라 확신합니다.

신자와 불신자가 함께 예배에 참석하니, 설교자의 고민이 클 수밖에 없습니다. 어느 한 쪽에 초점을 맞추어 설교할 수 없기 때문입니다. 이럴 때마다 저는 "복음만 전해 주세요"라는 장로님의 처음 부탁을 떠올립니다. 그리고 할 수 있는 대로 복음을 전하려고 애를 씁니다. 시간이 오래 지나다 보니 이렇게 설교한 원고가 꽤 많이 모였습니다. 어느 날 문득 이 원고를 책으로 출판하여 전도용으로 쓰면 어떨까 하는 생각이 들었습니다. 임 장로님께 의논을 드렸고 기쁘게 동의해 주셨습니다. 서툴고 어눌한 필체로 쓴 글이지만, 그럼에도 믿지 않는 영혼들을 마음에 품고 그들의 구원을 위해 안타까운 심정으로 기도하며 쓰고 전한 설교입니다. 그러므로 이 책이 널리 읽혀 많은 사람이 예수 그리스도의 십자가 사랑을 깨닫고 믿어 구원 얻게 되기를 간절히 바랍니다.

저의 설교는 여러 책과 자료들로부터 도움을 받았습니다. 하지만 설교 원고에는 이 자료들의 출처를 일일이 남기지 않았습니다. 그러다 보니 인용한 자료의 출처를 밝히는 일이 어렵게 되었습니다. 이 점에 대해 자료의 원저자와 독자의 양해를 구합니다.

오랫동안 예배에 참석하여 함께 하나님을 높여 드린 한국유기농유통의 모든 임직원분께 진심으로 감사를 드립니다. 특히 이윤 추구가 아니라, 하나님의 영광을 위해 이 어려운 일을 포기하지 않고 지속해 오시며 출판을 후원해 주신 임성실 대표님과 부인 김성희 권사님께 존경의 마음을 담아 감사를 전합니다. 끝으로, 책을 읽지 않는 시대, 더군다나 성경을 풀어낸 책은 사람들의 관심에서 밀려난 이 시대에 출판을 기쁘게 허락해 주신 세움북스의 강인구 대표님께 고마움을 전합니다.

"εἷς ὑπὲρ πάντων ἀπέθανεν" (고후 5:14)
"한 사람이 모든 사람을 위해 죽었습니다."

목차

1부
/
하나님
아버지

ONE FOR ALL
ONCE FOR ALL

1. 아버지의 통곡

: 사무엘하 18:1-5, 33

¹ 이에 다윗이 그와 함께 한 백성을 찾아가서 천부장과 백부장을 그들 위에 세우고 ² 다윗이 그의 백성을 내보낼새 삼분의 일은 요압의 휘하에, 삼분의 일은 스루야의 아들 요압의 동생 아비새의 휘하에 넘기고 삼분의 일은 가드 사람 잇대의 휘하에 넘기고 왕이 백성에게 이르되 나도 반드시 너희와 함께 나가리라 하니 ³ 백성들이 이르되 왕은 나가지 마소서 우리가 도망할지라도 그들은 우리에게 마음을 쓰지 아니할 터이요 우리가 절반이나 죽을지라도 우리에게 마음을 쓰지 아니할 터이라 왕은 우리 만 명보다 중하시오니 왕은 성읍에 계시다가 우리를 도우심이 좋으니이다 하니라 ⁴ 왕이 그들에게 이르되 너희가 좋게 여기는 대로 내가 행하리라 하고 문 곁에 왕이 서매 모든 백성이 백 명씩 천 명씩 대를 지어 나가는지라 ⁵ 왕이 요압과 아비새와 잇대에게 명령하여 이르되 나를 위하여 젊은 압살롬을 너그러이 대우하라 하니 왕이 압살롬을 위하여 모든 군지 휘관에게 명령할 때에 백성들이 다 들으니라 ³³ 왕의 마음이 심히 아파 문 위층으로 올라가서 우니라 그가 올라갈 때에 말하기를 내 아들 압살롬아 내 아들 내 아들 압살롬아 차라리 내가 너를 대신하여 죽었더면, 압살롬 내 아들아 내 아들아 하였더라

1. 압살롬의 행적

본문에 다윗이라는 왕이 등장합니다. 하나님은 다윗을 자신의 마음에 맞는 사람이라고 말씀하셨습니다. "내가 이새의 아들 다윗을 만나니 내 마음에 맞는 사람이라 내 뜻을 다 이루리라 하시더니"(행 13:22). 다윗은 어떤 사람이었기에 하나님으로부터 이와 같은 인정을 받았을까요? 다윗 왕에게 압살롬이라는 아들이 있었습니다. 그리고 압살롬에게는 다말이라는 누이가 있었는데 참 아름다운 처녀였습니다. 그런데 압살롬의 이복형인 암논이 다말을 짝사랑하게 되었습니다. 당시에는 근친 간의 혼인이 일반적이었습니다. 그러므로 순리를 따라 혼인을 했으면 되었을 텐데, 그만 암논은 계략을 꾸며서 이복누이인 다말을 강제로 욕을 보이고 말았습니다. 그러자 다말의 친오빠인 압살롬은 머리끝까지 화가 났습니다. 그래서 그는 치밀한 계획을 세워 2년 후에 이복형인 암논을 살해했습니다. 그러고는 아버지인 다윗 왕의 진노를 피하여 그술이라는 나라로 도망을 칩니다. 다윗은 그 후 3년이 지나서야 압살롬이 예루살렘에 돌아오는 것을 허락하지만, 돌아온 후에도 2년 동안 그를 만나 주지 않다가 그 후에야 겨우 그를 만나기를 허락했습니다.

그런데도 압살롬은 자기의 잘못을 돌이키지 않고 한 가지 계략을 꾸밉니다. 그는 아침 일찍이 일어나 성문 길 곁에 서서 어떤 사람이든지 송사가 있어 다윗 왕에게 재판을 청하러 올 때에 그 사람을 불러 자기편으로 끌어들였습니다. 이를 사무엘하 15:6에서는 "이스라엘 사람의 마음을 압살롬이 훔치니라"고 말씀합니다. 결국 압살롬은 자기가 왕이 되려고 아버지 다윗 왕을 대항하여 반란을 일으켰습니다. 그리하여 다윗은 그의 가족들과 신하들을 데리고 예루살렘을 떠나 도피하여 마하나임이라는 곳에 이르게 됩니다. 본문의 내용이 바로 이 마하나임의 에브라임 수풀에서 벌어진 아버지 다윗과 그의 아들 압살롬 사이의 전쟁에 관한 이야기입니다.

2. 다윗과 압살롬의 전쟁

다윗의 군대는 이미 마하나임에 진을 쳤고 압살롬과 그 군대는 요단강을 건너서 길르앗 땅에 진을 치고 있었습니다. 곧 전쟁이 시작될 것입니다. 다윗은 서둘러 아들과의 전쟁에 대비하여 자기 군대를 세 부대로 나누었습니다. 그리고 요압과 아비새와 그리고 길르앗 사람 잇대를 각 부대의 사령관으로 임명했습니다. 다윗은 군대를 재조직하고 압살롬과의 전투에 나갈 모든 준비를 마쳤습니다. 이때 사령관들은 자기 군대와 함께 압살롬과의 전쟁에 나가고자 하는 다윗을 나가지 못하도록 말렸습니다. 그들은 다윗이 전쟁에 나가서는 안 된다고 설득합니다. 왜냐하면 다윗의 군대 절반이 죽는다 해도 압살롬과 그를 따르는 군대들은 상관치 않을 것이기 때문입니다. 오직 다윗이 죽어야만 끝나는 전쟁입니다. 그래서 백성들은 다윗의 목숨은 백성 만 명의 목숨보다 중하며, 따라서 자신들과 함께 전쟁에 나갈 수 없다고 간곡하게 만류했습니다. 결국 다윗은 자기 군대와 함께 전쟁에 나가지 않기로 합니다. 그리고 이어지는 내용에서 우리는 다윗으로부터 두 가지 특이한 점을 발견하게 됩니다.

3. 다윗의 간청과 슬픔

첫째는 아버지 다윗의 간청입니다. 다윗은 자신을 반역하여 전쟁을 일으킨 압살롬을 진압하려고 전쟁터에 나가는 군대 사령관들에게 압살롬을 너그러이 대우해 달라고 간절하게 요청합니다. "왕이 요압과 아비새와 잇대에게 명령하여 이르기를 나를 위하여 젊은 압살롬을 너그러이 대우하라"(삼하 8:5). "나를 위하여 젊은 압살롬을 너그러이 대우해 달라"는 다윗의 이 명령에는 자식을 사랑하는 아버지의 마음이 가득 담겨 있습니다. 다윗이 왜 사령관들과 함께 전쟁에 나가려고 했겠습니까? 그가 아들 압살롬을 죽이고 싶도록 미워해서였을까요? 아버지와 아들이 마주 대항하여 싸우는 이 비극적인 전쟁을 그가 즐겼기 때문에 함께 나가겠다고 했겠습니까? 아닙니다. 다윗이 요압과 아비새와 잇대에게 한 명령에 근거해서 볼 때, 다윗이 친히 전쟁에 나가려고 한 것은 그가 압살롬의 아버지로서 어떻게 해서든지 아들인 압살롬의 목숨을 구해보려고 했기 때문입니다. 압살롬은 사랑을 받을 만한 자격이 전혀 없었습니다. 그는 형을 죽였고 그것도 모자라 아버지를 배반하여 반란을 일으켰으며 그리하여 이스라엘과 하나님의 역사를 크게 더럽힌 아들이었습니다. 그럼에도 다윗은 여전히 그 아들을 너그럽게 대우해 달라는 간곡한 부탁을 자기 부하들에게 하고 있습니다.

　우리가 살면서 잃어버리고 있는 한 가지 성품이 무엇입니까? 그것은 따뜻한 마음, 긍휼의 마음입니다. 우리는 매우 이기적이고 계산적인, 냉정한 경쟁 시대 속에 살고 있습니다. 그러다 보니 우리도 이러한 경쟁의 탁류에 휩쓸려서 따뜻한 가슴을, 불쌍히 여기는 마음을 잃어버렸습니다. 그러므로 삐뚤어진 아들에 대한 다윗의 연민의 정, 그 아들을 끝까지 가슴에 품어주는 다윗의 사랑은 오늘날 우리가 되찾아야 할 성품이요 모습이며 인격과 마음입니다. 우리는 주위의 실패한 사람들에게, 넘어진 사람들에게, 내게 손해와 고통을 안겨준 사람들에게, 내 삶에 치욕 거리가 된 사람들에게 과연 다윗처럼 그렇게 할 수 있을까요? 너그러이 대우하라고 말할 수 있을까요?

　둘째는 아버지 다윗의 슬픔입니다(삼하 18:19; 19:9). 마침내 마하나임 땅 에브라임 숲에서 다윗의 군대와 압살롬의 군대 사이에 싸움이 붙었습니다. 그리고 쫓기는 압살롬이 다윗 군대에 에워싸였습니다. 그는 도망하기 시작했습니다. 그런데 압살롬의 그 아름다운 머리털이 그만 상수리나무 가지에 걸리고 말았습니다. 그러자 노새는 빠져나가고 압살롬은 나뭇가지에 대롱대롱 매달리게 되었습니다. 너그럽게 대우해 달라는 왕의 간곡한 부탁을 기억하는 군인들은 압살롬을 죽이려고 하지 않았습니다. 그런데 사령관 요압이 그 이야기를 듣고 창 셋을 가지고 가서 상수리나무에 매달려 아직 살아 있는 압살롬의 심장을 찔러 죽이고 말았습니다.

　그리고 압살롬의 사망 소식이 아버지인 다윗에게 전해졌습니다. 압살롬의 사망 소식을 들은 아버지 다윗은 혼비백산합니다. 그리고 그의 긴 슬픔이 시작됩니다. 아버지 다윗은 죽어야 마땅했던 아들이었음에도 그의 죽음 때문에 이성을 잃어버립니다. 아들이 죽었다는 사실로 인해서 아버지는 모든 분별력을 잃어버리고 그 자신 전체가 요동치기 시작했습니다. 다윗이 얼마나 슬퍼하는가를 보십시오. "왕이 마음이 심히 아파 문 위층으로 올라가서 우니라 그가 올라갈 때에 말하기를 내 아들 압살롬아 내 아들 내 아들 압살롬아 차라리 내가 너를 대신하여 죽었더면, 압살롬 내 아들아 내 아들아"(삼하 18:33). 그가 얼마나 슬프게 울었는지 백성이 그 슬픈 통곡 소리를 다 들었습니다. 백성은 다시 전열을 재정비하고 마하나임 성으로 돌아가는데, 그 성에 도착할 때까지 왕의 울음소리는 멈추지 않았습니다. "왕이 그의 얼굴을 가리고 큰 소리로 부르되 내 아들 압살롬아 압살롬아 내 아들아 내 아들아"(삼하 19:4). 그러자 백성은 전쟁에 이기고도 축제의 행진이 아니라 마치 패전한 군대처럼 슬픈 행진이 되고 말았습니다. 이처럼 다윗은 견딜 수 없도록 그의 아들 압살롬의 죽음을 슬퍼했습니다.

사실 압살롬의 죽음은 이토록 슬퍼할 만한 일이 아니었습니다. 그는 아버지를 지독하게 증오했던 사람입니다. 아버지를 증오할 정도가 아니라 아버지를 죽이려고 군대를 이끌고 반역을 일으켜 전쟁까지 벌인 사람입니다. 그는 자기 이복형을 죽인 자입니다. 그러므로 다윗에게 그는 원수 같은 아들이요 돌볼 가치조차 없는 아들이었습니다. 그럼에도 그런 아들을 향한 아버지의 슬픔을 보십시오. "내 아들 압살롬아 압살롬아." 그 통곡 소리가, 그 울음소리가 모든 백성의 마음을 슬프게 만들 정도였습니다. 그래서 백성은 마치 패전한 군대처럼 마하나임 성으로 조용히, 가만히 들어갔습니다. "그날에 백성들이 싸움에 쫓겨 부끄러워 도망함 같이 가만히 성읍으로 들어가니라"(삼하 19:3). 다윗이 아들의 죽음을 얼마나 슬퍼했는지 요압이 그를 흔들어 깨우기 전까지는 그 슬픔에서 일어설 줄 몰랐습니다.

4. 다윗의 사랑

여기서 우리는 다윗의 성품과 인격에 대하여 다시 생각하게 됩니다. 압살롬은 사랑할 수 없는 아들이었습니다. 그러나 다윗은 아버지로서 끝까지 아들에 대한 자기의 사랑과 그리움과 슬픔을 토해냈습니다. 어떻게 보면 압살롬에 대한 다윗의 사랑은 분명 맹목적입니다. 그것은 분별력을 잃은 것입니다. 지나친 감상주의입니다. 이성을 잃어버린 처사입니다. 하나님의 공의에 대한 판단력도 잃어버렸습니다. 그럼에도 주체할 수 없는 그의 큰 슬픔은 바로 아들에 대한 사랑 때문입니다. 아들은 아버지에게 최악의 증오심을 보였지만, 아버지는 아들에게 최고의 사랑을 보여 주었습니다.

5. 하나님의 사랑

죽어야 마땅한 아들임에도 그 아들의 죽음을 슬퍼하며 통곡하는 아버지 다윗을 보면서 우리는 이것이야말로 우리를 향한 하나님의 마음이요 인격과 성품이라는 것을 알게 됩니다. 아들 압살롬에게 보여준 아버지 다윗의 사랑은 우리를 향한 하나님의 사랑이요, 다윗의 그 마음은 우리를 사랑하시는 하나님의 마음입니다. 그래서 하나님은 다윗을 보고 "내 마음에 맞는 사람"이라고 말씀한 것이 아닐까요? 다윗이 그 아들을 사랑한 것처럼, 아니 그것과는 비교조차 할 수 없을 정도로 하나님은 우리를 사랑하십니다. 땅에 있는 한 아버지가 아들을 그렇게까지 사랑할 수 있었다면 하늘에 계신 아버지는 우리를 얼마나 더 사랑하시겠습니까? 주님이 비유로 말씀하셨습니다. "너희 중에 누가 아들이 떡을 달라 하는데 돌을 주며 생선을 달라 하는데 뱀을 줄 사람이 있겠느냐 너희가 악한 자라도 좋은 것으로 자식에게 줄 줄 알거든 하물며 하늘에 계신 너희 아버지께서 구하는 자에게 좋은 것으로 주시지 않겠느냐?"(마 7:9-11) 인간 아비, 이기적인 육신의 아버지의 사랑이 이럴진대 하물며 온전하신 하늘 아버지의 사랑은 오죽하겠습니까?

6. 맺음말

우리에게는 앞날에 대한 염려와 두려움이 있을 수도 있습니다. 사실, 우리는 한 치 앞도 내다볼 수 없는 인생에 불과하기에 미래에 대하여 불안해하는 것은 어쩌면 당연한 일인지도 모릅니다. 게다가 악한 본성에서 나오는 하나님을 대적하는 모든 행위를 생각하면 우리는 하나님으로부터 은총과 은혜를 입을 기대조차 할 수 없음도 잘 압니다. 그러나 우리를 향한 하나님의 사랑은 우리의 생각을 초월하여 하늘로부터 부으시는 사랑입니다. 하나님께서 자기를 대적하는 아들 압살롬을 끝까지 사랑하고 품었던 아버지 다윗의 사랑을 성경에 기록하신 것은 압살롬보다 더 악하여 하나님을 늘 반역하는 우리 죄인들을 향한 하나님 아버지의 무한한 사랑을 우리에게 알리려고 하신 것입니다.

우리들의 사랑은 너무나 깊이가 없습니다. 너무 메말라 있습니다. 오래 사랑하지 않습니다. 냉정합니다. 이기적이요 조건적입니다. 그러나 우리에 대한 하나님의 사랑은 이것과 완벽히 다른 절대적인 사랑입니다. 하나님은 우리의 죗값을 치르기 위해 자기 아들 예수님을 죽음에 내주셨습니다. 세상에 이런 사랑이 어디에 있습니까? 이 사랑은 그 누구도 흉내내거나 모방할 수 없는, 오직 하나님만이 베푸실 수 있는 사랑입니다. 그래서 성경은 이것을 하나님 '자기의' 사랑(롬 5:8)이라고 말씀합니다. 이처럼 하나님은 죄인인 우리를 사랑하셔서 자기의 아들을 내어주셨습니다. 그렇다면 하나님이 왜 다른 그 어떤 것들을 우리에게 주시지 못하겠습니까.

여러분, 우리는 비록 연약하지만, 하나님께서는 그런 연약함까지도 기꺼이 사랑하실 것을 믿으시기를 바랍니다. 그리하여 기쁨과 감사와 설렘과 기대로 인생을 살아가시기를 바랍니다. 우리를 향한 하나님의 사랑은 지치지도 않고 중단하지 않는 끝까지 사랑하시는 아버지의 사랑입니다.

2. 어찌 아끼지 아니하겠느냐?

: 요나 4:1-11

¹ 요나가 매우 싫어하고 성내며 ² 여호와께 기도하여 이르되 여호와여 내가 고국에 있을 때에 이러하겠다고 말씀하지 아니하였나이까 그러므로 내가 빨리 다시스로 도망하였사오니 주께서는 은혜로우시며 자비로우시며 노하기를 더디 하시며 인애가 크시사 뜻을 돌이켜 재앙을 내리지 아니하시는 하나님이신 줄을 내가 알았음이니이다 ³ 여호와여 원하건대 이제 내 생명을 거두어 가소서 사는 것보다 죽는 것이 내게 나음이니이다 하니 ⁴ 여호와께서 이르시되 네가 성내는 것이 옳으냐 하시니라 ⁵ 요나가 성읍에서 나가서 그 성읍 동쪽에 앉아 거기서 자기를 위하여 초막을 짓고 그 성읍에 무슨 일이 일어나는가를 보려고 그 그늘 아래에 앉았더라 ⁶ 하나님 여호와께서 박넝쿨을 예비하사 요나를 가리게 하셨으니 이는 그의 머리를 위하여 그늘이 지게 하며 그의 괴로움을 면하게 하려 하심이었더라 요나가 박넝쿨로 말미암아 크게 기뻐하였더니 ⁷ 하나님이 벌레를 예비하사 이튿날 새벽에 그 박넝쿨을 갉아먹게 하시매 시드니라 ⁸ 해가 뜰 때에 하나님이 뜨거운 동풍을 예비하셨고 해는 요나의 머리에 쪼이매 요나가 혼미하여 스스로 죽기를 구하여 이르되 사는 것보다 죽는 것이 내게 나으니이다 하니라 ⁹ 하나님이 요나에게 이르시되 네가 이 박넝쿨로 말미암아 성내는 것이 어찌 옳으냐 하시니 그가 대답하되 내가 성내어 죽기까지 할지라도 옳으니이다 하니라 ¹⁰ 여호와께서 이르시되 네가 수고도 아니하였고 재배도 아니하였고 하룻밤에 났다가 하룻밤에 말라 버린 이 박넝쿨을 아꼈거든 ¹¹ 하물며 이 큰 성읍 니느

웨에는 좌우를 분변하지 못하는 자가 십이만여 명이요 가축도 많이 있나니 내가 어찌 아끼지 아니하겠느냐 하시니라

1. 화를 내는 요나

우리는 본문에서 매우 무섭게 화를 내는 한 사람을 만납니다. 그는 바로 요나입니다. 1절에 보면 그는 매우 싫어하고 성을 내고 있습니다. 무엇 때문인가요? 그것은 요나 3장에 있었던 일 때문입니다. 40일이 지나면 니느웨가 무너지리라는 요나의 외침을 듣고 니느웨 온 나라가 어른부터 아이까지, 왕부터 서민까지, 심지어 온갖 짐승까지도 다 회개하여 악한 길에서 돌이켜 떠났습니다. 그러자 하나님께서도 뜻을 돌이키어 그들에게 내릴 것이라고 말씀하신 재앙을 내리지 않으셨습니다(욘 3:10). 바로 이것 때문에 요나는 심히 화가 났습니다. 요나는 하나님께서 니느웨를 멸망시키지 않은 것에 대해 격분하고 있습니다. 그는 요나 4:2에서 고백한 것과 같이 주께서는 은혜로우시며 자비로우시며 노하기를 더디 하시며 인애가 크시사 뜻을 돌이켜 재앙을 내리지 아니하시는 하나님이신 줄을 알고 있었습니다. 그러나 그는 하나님의 이 크신 긍휼과 자비가 니느웨에 베풀어지는 것만은 절대로 원하지 않았습니다.

2. 요나가 화를 낸 이유

그런데 혹 다른 사람이면 몰라도 요나는 이러면 안 됩니다. 그는 불과 얼마 전, 하나님을 거역하고 하나님의 낯을 피하여 도망가다가 죽음의 자리인 깊은 바다에 던져졌습니다. 하지만 하나님이 큰 물고기를 준비하시고, 요나를 삼키게 하셨습니다. 그리하여 요나는 밤낮 3일을 물고기 배 속에 있다가(마 12:40; 16:4; 눅 11:30 참조) 하나님께서 그 물고기에게 말씀하셔서 요나를 육지에 토하게 했습니다. 그리하여 요나는 죽음에서 구원을 받았습니다. 그리고 하나님은 요나를 용서하시고 또 한 번 기회를 주셨습니다. 이것은 하나님이 요나에게 베풀어 주신 말로 다할 수 없는 크신 은혜였습니다.

그러므로 요나 자신도 니느웨 사람들처럼 불순종하여 죄를 지었다가 회개하고 주님의 은혜와 자비와 인애와 오래 참으심 덕분에 구원받은 자입니다. 그도 니느웨 사람들과 똑같은 처지에 있습니다. 그들보다 나을 것이 하나도 없습니다. 그러므로 요나는 누구보다도 니느웨의 구원을 기뻐하고 함께 즐거워했어야 마땅합니다. 하지만 요나는 자기는 구원받고 니느웨는 멸망하기를 간절히 바랐습니다. 요나는 자기에게 베풀어진 하나님의 자비와 긍휼이 니느웨 사람들에게도 베풀어지는 것을 절대 원하지 않았습니다. 요나가 왜 그랬을까요? 여기에는 어떤 특별한 이유가 있습니다.

니느웨는 앗수르의 수도입니다. 그리고 앗수르는 과거에 요나의 조국인 이스라엘에 쳐들어와 많은 고통을 주었습니다. 이런 까닭에 요나는 니느웨가 망해서 없어지기를 간절히 원했으며, 그래서 하나님의 자비와 구원이 그들에게 베풀어지는 것을 용납할 수 없었던 것입니다. 요나는 니느웨에게 당한 과거의 아픔과 분노 때문에 니느웨에 대한 하나님의 사랑을 밀어내고 있습니다.

3. 하나님이 요나를 가르치시다

그러나 이와 같은 요나에게 하나님은 그의 태도와 행동이 잘못되었다는 것을 가르치셨습니다. 하나님은 요나에게 그의 그러한 행동이 과연 옳은 것인지를 점검해 보라고 자극하셨습니다. 그래서 하나님은 4절에서 이렇게 물으셨습니다. "네가 성내는 것이 옳으냐?" 이 질문은 "너의 원수가 멸망하기를 바라는 너의 태도가 정말 옳은 것이냐?"라고 묻고 계신 것입니다. 하나님으로부터 이 질문을 받은 요나는 아무런 대답도, 반성도 하지 않고 도리어 이상한 행동을 합니다. 그는 성읍을 나가서 그 성읍 동쪽에 자리를 잡고 앉았습니다. 그리고 그는 거기서 자기를 위하여 초막을 짓고 그 그늘에 앉아서 니느웨 성읍에 무슨 일이 일어나는지를 지켜보고 있었습니다.

그러자 하나님께서는 요나를 가르치기 위해 한 가지 실물 교육을 시작하셨습니다. 하나님은 요나가 쉽게 알아들을 수 있는 눈높이 교육을 하기 위해 한 가지 시청각 교재를 만드셨습니다. 그것은 박넝쿨입니다. 하나님께서 박넝쿨을 예비하셔서 요나를 가리게 하셨습니다. 사막의 뜨거운 햇볕 때문에 요나의 머리가 상하지 않도록 박넝쿨로 그늘이 지게 함으로써 그가 괴로움을 당하지 않도록 하신 것입니다. 그러자 요나에게 놀라운 반응이 일어났습니다. 6절 끝부분을 보세요. "요나가 박넝쿨로 말미암아 크게 기뻐하였더니"

4. 죄인의 대표

여러분, 요나의 이 모습은 1절에서 그가 매우 싫어하고 성냈던 것과는 너무나 대조적이지 않습니까? 한 도시 전체를 죽음에서 구원하시는 하나님의 놀라운 은혜에 대해서는 기뻐하기는커녕 오히려 매우 싫어하고 화를 냈던 요나가, 이제 자신을 뜨거운 열기로부터 가려주는 박넝쿨 하나에 대해서는 매우 기뻐하고 있습니다. 그는 보통 기뻐한 것이 아닙니다. 그는 크게 기뻐했습니다. 이것은 요나가 얼마나 자기중심적이고 이기적인가를 잘 보여 줍니다. 요나는 자기에게 이로움을 주면 아주 사소한 것에도 매우 기뻐하지만, 자기와 경쟁 관계에 있으며 좋지 않은 감정이 있는 사람들이 잘 되는 것을 보았을 때는 몹시 화를 냈습니다.

여러분, 요나가 참으로 고약한 심보를 가졌다고 생각하지 않습니까? 사람이 어떻게 그럴 수 있느냐고 생각하지 않습니까? 그런데 저는 이 말씀을 준비하면서 요나가 충분히 이해됐습니다. 이 말은 요나가 잘했다거나 그럴 수도 있다는 뜻에서 이해가 되었다는 말이 아닙니다. 오히려 요나와 똑같은 심보를 저도 가지고 있다는 뜻에서 그가 충분히 이해되었다는 말씀입니다. 요나의 이러한 모습은 단지 요나 한 사람에게만 해당하는 것이 아닙니다. 이것은 죄인인 우리 모두의 모습이기도 합니다. 요나는 모든 인간의 악한 모습을 대표해서 드러내고 있을 뿐입니다. 그러므로 요나의 이야기는 모든 사람의 이야기입니다. 니느웨의 수많은 사람이 구원받는 것보다 나 한 사람을 위해 그늘이 되어 중동의 뜨거운 태양열을 피하게 해 준 식물 하나를 더 기뻐하는 요나의 자기 중심적인 성향은 모든 사람에게 똑같이 있습니다. 모든 사람은 죄인이기 때문입니다. 그러므로 이러한 자기 중심성은 누구에게나 있습니다. 자기 잘못에 대해서는 관용과 용서와 긍휼을 바라면서도 다른 사람의 잘못을 용납하고 관용하는 데는 참으로 인색한 것이 인간이 아닙니까?

5. 한 알의 밀알

그러므로 우리는, 특히 예수님으로부터 모든 죄를 용서받고 구원을 받은 사람들은 이 한계를 극복하기 위해 부단히 애쓰고 노력하며 기도해야 합니다. 우리는 나에게 상처를 주고 손해를 입히고 마음을 아프게 한 사람이 있다면 나 자신이 바로 요나라고 생각하시고 용서와 화해의 손을 내밀어야 합니다. 그래야 주님이 기뻐하십니다. 물론 이렇게 하기가 쉽지는 않습니다. 그러나 그럴 때마다 우리는 주님이 우리에게 베풀어 주신 은혜와 자비와 오래 참으심과 용서를 생각해야 합니다. 그리할 때 우리도 주님처럼 원수까지도 용서하고 사랑하며 불쌍히 여길 수 있을 것입니다.

만일 우리가 다른 사람이 잘 되는 것을 보고 내 일처럼 기뻐하는 그런 사람이 될 수 있으면 얼마나 좋을까요? 우리가 우리의 원수들이 잘 되는 것을 보았을 때 좋아서 춤을 출 수 있는 그런 성숙한 신앙의 사람들이 될 수 있으면 얼마나 좋을까요? 나는 행복해야 하고 너는 망해야 한다는 소인배의 논리를 버릴 수만 있다면 얼마나 좋을까요? 이제 우리는 주께서 우리의 마음을 넓혀주시기를 간절히 기도해야 합니다. 그리고 동시에 그렇게 하려고 노력하고 애를 써야 합니다. 이를 위해서 자신에게 주어진 당연한 권리와 소유를 포기하고 양보해 보십시오. 분명 그곳에 참 자유와 기쁨이 있을 것입니다. 권리를 포기할 때 자유로움이 있습니다. 이것은 마치 한 알의 밀이 땅에 떨어져 죽지 않으면 한 알 그대로 있지만 죽으면 많은 열매를 맺는 것과 같습니다. 죽을 때 그곳에 새로운 생명이 시작됩니다. 원수를 사랑할 때, 그때 그리스도의 법이 완성됩니다. 주께서 우리에게 이와 같은 넉넉한 가슴과 인격과 신앙을 주시기를 바랍니다.

6. 하나님의 설득

그런데 이 사건은 요나가 자신을 위한 박넝쿨 하나 때문에 기뻐하는 것으로 마무리되지 않습니다. 요나는 하나님의 자비와 은혜가 원수의 나라인 니느웨에 베풀어진 것에 대해 심히 싫어하고 화를 내어 차라리 죽여 달라고 하나님께 덤벼들었습니다. 여러분, 잘 생각해 보세요. 하나님은 이미 요나를 통해서 이루시고자 했던 니느웨 백성을 돌이키시는 일을 다 완성하셨습니다. 그러므로 이제 하나님은 요나 때문에 속을 썩느니 차라리 그를 버릴 수도 있었습니다. 그러나 하나님은 그렇게 하지 않으셨습니다. 바로 여기에 하나님의 위대한 사랑이 또한 잘 나타납니다.

하나님은 벌레를 예비하셔서 이튿날 새벽에 그 박넝쿨을 갉아 먹게 했습니다. 그러자 그 박넝쿨은 곧 시들고 말았습니다. 그리고 해가 뜰 때에 하나님이 뜨거운 동풍을 예비하셨고, 해는 요나의 머리에 내리쬐었습니다. 그러자 열기가 얼마나 뜨거운지 요나가 정신이 혼미해져서 스스로 죽기를 구할 정도가 되었습니다. 그러면서 "사는 것보다 죽는 것이 내게 낫다"고 말했습니다. 바로 그때 하나님이 요나에게 이렇게 물으십니다. "네가 이 박넝쿨로 말미암아 성내는 것이 어찌 옳으냐"(9상). 그러자 요나가 대답합니다. "내가 성내어 죽기까지 할지라도 옳으니이다"(9하). 다시 하나님께서 말씀하십니다. "네가 수고도 아니 하였고 재배도 아니 하였고 하룻밤에 났다가 하룻밤에 말라버린 이 박넝쿨을 아꼈거든 하물며 이 큰 성읍 니느웨에는 좌우를 분변하지 못하는 자가 십이만여 명이요 가축도 많이 있나니 내가 어찌 아끼지 아니하겠느냐?"(11-12). 이 말씀에서 특히 눈에 띄는 것은 "네가 … 아꼈거든"과 "내가 … 어찌 아끼지 아니하겠느냐?" 사이의 대조입니다. 이 말씀을 조금 풀어서 하면 다음과 같습니다. "너는 네가 수고해서 키웠거나 재배하지도 않았으며 또한 금방 시들어버린 박넝쿨 하나를 그토록 아꼈다. 그렇다면 하물며 내가 창조하고 돌보는 니느웨의 사람들과 짐승들을 내가 아끼는 것은 너무나도 당연한 것 아니냐?" 그러자 요나가 어떤 대답을 합니까? 요나는 아무런 대답도 못 했습니다. 유구무언이라는 말이 여기에 딱 어울립니다.

7. 한 영혼을 소중히 여기시는 하나님

하나님은 요나와 변론하시고 그를 설득하시기 위해서 박 넝쿨뿐 아니라 벌레와 뜨거운 동풍과 태양을 동원하셨습니다. 하나님이 이렇게 하신 것은 니느웨의 12만 명도 소중했지만, 그들 못지않게 요나 한 사람도 똑같이 소중히 여기셨기 때문입니다. 하나님은 요나가 한 사람에 지나지 않는다고 무시하지 않으셨습니다. 또한 그의 생각을 바꾸기 위해 억압이나 무력을 쓰지도 않으셨습니다. 하나님은 끝까지 대화로 그를 설득하시고 깨우치셨습니다. 하나님은 요나를 포기하지 않으시고 그에 대하여 오래 참으셨으며 그를 인격적으로 대우하셨습니다. 하나님은 99마리의 양을 들에 두고 잃어버린 한 마리의 양을 찾아 길을 떠나는 분이십니다. 하나님께서 단 한 사람도 무시하지 않으시고 소중히 여기신다는 사실은 하나님이 니느웨 성읍에 12만여 명이 살고 있다고 말씀한 것에서도 분명히 나타납니다. 이것은 하나님이 니느웨 백성 한 사람 한 사람을 다 알고 계신다는 것을 잘 보여주기 때문입니다. 또한 하나님은 그들이 좌우를 분변치 못하는 자들이라고 말씀하셨습니다(11). 이것은 하나님이 그들의 수뿐만 아니라 그들의 형편과 처지를 정확하게 알고 계신다는 것을 의미합니다. 이처럼 하나님은 니느웨에 있는 각 사람을 아시고 그 모든 사람들의 형편을 살피시며 그들에게 깊은 관심을 두고 계십니다.

8. 맺음말

하나님은 요나 한 사람과 니느웨 사람 12만 명을 똑같이 사랑하시고 존귀하게 여기십니다. 이 사실을 아는 것은 우리에게도 매우 중요합니다. 하나님은 자신에게 유리한가 불리한가를 따져서 사랑하시는 분이 아닙니다. 이러하신 하나님은 우리 모두를 존귀하게 여기시고 우리의 형편을 다 아시며 오늘도 우리 각 사람을 사랑하고 계십니다. "내가 어찌 아끼지 아니하겠느냐." 하나님이 어찌 우리를 아끼지 아니하시겠습니까? 하나님은 자기가 택한 백성인 이스라엘을 침략하여 많은 아픔을 준 수많은 니느웨 사람들도 사랑하셔서 그들을 구원하셨고, 또한 자기 말을 거역하고 따지고 덤비는 요나 한 사람도 똑같이 사랑하시고 아끼셨습니다. 그러므로 하나님은 우리 각 사람을 참으로 아끼고 사랑하십니다. 이러한 하나님의 사랑과 은혜 안에서 위로를 얻고 쉼을 누리며 사는 진실로 복된 인생이 되시기를 진심으로 바랍니다.

3. 하나님의 사랑

: 요 3:14-16

14 모세가 광야에서 뱀을 든 것 같이 인자도 들려야 하리니 15 이는 그를 믿는 자마다 영생을 얻게 하려 하심이니라 16 하나님이 세상을 이처럼 사랑하사 독생자를 주셨으니 이는 그를 믿는 자마다 멸망하지 않고 영생을 얻게 하려 하심이라

요한복음 3:14-15과 함께 16절은 하나님의 사랑에 대한 분명한 가르침을 줍니다. 16절을 14-15절과 함께 생각해야 하는 이유는 두 가지입니다. 첫째는 이 둘이 "왜냐하면"이라는 이유의 접속사로 연결되어 있기 때문입니다. 둘째는 이 둘 다 "이처럼"이라는 말과(아쉽게도 대부분의 우리말 성경에는 14절에 이 말이 빠져 있다) "믿는 자마다 영생을 얻게 하려 하심이라"라는 내용을 공통으로 가지고 있기 때문입니다. 이 구절들은 하나님이 사랑하신 방법과 이 사랑의 실행과 목적이 무엇이며, 또한 이 사랑의 대상이 누구인지에 대하여 교훈하고 있습니다.

1. 사랑하신 방법

본문은 먼저 하나님이 우리를 사랑하신 방법에 대하여 알려 줍니다. 16절은 "하나님이 세상을 이처럼 사랑하사"라는 말씀으로 시작합니다. 어떤 사람들은 '이처럼'이 하나님의 사랑의 정도를 나타내는 것으로 이해하여, 하나님이 아들을 주실 정도로 이토록 무한한 사랑을 하신 것을 의미한다고 말합니다. 또 다른 사람들은 '이처럼'을 사랑의 분량으로 생각해서 하나님이 세상을 이처럼 많이, 이만큼, 하늘만큼 땅만큼 사랑하셨다고 말합니다.

그러나 '이처럼'은 본문에서 방법을 나타내는 의미가 더 강합니다. '이처럼'은 '이와 똑같은 방식으로', 또는 '이러한 방법으로'라는 뜻으로 사용되었습니다. 이것은 14절에 의해서 쉽게 확인됩니다. 아쉽게도 우리말 성경에는 14절의 상반절과 하반절 사이에 '이처럼'이라는 단어가 빠져 있지만, 원문에는 "모세가 광야에서 뱀을 든 것 같이 '이처럼' 인자도 들려야 한다"로 되어 있습니다. 여기서도 '이처럼'은 정도나 양이 아닌 방식을 의미하는 것이 확실합니다. 이 사실은 '이처럼'을 빼고 그 자리에 정도나 양을 나타내는 말을 넣어 읽어보면 금방 드러납니다.

먼저 정도를 의미하는 말을 넣어 읽으면 "모세가 광야에서 뱀을 든 것 같이 '그 정도로' 인자도 들려야 하리니"가 됩니다. 또한 양을 뜻하는 말을 넣어 읽으면 "모세가 광야에서 뱀을 든 것 같이 '그렇게 많이' 인자도 들려야 하리니"가 됩니다. 이 둘 다 말이 되지 않습니다. 그러나 방법의 의미를 넣어 읽으면 "모세가 광야에서 뱀을 든 것 같이 '이와 같은 방식으로' 인자도 들려야 하리니"가 됩니다. 이것은 의미가 아주 잘 통합니다. 따라서 한 절 다음인 16절의 "이처럼"도 정도나 분량이 아니라 방법을 의미하는 것으로 보아야 합니다. 왜냐하면 인접 구절에서(14, 16), 그것도 같은 내용을 말하는 인접 구절에서 같은 단어로 다른 의미를 나타내기는 쉽지 않은 일이기 때문입니다. 이제 이러한 해석에 따라 14절과 16절을 다시 읽으면, "모세가 광야에서 뱀을 든 것 같이 '이와 같은 방법으로' 인자가 들려야 한다. 왜냐하면 하나님이 '이 방법으로' 세상을 사랑하셨기 때문이다"라는 말이 됩니다.

하나님은 우리를 사랑하시되, 모세가 광야에서 뱀을 들었던 바로 그 방식으로 사랑하셨습니다(민 21:4-9). 애굽에서 나온 이스라엘 백성은 길을 돌아가는 것 때문에 마음이 상하여 하나님과 모세를 대항했습니다. 이에 하나님은 맹독성 불뱀들을 보내어 그들을 물게 했습니다. 그러자 이스라엘 백성은 모세에게 기도하여 달라고 요청했고, 하나님은 놋으로 불뱀의 형상을 만들어 장대 위에 달게 하셨습니다. 그리고 그것을 쳐다보는 자는 즉시 살게 하셨습니다. 이 사건은 하나님께서 이스라엘 백성이 지은 죄에 대한 죽음의 형벌을 그들에게서 거두어 장대 끝에 달린 놋뱀에게 몽땅 다 쏟아부으신 것입니다. 이것은 '대리 속죄'의 원리를 잘 보여 주는 것이며, 하나님이 우리를 사랑하신 방법입니다. 그리고 인자가 바로 이와 똑같은 방식으로 십자가에 들리셨습니다. 요한복음은 예수 그리스도의 대리 속죄에 대하여 매우 강조합니다. 세례자 요한은 예수님을 "세상 죄를 제거하는 하나님의 어린 양"이라고 부릅니다(요 1:29, 36). 예수님은 "내가 땅에서 들리면 '모든 사람'을 내게로 이끌겠노라"고 말씀하셨습니다(요 12:32-33). 예수님 한 분의 죽음은 모든 사람을 예수께로 이끄는 죽음입니다("…을 위하여", 요 6:51; 10:11, 15; 11:49-52; 15:13; 18:14 참조). 이것이 바로 하나님이 우리를 사랑하신 방법입니다.

2. 사랑의 실현

16절은 하나님이 세상을 이 방법으로 사랑하셨다고 말씀한 다음에 "그래서" 하나님이 독생자를 주셨다고 말씀합니다. 이것은 하나님께서 세상에 대한 사랑의 실현으로 예수님을 주신 것을 의미합니다. 하나님은 자기 아들을 주심으로써 자기의 사랑을 실행에 옮기셨습니다. 하나님의 사랑은 환상이나 공상적인 것이 아니요 말로만의 사랑도 아닙니다. 하나님은 자기의 사랑을 나타낼 방법을 생각하셨고 또 그것을 구체적으로 실행하셨습니다. 그것은 바로 독생자 예수님을 내주시어 세상의 모든 죄를 그 한몸에 다 짊어지고 십자가에 '들리도록' 하신 것입니다. 하나님은 대리 속죄의 사랑을 이루기 위해 독생자 예수님을 주셨습니다. 하나님은 우리를 사랑하시되 값싸게 사랑하지 않으셨습니다. 하나님은 우리를 사랑하시기 위해 독생자를 주시는 가장 비싼 값을 치르셨습니다.

3. 사랑의 목적

하나님이 이렇게 사랑하신 목적은 예수님을 구주로 믿는 자마다 멸망하지 않고 영생을 얻도록 하기 위함입니다. 하나님의 사랑은 믿는 자를 멸망에 이르지 않게 하며, 그에게 영원한 생명을 줍니다. 그러면 영생은 무엇이며 또 어떻게 그것이 믿는 자에게 주어지는 것일까요?

하나님 아버지께서는 자신 속에 생명을 가지고 계십니다. "아버지께서 자기 속에 생명이 있음 같이"(요 5:26). 하나님은 생명을 본유적으로 소유하고 계시는 영생의 진원지입니다. 그리고 하나님은 이 생명을 아들이신 예수님에게 주어 그분 속에 있게 하셨습니다. "아들에게도 생명을 주어 그 속에 있게 하셨고"(요 6:25). 예수님은 하나님과 동일한 생명을 소유하시며 그 자신이 참된 생명이십니다. 그래서 예수님은 "내가 생명의 떡이다"(요 6:35, 48)라고 말씀하신 것입니다(요 11:25; 14:6). 나아가서 예수님은 이 생명을 믿는 자에게 주십니다(요 4:10, 14; 6:27, 51). "내가 그들에게 영생을 주노니"(요 10:28; 17:2). 결국 아버지의 생명이 예수님을 통해 역사 속에서 믿는 자에게 주어집니다. 아들이 아버지의 생명에 참여하는 것처럼 신자도 아들을 믿음으로써 하나님의 생명에 참여하게 되는 것입니다(요 6:57).

그런데 예수님은 신자에게 생명을 주시되, 자신의 생명을 쪼개어 분배하는 방식으로 주는 것이 아니라, 신자를 하나님께 연합시킴으로써 생명을 주십니다. 신자가 하나님의 생명을 얻는 것은 생명의 물리적인 분배에 의해서가 아니라 신자가 생명의 원천인 하나님 속으로 들어감으로써 이루어집니다. 하나님과 예수님과 신자의 완전한 연합과 이를 통한 하나 됨이 이것을 잘 보여줍니다. "그 날에는 내가 아버지 안에, 너희가 내 안에, 내가 너희 안에 있는 것을 너희가 알리라"(요 14:20. 요 17:21, 23 참조). 신자가 생명을 얻는 것은 그가 하나님과 예수 그리스도와의 완전한 하나 됨을 통해 하나님의 생명에 소속되고 연합되는 것입니다. 그러므로 신자의 영생은 하나님의 생명 그 자체를 공유하는 것입니다(요 15:5의 포도나무와 가지 비유 참조). 바로 이러한 하나님과 신자의 '생명 공유성' 때문에 신자가 영생하게 됩니다. 그러므로 영생의 본질은 단순히 시간상으로 영원히 사는 것이 아니라, 신자가 영생인 하나님과 아들에게 연합된 '관계'를 의미합니다. 영생은 시간적인 것을 넘어 관계적입니다.

이처럼 믿는 자는 하나님과 예수님과의 연합된 관계를 통해 하나님의 생명을 공유합니다. 하나님이 신자에게 주신 생명은 하나님과 예수님께서 소유하시는 바로 그 생명 자체입니다. 신자가 받은 생명은 하나님의 생명보다 못한 것이 아니며 하나님의 생명과 질 다른 것도 아닙니다. 신자의 생명은 하나님의 생명과 같은 생명입니다. 이런 까닭에 영생은 그리스도 안에서 신자의 삶이며, 신자 안에서 그리스도의 삶입니다(요 15:5; 갈 2:20; 엡 1:13-14).

이러한 하나님과 신자의 생명의 동일성은 신자가 소유한 생명의 영원 불변성을 보증합니다. 이것이 중요합니다. 하나님이 영원히 존재하시듯이 하나님과 연합된 신자도 하나님과 동일한 생명을 소유하였기에 하나님처럼 영원히 삽니다. 하나님의 생명이 영원한 생명이기에 신자의 생명도 영원한 생명일 수밖에 없습니다. 따라서 우리가 예수님을 믿어 하나님의 자녀가 되고 영생을 얻은 것은 절대로 무효가 되거나 번복될 수 없으며 무름도 없습니다.

4. 사랑의 대상

넷째로, 본문은 하나님의 사랑의 대상에 대하여 말씀합니다. 하나님이 '세상'을 이처럼 사랑하셨습니다. 본문이 말씀하는 세상은 넓게는 하나님이 창조하신 우주 만물을 가리키는 것이지만, 그 핵심은 인간입니다. 왜냐하면 15절과 16절에서 "믿는 자"라고 말씀하기 때문입니다. 하나님의 세상 사랑의 중심에는 인간이 있습니다. 여기에는 다음과 같은 몇 가지 특징이 동반됩니다.

1) 비참하고 무가치한 자를 사랑하심

하나님은 무가치한 인간을 사랑하셨습니다. 이것은 요한복음이 말하는 인간의 상태를 조금만 살펴보아도 금방 확인됩니다. 사람들은 어둠에 빠져 있어서(요 1:5; 참조. 요 9:39) 그리스도를 깨닫지도 못하며(요 1:5) 알지도 못하고(요 1:10) 영접하지도 않았습니다(요 1:11). 니고데모는 세상의 지식과 지위에 있어서 최고의 자리에 있던 사람이었지만 거듭남에 대하여 알지 못했습니다. 사마리아 수가성 여인은 땅의 것에 집착하는 반면 하늘의 것을 알지 못했습니다. 이는 인간의 연약함과 타락을 잘 보여 줍니다(요 4:1-42). 그런데도 하나님은 이러한 인간을 사랑하셨습니다. 그러므로 하나님은 아무런 가치도 없는 비참한 인생들을 사랑하신 것입니다.

2) 자발적인 사랑

바로 이 점에서 우리는 하나님이 우리를 사랑하신 동기가 우리에게 있는 것이 아니라 전적으로 하나님에게 있다는 사실을 알게 됩니다. 인간은 단지 죄인이며 연약하고 비참할 뿐입니다. 그런데도 하나님은 이렇게 비참한 인간을 위해 자기의 아들을 십자가에 못 박으셨습니다. 하나님이 우리를 사랑하신 것은 우리에게 사랑받을 만한 무엇이 있었기 때문이 아닙니다. 우리는 하나님의 사랑을 유발할 만한 그 어떤 것도 가지고 있지 못합니다. 그러므로 하나님의 사랑은 철저히 자발적인 사랑입니다. 하나님이 인간을 사랑하신 유일한 동기와 근거는 오직 하나님 자신 안에 있습니다. 우리 안에 구원의 근거가 전혀 없듯이, 우리 안에는 사랑받을 어떤 근거도 없습니다. 구원이 우리 밖에서 오듯이 사랑도 오로지 우리 밖에서 오는 것입니다.

3) 가치 창조의 사랑

그런데 참으로 놀라운 사실은 이렇게 아무런 자격도 없고 가치도 없는 인간이 하나님의 사랑을 받음으로써 참된 가치를 가지게 된다는 것입니다. 무가치한 인간이 하나님의 사랑을 받음으로써 절대적인 가치를 가지게 됩니다. 무가치한 인생이 하나님의 사랑 때문에 그리스도 안에서 하나님과 연합되고 하나님과 한 생명을 공유하는 자가 되었기 때문입니다. 그러니 신자는 참으로 존귀한 자일 수밖에 없습니다. 이런 까닭에 하나님의 사랑은 가치 창조의 사랑입니다. 하나님의 사랑은 인간 가치를 인식하는 사랑이 아니라 인간 가치를 창조하는 사랑입니다. 무가치한 인생이 하나님의 사랑 때문에 참된 가치를 가진 존귀한 인생이 됩니다.

5. 맺음말

하나님께서는 죄인인 우리를 사랑하십니다. 하나님이 우리를 사랑하신 방법은 그의 아들 예수 그리스도가 우리를 대신하여 우리의 죗값을 치르게 하는 대리 속죄(대속)의 방법입니다. 하나님은 이 사랑을 실행에 옮기셨습니다. 그리하여 아들 예수 그리스도를 내주시고 우리 죄를 대신하여 십자가에 못 박혀 죽게 했습니다. 이 사실을 믿는 자마다 멸망하지 않고 영원한 생명을 얻게 됩니다. 영생은 생명이신 하나님과 연합된 관계입니다. 예수 그리스도를 믿음으로 하나님과 연합되어 영원한 생명을 소유하시기를 바랍니다. 그리하여 비참하고 무가치한 인생이 영광스럽고 존귀한 인생이 되시기를 간절히 바랍니다.

4. 넘치게 하시는 하나님

: 에베소서 3:20-21

[20] 우리 가운데서 역사하시는 능력대로 우리가 구하거나 생각하는 모든 것에 더 넘치도록 능히 하실 이에게 [21] 교회 안에서와 그리스도 예수 안에서 영광이 대대로 영원무궁하기를 원하노라 아멘

인간이 어떤 존재인지를 알기 위해서는 무엇보다 먼저 하나님이 어떤 분인지를 알아야만 합니다. 인간은 하나님 앞에 있을 때만 참 인간이기 때문입니다. 인간은 하나님과의 관계 속에서만 자신의 참모습을 발견할 수 있습니다. 그러면 하나님은 어떤 분이십니까?

1. 만드시는 하나님

첫째, 하나님은 만드시는 분이십니다. 하나님은 "만물을 창조하신"(엡 3:9) 창조주 하나님이십니다. 이 사실은 성경이 "태초에 하나님

이 계셨다"가 아니라 "태초에 하나님이 만드셨다"(창 1:1)로 시작하는 것에서 분명하게 확인됩니다. 하나님은 만드시는 분이십니다. 하나님은 창조주로서 온 천하 만물과 인간을 다 만드신 분입니다. 이 사실은 우리에게 매우 중요한 교훈을 줍니다.

먼저, 인간이 하나님의 피조물이라는 사실은 인간은 스스로 존재할 수 없다는 것을 잘 보여줍니다. 인간은 자존적인 존재가 아닙니다. 인간은 전적으로 하나님 의존적입니다. 우리는 하나님을 떠나서는 살 수 없으며, 하나님을 떠난 인생은 아무런 의미나 가치도 없습니다. 이런 이유로 사도 바울은 "우리가 그를 힘입어 살며 기동하며 있느니라"(행 17:28)고 말씀했습니다. 하나님은 인간을 위한 생활과 활동과 존재의 근거이십니다. 인간은 철저히 하나님 의존적입니다. 따라서 하나님이 어디 있느냐고, 하나님 없이도 자신의 힘으로 잘 살 수 있다고 생각하는 사람은 아직 자신을 모르는 사람이요 무지한 자입니다. 아니면 일부러 그렇지 않은 척하는지도 모릅니다. 그러므로 인간은 하나님 앞에 두 손 들고 항복하는 철저한 겸손함이 있어야 합니다. 그리하여 하나님을 선택하고, 자신을 포기해야 합니다.

또한 인간이 하나님에 의해 만들어졌다는 사실은 인간의 기원(유래)을 밝히는 것입니다. 하나님이 우리를 만드셨습니다. 그러므로 하나님은 우리의 아버지가 되시고 우리는 그분의 자녀가 됩니다. 이런 까닭에 야고보서 1:18에서는 "그가 그의 조물 중에 우리를 첫 열매가 되게 하시려고 진리의 말씀으로 우리를 낳으셨다"고 말씀하십니다. 하나님께서 우리를 "낳으셨습니다." 그러므로 하나님은 우리의 아버지이십니다(약 3:9). 하나님은 만민에게 생명과 호흡과 만물을 친히 주시는 분이시며(행 17:25), 우리는 그분의 소생입니다(행 17:28).

이렇게 아버지가 되시는 하나님은 자녀인 우리에게 한없는 관심을 가지고 계십니다. 하나님께서는 한 날씩 창조를 끝내실 때마다 "하나님이 보시기에 좋았더라"(창 1:4, 10, 12, 18, 21, 25)고 말씀하셨습니다. 이는 하나님께서 창조하실 때마다 매번 자신의 피조물을 눈여겨 보셨다는 의미입니다. 하나님은 무엇인가를 만드시고는 나는 이제 모르겠다는 식으로 더 이상 관계하지 않는 분이 아닙니다. 아버지이신 하나님은 참으로 깊은 관심과 사랑으로 자녀인 우리의 모든 사정을 헤아리십니다. 하나님은 우리의 앞길에 대한 구체적인 계획을 가지고 계시며 우리에게 필요한 것이 무엇인지 가장 잘 아십니다. 그래서 하나님을 믿는 사람은 참으로 행복한 사람입니다.

더 나아가서 인간이 하나님에 의해 만들어졌다는 사실은 인간의 진정한 가치를 확인시켜 줍니다. 우리의 존재 가치는 우리 자신에 의해서 결정되는 것이 아닙니다. 우리의 가치는 우리의 사회적 지위나 학벌이나 부나 명예나 직업에 의해 결정되는 것이 아닙니다. 우리의 진정한 가치는 하나님께서 우리를 직접 만드셨으며, 특히 "하나님의 형상을 따라" 만드셨다는 데 있습니다(창 1:26; 약 3:9). 그러므로 우리의 가치는 우리가 가진 조건과 상관없이 하나님에 의해서 주어지는 것입니다. 우리의 가치의 근거는 우리 안에 있지 않고 오직 우리 밖, 하나님께 있습니다. 우리의 가치는 우리 스스로 만들어 내는 것이 아니라 하나님이 주시는 것입니다.

우리는 하나님에게 너무나도 존귀한 자녀들입니다(출 24:11; 삼하 7:9; 욥 40:10; 시 8:4-5; 21:5; 49:20; 사 43:4; 49:5). 그러므로 외모나 학벌이나 직업이나 가정적인 형편이나 그 외의 어떤 부족한 것 때문에 스스로를 낮게 평가하거나 쓸모없는 자라고 생각하면 안 됩니다. 하나님이 자녀인 우리를 만드시고 존귀하게 여기시기 때문입니다. 하나님과 사람들 앞에서 겸손하되, 하나님으로부터 부여받은 그 존귀한 가치에 대한 자부심은 잃지 않기를 바랍니다. 그리하여 이 어려운 세상 속에서도 하나님을 아버지로 둔 하나님의 자녀로 당당하게 살아가기를 바랍니다.

2. 다시 만드시는 하나님

둘째, 만드시는 하나님은 다시 만드시는 재창조의 하나님이십니다. "우리는 그가 만드신 바라 그리스도 예수 안에서 선한 일을 위하여 지으심을 받은 자니"(엡 2:10). 여기서 "만드셨다", "지으심을 받았다"는 말은 에베소서 2:1부터 연결해서 볼 때 우리의 구원을 의미한다는 사실을 쉽게 알 수 있습니다. 그러므로 구원은 하나님의 재창조입니다. 구원은 타락한 인간을 다시 하나님의 자녀로 만드는 것입니다. 하나님은 자기의 형상을 따라 인간을 지으셨습니다. 그러나 인간이 죄를 범하여 타락했습니다. 그 결과 모든 인간은 죄와 허물로 죽은 자가 되고 말았습니다(엡 2:1). 하지만 하나님은 죄인을 사랑하셔서 구원하기 위해 예수 그리스도를 이 땅에 보내셨고, 사람들의 죄를 다 그에게 담당시키셔서 십자가에 못 박아 죽이셨습니다. 그리하여 하나님은 예수를 믿는 모든 자를 구원하시고, 자녀 삼으시고, 그들에게 영원한 생명을 주시며 천국을 허락하셨습니다. 그러므로 예수 믿는 자는 새롭게 지으심을 받은 자요, 재창조된 자이며, 진정한 하나님의 자녀입니다. 이처럼 하나님은 다시 만드시는 재창조의 하나님입니다.

그런데 하나님은 우리의 생명을 다시 지으셨을 뿐만 아니라 우리의 삶과 인격도 새롭게 만드십니다. 하나님은 우리의 생명뿐만 아니라 우리의 삶과 인격도 날마다 새롭게 빚으시는 분입니다. 만드시는 하나님은 살아 계신 하나님이시요, 행동하시는 하나님이시며, 일하시는 하나님이시기 때문입니다. 이러한 하나님 때문에 우리에게는 소망이 있습니다. 왜냐하면 재창조의 하나님은 계속해서 우리를 새롭게 만들어 가실 것이기 때문입니다. 하나님이 진행형이기 때문에 우리도 진행형입니다. 현재 우리의 모습은 더는 변화될 수 없는 완성작이 아닙니다. 우리는 주님 나라에 들어가는 그날까지 계속해서 새롭게 지어져 갈 것입니다(엡 2:22).

그러므로 현재의 자기 모습에 만족하지도 말고 실망하지도 마십시오. 우리는 그리스도 안에서 주님이 목적하신 자리까지 끊임없이 성장하고 자라 갈 것입니다(엡 4:13). 우리는 자주 실패합니다. 그러나 인간의 실패가 곧 하나님의 실패는 아닙니다. 하나님은 인간의 실패에 의해 제한을 받으시는 분도 아닙니다. 재창조의 하나님은 인간의 실패를 넘어서 새롭게 만들어 가시는 하나님이십니다. 그러므로 실패를 두려워 말고 나를 새롭게 만드실 주님에 대한 기대를 하십시오. 하나님이 나를 빚어 가실 것에 대한 믿음을 가짐으로 성장과 변화의 아름다운 꿈을 꾸는 하나님 자녀가 되시기를 바랍니다.

3. 넘치게 만드시는 하나님

셋째, 만드시고, 다시 만드시는 하나님은 또한 넘치게 하시는 하나님이십니다. 하나님은 "우리 가운데 역사하시는 능력대로 우리의 온갖 구하는 것이나 생각하는 것에 더 넘치도록 능히 하실 이"(엡 3:20)이십니다. 하나님은 만드시며 다시 만드실 뿐만 아니라 넘치게 하시는 분입니다. 그런데 무엇에 넘치게 하십니까? 우리가 구하는 것이나 생각하는 것에 넘치게 하십니다. 좀 더 쉽게 말하면 하나님은 우리가 기도하는 것이나 생각하는 것보다 훨씬 더 풍성하게 만드십니다. 이것이 가능한 이유는 하나님은 자녀인 우리의 기도를 듣고 응답하시며, 우리의 심중을 헤아리시기 때문입니다.

하나님은 우리가 기도하는 것이나 생각하는 것과는 비교도 할 수 없을 정도로 넘치게 하시는 분입니다. 그러므로 열심히 기도하고 긍정적인 생각을 하십시오. 기도에 힘을 쏟으시기를 바랍니다. 그리하면 하나님은 그 기도보다 훨씬 더 넘치도록 풍성하게 만들어 주실 것입니다. 또한 부정적인 생각을 버리고 긍정적이고 적극적인 생각을 하십시오. 하나님이 우리가 생각하는 것을 초월하여 풍성하고 넘치게 만들어 주신다면 우리는 최선의 생각과 최고의 사고를 해야 합니다. 과거에 집착하지 마십시오. 지난날의 실패에 연연하지 마십시오. 과

거는 이미 내 손에서 떠난 시간입니다. 돌이킬 수 없는 결과에 발목 잡혀 어리석게 살지 마십시오. 지나간 일로 인해 두려워하거나 패배감에 젖어 살지 마십시오. 떨어지는 별똥별을 바라보고 두려워하지 말고 더 높은 데서 반짝이는 아름다운 별들을 바라보십시오. 언제나 바른 생각을 하시고 하나님을 위해 큰 꿈을 꾸시고 그 모든 것을 하나님께 기도로 아뢰십시오. 그리하면 하나님께서 그것에 넘치게 하여 주실 것입니다.

4. 맺음말

우리 하나님은 우리를 만드셨을 뿐 아니라 죄 때문에 죽은 우리를 예수 그리스도 안에서 재창조하셨습니다. 그리하여 날마다 우리의 인격과 삶을 새롭게 만들어 가십니다. 또한 하나님은 우리가 기도하는 것이나 생각하는 것보다 훨씬 더 넘치게 하시는 분이십니다. 그러므로 예수 그리스도를 구주로 믿으시고, 하나님 안에서 주를 위한 변화를 꿈꾸며 최고의 기도와 최선의 생각을 하십시오. 비록 지난날이 어둡고 실패 속에 있었다고 할지라도 예수 믿으시고, 하나님의 사랑스러운 자녀가 되어 나를 새롭게 만들어 가시고 풍성하게 하실 하나님에 대한 믿음과 기대를 하십시오. 기도와 긍정적인 사고로 사십시오. 그리면 하나님께서 구한 것 이상으로, 생각한 것을 넘어서 무한히 많은 것으로 풍족하게 만드시고 넘치게 채워 주실 줄 믿습니다.

2부 / 인간

ONE FOR ALL
ONCE FOR ALL

1. 사람은 어떤 존재인가?

: 야고보서 1:1

¹ 하나님과 주 예수 그리스도의 종 야고보는 흩어져 있는 열두 지파에게 문안하
노라

야고보서 1:1은 이 편지를 쓴 발신자와 편지를 받는 수신자, 그리고 문안 인사로 이루어져 있습니다. 발신자는 야고보이며, 수신자는 열두 지파이고, 문안 인사의 내용은 기쁨입니다. 이 구절은 비록 한 절밖에 안 되는 짧은 말씀이지만, 우리 모두에게 나는 어떤 사람이며, 어디에서 살며, 또 어떻게 살아야 하는지에 대한 매우 귀한 가르침을 줍니다.

1. 모든 사람은 종이다

서신의 발신자인 야고보는 예수님의 형제이며, 예루살렘 교회의 중

심 지도자였습니다. 그는 초기 기독교에 매우 중요하고 영향력이 큰 인물이었습니다. 그런 그가 자신을 "하나님과 주 예수 그리스도의" 종이라고 소개합니다. 야고보는 자신을 하나님과 예수님에게 연결하여 설명하고 있습니다. 그는 자신을 하나님과 예수 그리스도와의 관계에서 이해하고 있습니다. 그는 예수님의 형제라는 자신의 사회적 지위는 물론이고 심지어 교회의 최고 지도자라는 교회적 지위까지도 중요하게 생각하지 않았습니다. 그는 자기를 소개하면서 자신의 스펙이 아닌 하나님과 예수 그리스도와의 관계에서 자신이 누구인지에 대해서만 기록했습니다. 그는 하나님과 예수 그리스도와의 관계에서만 자신의 존재 의미를 찾은 사람입니다. 그는 하나님과 예수님과의 관계에서만 자신을 설명하는 것이 가능한 사람입니다. 그는 하나님과 주 예수 그리스도 없이는 설명할 수 없는 사람입니다. 하나님과 예수 그리스도를 빼놓으면 이해가 되지 않는 사람, 그가 바로 야고보입니다.

우리는 하나님의 피조물입니다. 하나님이 우리를 창조하셨습니다. 하나님이 아니면 우리는 존재할 수 없습니다. 또한 우리는 오직 예수 그리스도를 믿어 구원받습니다. 그러므로 우리도 야고보처럼 하나님과 예수 그리스도와 관계에서 내가 어떤 사람인지를 말할 수 있어야 하고, 하나님과 예수 그리스도를 빼놓으면 이해가 되지 않고 설명이 불가능한 사람이어야 옳습니다. 우리도 자기소개서에 세상의 이력이 아니라 하나님과 관련하여 자신이 누구인지를 말할 수 있어야 합니다. 또한 야고보는 자신을 하나님과 주 예수 그리스도의 "종"이라고 말합니다. 종은 노예입니다. 노예는 철저히 주인에게 매인 자입니다.

노예는 독립된 자가 아니라 소유된 자입니다. 야고보는 자신을 노예라고 함으로써 온전히 하나님과 예수님께 소유된 자요, 매인 자이며, 소속된 자라는 사실을 강조하고 있습니다.

야고보는 분명 혈육으로는 예수님의 형제였습니다. 그런데도 그는 자신을 예수님의 노예라고 하며 예수님께 묶이고 소속되어 철저히 순종했습니다. 그가 이렇게 예수님의 종이 된 이유는 예수님이 그를 구원하신 분이기 때문입니다. 만일 예수님이 구주가 아니라면 야고보는 그분의 종이 되지 않았을 겁니다. 또 된다고 해도 아무런 의미가 없습니다. 신자든 아니든 간에 모든 사람은 하나님의 소유입니다. 하나님이 그들을 창조하셨기 때문입니다. 단지 본인들이 아니라고 생각할 뿐이지 모든 사람은 하나님의 피조물이며 하나님께 소속되어 있습니다. 모든 사람은 하나님에게 매이고 하나님을 중심으로 살아가야 합니다. 만물이 주에게서 나오고 주로 말미암고 주에게도 돌아가기 때문입니다(롬 11:36).

모든 사람은 종입니다. 이 세상 사람 중에 독립된 자유인은 단 한 사람도 없습니다. 사람은 반드시 무언가의 종으로 삽니다. 우리가 어떤 것을 추구하여 그것에 매이는 순간 그것의 종이 됩니다. 돈은 반드시 필요합니다. 그러나 돈을 추구하여 돈에 매이게 되면 결국 돈의 노예가 됩니다. 세상의 많은 사람이 하나님이 아닌 다른 것을 추구하다가 그것을 섬기며, 하나님이 아닌 다른 것의 종이 되어 있습니다. 그리고 거기에서 위로와 평안과 안정을 얻으려고 합니다. 하지만 사람의 참된 안정감과 평안과 위로와 기쁨은 어디에서 옵니까? 그것은 하나님의 소유된 데서 옵니다. 천지를 만드신 전능하신 하나님이 나를 소유하시고 내가 그분께 소속되었다는 이 엄청난 사실이 어떤 어려움이나 환난이나 역경이나 부정적인 상황 속에서도 평안을 잃지 않게 합니다. 하나님이 나를 소유하고 계심이, 나를 잊지 않으심이 우리가 세상의 어려움과 절망과 좌절의 극심한 고통 속에서도 흔들리지 않고 변함없이 평안과 안정을 누리는 원인이요 동력입니다.

재물이 많아서 평안한 것이 아니요, 건강해서 행복한 것도 아닙니다. 혹시 그럴 수 있을지라도 그것은 단지 일시적일 뿐입니다. 오직 하나님이 나를 소유하셨다는 이 사실이 죽을 것 같은 아픔과 극도로 힘든 상황 속에서도 절망하지 않고 나를 살아가게 합니다. 내가 하나님의 소유이면 나의 생명뿐 아니라 나의 삶, 나의 모든 일, 나의 걱정과 염려와 아픔마저도 다 하나님의 소유이기 때문입니다. 나 자신뿐만 아니라 나와 관련된 모든 것이, 나의 모든 일이 다 하나님의 소유입니다! 그래서 하나님이 나보다 나를 더 생각하십니다. "너희를 향한 나의 생각을 내가 아나니 평안이요 재앙이 아니니라 너희에게 미래와 희망을 주는 것이니라"(렘 29:11). 베드로전서 5:7은 이렇게 말씀합니다. "너희 염려를 다 주께 맡기라. 이는 그가 너희를 돌보심이라." 우리가 모두 자신이 하나님의 소유임을 알고 예수 그리스도의 종이 되어 하나님께 매임으로써 진정한 평안과 안정을 누리시기를 축복합니다.

2. 모든 사람은 나그네이다

둘째로, 이 편지의 수신자는 열두 지파입니다. 열두 지파는 구약의 이스라엘을 총칭하는 표현이었습니다. 그러나 그리스도께서 구속을 이루신 후에는 구원받은 하나님의 백성을 총칭하는 표현이 되었습니다. 신약성경이 말하는 열두 지파는 혈통을 따른 이스라엘이 아닌 예수님을 믿어 구원받은 모든 신자, 즉 영적 이스라엘을 가리킵니다. 야고보는 이들을 "흩어진 열두 지파"라고 부릅니다. 모든 신자는 '흩어진 자'입니다. 신자는 종이기에 주인에게 묶여 있지만 동시에 흩어진 자이기도 합니다. 신자는 어느 한 곳에 집착하지 않습니다. 그들은 땅의 것에 집착하지 않습니다. 사도 베드로는 이들을 "흩어진 나그네"라고 부릅니다(벧전 1:1). 그리스도인은 이 땅에서 영원히 사는 정착민이 아니요 천국을 향해 길을 가는 흩어진 나그네입니다.

그런데 그리스도인뿐 아니라 이 땅에 사는 모든 사람이 다 나그네입니다. 우리는 모두 이 사실을 꼭 기억해야 합니다. 재물은 썩고 옷은 좀먹으며 금과 은은 녹이 습니다(약 5:2-3). 모든 인생과 그들이 자랑하는 모든 것이 풀의 꽃과 같이 금방 지나갑니다. 해가 돋고 뜨거운 바람이 불어 풀을 말리면 꽃이 떨어져 그 모양의 아름다움이 없어집니다(약 1:10-11). 세상의 모든 것이 이와 같습니다. 모든 사람이 천년만년 살 것 같지만 잠시 잠깐 후면 이 세상에 없습니다. 그래서 야고보는 사람들의 생명은 잠깐 보이다가 없어지는 안개라고 말씀했습니다(약 4:14). 모든 사람은 이 세상에서 나그네입니다. 그러므로 우리는 이 땅에서의 삶이 끝난 후에 있는 저 천국을 기대해야 합니다. 이 땅은 잠 깐이요, 천국은 영원합니다. 하지만 천국은 오직 예수님을 구주로 믿 는 사람들에게만 주어집니다. 하나님은 자기를 사랑하는 자들에게 하 나님의 나라를 약속하셨습니다(약 2:5). 예수님을 믿으면 그 나라의 상 속자가 됩니다. 이 땅의 삶은 나그네의 삶이요, 그 후에 믿는 자에게 는 천국이 약속되어 있습니다.

3. 기쁨을 잃지 않는 나그네

이런 이유로 야고보는 '기쁨'이라는 말로 문안 인사를 합니다. 본문 의 "문안하노라"라는 말은 '기뻐하다'라는 뜻입니다. 이 세상에서 나그 네로 사는 것은 매우 어렵습니다. 절제해야 하고 손해 보며 언제든지 떠날 사람으로 이 땅의 것에 집착하지 않고 살기는 절대 쉽지 않습니 다. 야고보는 이것을 잘 알고 있었습니다. 그래서 그는 기쁨이라는 말 로 문안인사를 했습니다. 나그네로 사는 것이 힘들지만, 슬픈 것은 아 닙니다. 우리는 죄인이지만 그러한 우리를 하나님이 선택하셨고 믿음 을 주셨으며 구원하셔서 약속하신 나라를 상속하게 하셨기 때문입니 다. 이것은 번복될 수 없습니다. 이 불변의 사실 때문에 나그네로 살 지만 기뻐하며 삽니다. 하나님이 보장해 주신 미래가 있기에 우리는 오늘 나그네로 살아도 기쁨을 잃지 않습니다. 그리스도인은 고난 중 에도 기쁨으로 인사하며 어려움 가운데서도 기쁨으로 사는 신비한 사 람입니다. 그러므로 여러분도 예수 그리스도를 믿고 기쁘게 살아 가시기를 바랍니다.

4. 맺음말

여러분, 사람은 어떤 존재일까요? 사람은 창조주 하나님께 소유된 자이며, 매인 자요, 묶인 자입니다. 그래서 모든 사람은 언제나 하나님 중심으로 살아야 합니다. 사람은 이 세상에서 흩어져 사는 나그네입니다. 나그네로 사는 것이 힘들고 어렵지만, 예수 그리스도를 믿는 그리스도인에게는 천국이 약속으로 보장되어 있습니다. 그래서 그리스도인은 힘든 세상에서도 기쁘게 사는 사람들입니다. 여러분 모두가 이 놀라운 복을 누리시기를 바랍니다. 이 복은 오직 예수 그리스도를 믿는 믿음 안에 있습니다.

2. 당신은 거듭나야 합니다

: 요한복음 3:1-16

¹ 그런데 바리새인 중에 니고데모라 하는 사람이 있으니 유대인의 지도자라 ² 그가 밤에 예수께 와서 이르되 랍비여 우리가 당신은 하나님께로부터 오신 선생인 줄 아나이다 하나님이 함께 하시지 아니하시면 당신이 행하시는 이 표적을 아무도 할 수 없음이니이다 ³ 예수께서 대답하여 이르시되 진실로 진실로 네게 이르노니 사람이 거듭나지 아니하면 하나님의 나라를 볼 수 없느니라 ⁴ 니고데모가 이르되 사람이 늙으면 어떻게 날 수 있사옵나이까 두 번째 모태에 들어갔다가 날 수 있사옵나이까 ⁵ 예수께서 대답하시되 진실로 진실로 네게 이르노니 사람이 물과 성령으로 나지 아니하면 하나님의 나라에 들어갈 수 없느니라 ⁶ 육으로 난 것은 육이요 영으로 난 것은 영이니 ⁷ 내가 네게 거듭나야 하겠다 하는 말을 놀랍게 여기지 말라 ⁸ 바람이 임의로 불매 네가 그 소리는 들어도 어디서 와서 어디로 가는지 알지 못하나니 성령으로 난 사람도 다 그러하니라 ⁹ 니고데모가 대답하여 이르되 어찌 그러한 일이 있을 수 있나이까 ¹⁰ 예수께서 그에게 대답하여 이르시되 너는 이스라엘의 선생으로서 이러한 것들을 알지 못하느냐 ¹¹ 진실로 진실로 네게 이르노니 우리는 아는 것을 말하고 본 것을 증언하노라 그러나 너희가 우리의 증언을 받지 아니하는도다 ¹² 내가 땅의 일을 말하여도 너희가 믿지 아니하거든 하물며 하늘의 일을 말하면 어떻게 믿겠느냐 ¹³ 하늘에서 내려온 자 곧 인자 외에는 하늘에 올라간 자가 없느니라 ¹⁴ 모세가 광야에서 뱀을 든 것 같이 인자도 들려야 하리니 ¹⁵ 이는 그를 믿는 자마다 영생을

얻게 하려 하심이니라 ¹⁶ 하나님이 세상을 이처럼 사랑하사 독생자를 주셨으니
이는 그를 믿는 자마다 멸망하지 않고 영생을 얻게 하려 하심이라

어떤 목사님이 6.25 사변 때 자기가 다니던 중학교가 불타는 광경
을 보면서 너무나 기뻤다고 말했습니다. 자기 성적표가 다 불타버릴
것을 생각하니 너무나 기뻤다는 것입니다. 사람은 누구에게나 부끄러
운 자신의 과거를 파묻고 미래를 향해 새롭게 출발하고 싶은 소망이
있습니다. 그러나 중요한 질문은 정말 인간에게 새로운 출발이 가능
한가 하는 것입니다. 새달이 되고 새해가 되었다는 것, 새로운 결심을
한다는 것, 환경을 바꾸어 본다는 사실만으로 이 새출발이 가능하지
않다는 것을 우리는 경험을 통해 잘 알고 있습니다. 더욱 근본적인 변
화가 있어야 합니다. 성경은 이 근본적인 변화를 거듭남, 또는 중생이
라고 말합니다. 본문은 바로 이 거듭남의 문제, 중생의 문제를 다루고
있습니다. 주님은 이것과 관련하여 세 가지를 말씀합니다. 누가 거듭
나야 하는가? 왜 거듭나야 하는가? 어떻게 거듭날 수 있는가?

1. 누가 거듭나야 하는가?(대상)

첫째, 누가 거듭나야 할까요? 만약 예수께서 거듭나야 한다는 말씀
을 불량배나 창녀에게 하셨다면 우리는 모두 고개를 끄덕이면서 "그
렇지, 그들은 마땅히 거듭나야지"라고 생각할 것입니다. 그러나 예수

께서는 니고데모에게 거듭나야 한다고 말씀하십니다. 니고데모가 어떤 사람입니까? 1절에 보면, 그는 바리새인이며, 유대인의 관원이었습니다. 바리새인을 나쁘게만 생각하면 안 됩니다. 예수님 당시의 바리새인 중에는 사람들로부터 존경받는 경건한 종교인들도 많았습니다. 또한 그는 유대인의 관원이었습니다. 이것은 70명으로 구성된 오늘날의 국회와 같은 조직인 산헤드린 공회의 멤버를 가리킵니다. 나아가서 10절에 보면 예수께서 니고데모를 이스라엘의 선생이라고 칭합니다. 그는 랍비였습니다. 랍비는 하나님의 백성에게 하나님의 말씀과 도덕과 삶의 길을 가르치던 선생이었습니다. 그러므로 그는 종교, 정치, 학문, 도덕적인 면에서 사람들로부터 존경을 받는 최상 계층에 속하는 사람이었습니다.

그런데도 예수께서는 그런 그에게 거듭나야 한다고 말씀하셨습니다. 그렇다면 예수님의 거듭나야 한다는 이 말씀이 우리와는 아무런 상관이 없는 말씀일까요? 성경은 모든 사람이 거듭나야 한다고 말씀합니다. 왜냐하면 모든 사람이 죄를 지었고, 그리하여 모든 사람이 하나님의 진노 아래 있기 때문입니다. 그렇다면 우리는 모두 거듭나야 합니다. 여러분, 거듭나셨습니까?

2. 왜 거듭나야 하는가?(목적)

여기서 우리는 사람이 왜 거듭나야 하는지에 대하여 생각해 보아야 합니다. 예수께서는 본문에서 세 번이나 거듭나야 한다는 사실을 반복하셨습니다. "예수께서 대답하여 가라사대 진실로 진실로 네게 이르노니 사람이 거듭나지 아니하면 하나님의 나라를 볼 수 없느니라"(3). "예수께서 대답하시되 진실로 진실로 네게 이르노니 사람이 물과 성령으로 나지 아니하면 하나님 나라에 들어갈 수 없느니라"(5). "내가 네게 거듭나야 하겠다 하는 말을 기이히 여기지 말라"(7). 이것은 사람이 반드시 거듭나야 한다는 사실에 대한 강조입니다. 우리는 왜 거듭나야 합니까? 거듭나지 않으면 하나님 나라를 볼 수 없기 때문입니다(3). 다시 말해 하나님 나라에 들어갈 수 없기 때문입니다(5).

우리는 자신에게 근본적인 질문을 해야 합니다. 나는 정말 거듭난 사람인가? 거듭나지 않았다면 하나님의 나라에 들어갈 수 없습니다. 이 말을 바꾸어 말하면, 거듭나지 않으면 멸망한다는 말입니다. 16절은 "믿는 자마다 멸망치 않고 영생을 얻게 하려 하심이라"고 말씀합니다. 여기서 '믿는 자'는 '거듭난 사람'을 의미합니다. 따라서 믿는 자는 멸망치 않는다는 말씀은 거듭난 사람은 멸망치 않는다는 뜻입니다. 그러나 반대로 믿지 않는 자, 즉 거듭나지 않은 자는 멸망하게 된다는 말씀이 됩니다. 여기서 말하는 멸망은 천국의 반대 장소인 지옥에 들어가는 것을 의미합니다. 그곳은 하나님의 진노와 심판의 장소입니다. 피할 수 없는 하나님의 진노를 영원토록 받는 곳입니다. 성경은 이것을 가리켜 '두 번째 사망'이라고 말씀합니다. 사람이 정말 두려워해야 하는 것은 이 두 번째 사망입니다.

옛날 청교도들은 전도할 때 이런 말을 자주 했습니다. "사람이 두 번 태어나면 한 번 죽지만, 한 번 태어나면 두 번 죽습니다." 이해되십니까? 사람이 한 번 태어나면 한 번 죽는 것이 아니라 두 번 죽습니다. 죄에 대한 하나님의 진노인 '둘째 사망'을 당해야만 하기 때문입니다. 그러나 두 번 태어나면, 즉 거듭나면, 중생하면 그에게는 둘째 사망이 아니라 영생이 선물로 주어지기 때문에 한 번만 죽습니다. 그렇다면 이제 우리가 물어야 할 가장 중요한 질문은 무엇일까요?

3. 어떻게 거듭날 수 있는가?(방법)

그것은 어떻게 거듭날 수 있느냐는 것입니다. 즉 거듭남의 방법에 관한 것인데, 이것이 세 번째 질문입니다. 이것은 불가능한 방법과 가능한 방법으로 나누어 생각해 보아야 합니다.

1) 불가능

먼저, 불가능한 방법입니다. 종교적인 행위를 포함한 인간의 노력이나 수단으로는 결단코 거듭날 수 없습니다. 거듭남은 교회를 다니면서 사람이 차차 좋아지는 것과는 근본적으로 다릅니다. 거듭남은 부족한 부분을 고치는 개선이나 보완이 아니라 근본적인 새로운 창조이기 때문입니다. 본문 6절에서 예수께서 "육으로 난 것은 육이요, 성령으로 난 것은 영이니"라고 말씀하신 것이 바로 이 뜻입니다. 육으로 난 것은 어머니로부터 태어나는 것이며, 성령으로 난 것은 하나님으로부터 태어나는 것입니다. 육으로 난 것은 땅에서 태어나는 것이며, 성령으로 난 것은 위로부터(3), 하늘로부터 태어나는 것입니다. 육으로 나는 것은 '땅의 일'이며, 성령으로 나는 것, 즉 거듭나는 것은 '하늘 일'입니다(12). 그러므로 거듭남은 사람의 힘으로 할 수 있는 개선이나 보완이 아닙니다. 거듭남은 그런 것이 아닙니다.

2) 가능

그러면 어떻게 해야 거듭날 수 있을까요? 그 가능한 방법이 무엇입니까? 이 중요한 질문에 대한 대답은 아주 간단합니다. 그것은 바로 예수 그리스도의 십자가입니다. 예수께서는 "모세가 광야에서 뱀을 든 것같이 인자도 들려야 하리니 이는 저를 믿는 자마다 영생을 얻게 하려 하심이니라"(요 3:14-15)고 말씀하십니다. 모세가 광야에서 놋뱀을 장대 끝에 매달아 높이 든 것처럼 예수도 들려야 한다는 것입니다.

구약 시대에 이스라엘 백성이 하나님 앞에서 큰 죄를 지었습니다. 그러자 하나님께서 몹시 분노하여 불뱀을 이스라엘 사람들에게 보내서 그들을 다 물어 죽게 했습니다. 다급해진 이스라엘 백성이 하나님께 살려달라고 간청하자, 하나님은 모세에게 "놋뱀을 만들어 장대 끝에 매달고 높이 들어라. 그것을 쳐다보는 자는 살 것이다"라고 말씀하셨습니다. 이때 사람들은 어떤 반응을 보였을까요? "웃기네. 어떻게 그것을 쳐다본다고 몸에서 뱀의 독이 빠져나가 살 수 있어?"라며, 죽어가면서도 고집을 부리는 사람들이 있었을 것입니다. 반대로 그중의 어떤 사람들은 하나님이 하신 말씀에 대하여 어린아이와 같은 아주 단순한 믿음을 가지고 장대 끝에 매달린 놋뱀을 쳐다보았습니다. "뱀에게 물린 자가 놋뱀을 쳐다본즉 모두 살더라"(민 21:9).

예수께서 오래전에 있었던 이 사건을 말씀하신 이유가 무엇입니까? 그것은 오늘날도 사람이 거듭날 수 있는 유일한 방법은 십자가에 달리신 예수를 믿는 것밖에는 없다는 것을 가르쳐 주기 위한 것입니다. 예수께서 우리의 모든 죄를 담당하시기 위해서 우리의 죄를 대신 지시고 장대 끝에 매달린 놋뱀처럼 십자가에 달리셨고 돌아가셨습니다. 그리고 장사되었다가 사흘 만에 다시 살아나셨습니다. 이 사실을 믿는 사람은 누구든지 거듭나게 되고 영생을 얻으며 하나님 나라에 들어가게 됩니다. 다른 방법은 없습니다. 이것만이 유일한 길입니다.

인간으로서는 어찌할 수 없는 절망 속에서 참으로 하나님의 방법을 의지하고 십자가를 바라보는 순간 죄 사함을 받습니다. 새 생명이 주어집니다. 새 창조가 일어납니다. 세상이 줄 수 없는 참 기쁨과 평안이 주어집니다. 거듭난 것입니다. 여러분의 삶 속에 이런 체험이 있습니까? 참으로 예수의 십자가를 바라보신 적이 있습니까? 진심으로 거기에 달리신 예수 그리스도를 구원의 주님으로 어린아이처럼 단순한 믿음을 가지고 바라보신 적이 있습니까?

4. 맺음말

예수 그리스도께서 십자가를 지셨습니다! 어쩌면 귀가 따갑도록 들었던 이야기이지만, 예수님의 십자가의 죽음이 바로 나를 위한 죽음이었다는 사실을 진실로 믿고 계십니까? 나의 죄, 내 속에 있는 어쩔 수 없는 그 많은 부조리, 그 엄청난 죄의 문제, 하나님의 진노와 형벌을 피할 수 없는 나의 문제, 노력했지만 내 힘으로는 어찌할 수 없는 이 지긋지긋한 죄, 벗어나고 싶고 툴툴 털고 일어나고 싶지만 초강력 접착제처럼 딱 달라붙어서 도무지 떨어지지 않는 이놈의 악착같은 죄! 그래서 죄가 나를 이기고 나는 죄에 져서 영원히 죽을 수밖에 없는 절망감 속에 지내는 나!

그러나 이것이 끝이 아닙니다. 그 죄를 이기고 거듭날 수 있는 하나님의 방법이 있습니다. 그것은 예수 그리스도의 십자가입니다. 여러분, 예수님의 십자가를 바라보십시오. 내 죄를 지시고 십자가에서 피 흘려 돌아가신 예수를 믿으십시오. 그리하면 여러분은 거듭나게 되고, 영생을 얻으며, 하나님 나라에 들어가게 됩니다. 예수님이 십자가에서 여러분의 죄를 대신 담당하신 이 놀라운 사실을 믿음으로 하늘로부터 거듭나서 새로운 생명을 선물로 받으십시오. 구원하시는 하나님의 은혜가 지금 여러분에게 임하기를 간절히 바랍니다.

3. 시작이 있는 인생

: 마태복음 2:13-15

¹³ 그들이 떠난 후에 주의 사자가 요셉에게 현몽하여 이르되 헤롯이 아기를 찾아 죽이려 하니 일어나 아기와 그의 어머니를 데리고 애굽으로 피하여 내가 네게 이르기까지 거기 있으라 하시니 ¹⁴ 요셉이 일어나서 밤에 아기와 그의 어머니를 데리고 애굽으로 떠나가 ¹⁵ 헤롯이 죽기까지 거기 있었으니 이는 주께서 선지자를 통하여 말씀하신 바 애굽으로부터 내 아들을 불렀다 함을 이루려 하심이라

1. 시작이 없는 인생

범사에 기한이 있고 천하만사가 다 때가 있다니 날 때가 있고 죽을 때가 있으며 심을 때가 있고 심은 것을 뽑을 때가 있습니다(전 3:1-21). 세상에 있는 모든 것은 시작이 있고 끝이 있습니다. 짐승과 식물뿐 아니라 사람도 마찬가지입니다. 유시유종입니다. 이것은 너무나도 당연한 얘기요 그 누구도 부정할 수 없는 불변의 이치입니다. 그렇다면 저는 왜 이처럼 당연한 얘기를, 누구나 다 아는 얘기를 여러분에게 말씀 드리고 있는 것일까요? 그것은 너무나도 당연하다고 여기는 이 '시작' 을 경험하지 못한 채, '시작'이 없는 인생을 사는 사람이 세상에 많기 때문입니다.

그 대표적인 사람이 요한복음 3장에 나오는 니고데모입니다. 그는 당대 최고의 종교 지도자요 정치가요 학자였습니다. 그런데도 예수님 은 그에게 "너는 시작이 없는 사람"이라고 말씀하셨습니다. 왜냐하면 그는 거듭나지 않았기 때문입니다. 사람에게 있어서 시작은 무엇입니 까? 그것은 출생입니다. 이 땅에 태어나는 것입니다. 그런데 니고데 모는 분명히 태어났습니다. 그래서 지금 장성하여 이스라엘 사람들의 존경과 선망을 받는 훌륭한 신분의 사람이 되어 있습니다. 그런데도 예수님은 그에게 "너는 태어나지 않은 사람이다, 시작도 하지 않은 사 람이다"라고 말씀하셨습니다. 이 말씀이 무슨 뜻일까요?

니고데모는 분명히 세상에 태어났고 인생을 시작한 사람임에 틀림 없습니다. 그러므로 예수님이 그에게 하신 말씀은 그가 단지 육체적 으로만 태어났을 뿐, 아직 영적으로는 태어나지 않았다는 뜻입니다. 이런 의미에서 니고데모는 출생이 없는 사람, 시작이 없는 인생이었 습니다. 그런데 문제는 이것만이 아닙니다. 정말 심각하고도 중요한 문제는 그가 영적으로 인생을 시작하지 않았기 때문에 그가 하나님 나 라에 들어갈 수 없다는 사실입니다. 예수께서는 사람은 육체로 태어 나는 것 외에, 영적으로 다시 태어나야만 한다고 말씀하셨습니다. 이 것을 물과 성령으로 거듭나는 것이라고 말씀하셨습니다. 그리고 이렇게 거듭나는 것이 바로 인생의 진정한 시작이라고 말씀하셨습니다.

우리는 모두 육체적 출생을 통해서 인생을 시작했습니다. 그러나 우리 중에는 아직 영적 인생을 시작하지 않은 분들도 있을 것입니다. 그러면 어떻게 해야 진정한 영적 인생을 시작할 수 있을까요? 어떻게 해야 거듭나서 하나님 나라에 들어가는 복을 누릴 수 있을까요? 거듭나는 것, 즉 영적으로 태어나는 것은 해가 바뀌고 날이 바뀐다고 해서 자동으로 되는 게 아닙니다. 어떻게 해야 사람이 거듭나서 영적 인생을 시작하며 천국에 들어가는 복된 인생이 될 수 있을까요?

2. 애굽으로부터 내 아들을 불렀다

본문 말씀을 보면 예수님이 유대 베들레헴에서 탄생하신 후에 동방의 박사들이 아기 예수를 찾아 경배하고 예물을 드리고 떠나갔습니다(13상). 그리고 이제 예기치 않은 냉혹한 현실이 아기 예수의 가족에게 찾아왔습니다. 주의 사자가 꿈에 예수님의 아버지인 요셉에게 나타나서(13하) 두 가지를 알려 주었습니다. 주의 사자는 먼저 요셉에게 헤롯의 악한 계획을 알려 주었습니다(13하). 그것은 헤롯이 아기 예수를 찾아 죽이려고 한다는 것입니다. 다음으로 주의 사자는 요셉에게 헤롯의 악한 계획을 피할 방도를 자세하게 알려 주었습니다(13하). 그것은 일어나서 아기와 그의 어머니 마리아를 데리고 애굽으로 피한 뒤, 주의 사자가 다시 말할 때까지 거기에 피신해 있으라는 것이었습니다. 요셉은 일어나서 지체하지 않고 주의 사자의 지시를 따랐습니다(마

2:14-15상). 요셉은 아무런 연고도 없는 애굽으로 내려가서 헤롯이 죽기까지 거기서 살았습니다. 그런데 이 사건에는 매우 중요한 의미가 있습니다. 요셉이 아기 예수와 그의 어머니 마리아를 데리고 애굽으로 도피한 것은 구약시대에 야곱이 그의 식구들을 이끌고 애굽으로 이주한 것과 매우 비슷합니다.

그런데 야곱이 그의 가솔들과 함께 애굽으로 간 것은 결국 이스라엘의 출애굽 사건과 관련이 있습니다. 그들이 애굽에 내려간 뒤 430년 후에 그 땅에서 나온 것이 바로 출애굽 사건이기 때문입니다. 그러므로 예수께서 애굽으로 피신했다가 이후에 거기서 나오신 이 사건은 이스라엘이 애굽에서 나온 출애굽 사건과 같은 의미가 있습니다. 이 사실은 15절에서 "애굽에서 내 아들을 불렀다"라고 하신 말씀에서 분명하게 알 수 있습니다. 사실 15절의 예언은 구약의 호세아 선지자가 하나님께서 이스라엘 백성을 애굽에서 불러내신 사건, 즉 하나님이 이스라엘을 애굽에서 인도해 내신 출애굽 사건을 가리키는 것입니다(호 11:1). 그런데 정말 희한한 것은 마태가 이 말씀을 예수님이 애굽으로 피신했다가 거기에서 나온 일에 똑같이 적용하고 있다는 점입니다. 다시 말해, "애굽으로부터 내 아들을 불렀다"라는 이스라엘의 출애굽에 관한 말씀은 곧 예수님의 애굽 피신과 애굽에서 나온 것을 두고 한 말씀이라는 것입니다.

그러므로 호세아의 이 예언은 두 가지 의미를 동시에 갖습니다. 하나는 하나님께서 이스라엘 백성을 애굽에서 인도하여 내신 출애굽 사건을 말하는 것이고, 다른 하나는 하나님이 예수 그리스도를 애굽에

도피시키셨다가 거기서 다시 불러내신 것을 가리킵니다. 하나의 말씀이 이스라엘의 출애굽과 예수의 출애굽에 똑같이 적용되고 있습니다. 이것은 무엇을 의미하는 것일까요?

예수께서 애굽에 내려갔다가 거기에서 나온 이 사건이 먼 옛날 이스라엘 백성이 애굽 땅으로 내려가서 오랫동안 종살이하다가 거기에서 탈출해서 나온 출애굽 사건과 같은 의미를 지니고 있다는 뜻입니다. 따라서 오래전에 있었던 이스라엘의 출애굽은 예수의 출애굽을 미리 보여주는 예고편이며 그림자와 같은 일입니다. 과거에 있었던 이스라엘의 출애굽은 그들의 구원을 의미하는 사건이었습니다. 그리고 이제 예수께서 출애굽을 행하신 것은 예수께서 죄인들의 구원을 이루시는 분이라는 뜻입니다. 그러므로 예수께서 애굽으로 피신한 것과 거기서 나온 이 사건은 예수님이 그를 믿는 모든 자에게 출애굽의 은혜, 즉 구원의 은혜를 베푸시는 분임을 상징적으로 보여주는 것입니다. 예수님이 이 땅에 태어나신 것은 그의 백성을 죄에서 구원하기 위함입니다(마 1:23). 예수의 탄생은 우리의 구원을 위한 것입니다. 하나님은 이것을 극적으로 보여 주기 위해서 예수를 애굽으로 도피시키셨고 또한 거기서 불러내셨던 것입니다.

예수의 탄생에 이어 발생한 이 사건이 이스라엘의 구원을 상징하는 출애굽과 관련된다는 사실은 당시에 이스라엘을 다스리던 헤롯이 행한 일을 통해서도 잘 증거됩니다. 헤롯은 자기가 동방 박사들에게 속은 것을 알고 심히 분노했습니다(16). 동방 박사들이 아기 예수를 만나 경배한 뒤 헤롯에게로 돌아가지 않고 다른 길을 통해 귀국하였기 때문입니다. 이러한 헤롯의 분노는 유아를 살해하는 것으로 이어졌습니다(16-17). 그는 베들레헴과 그 모든 지경 안에 있는 모든 사내아이를 두 살부터 그 아래로 다 죽였습니다. 헤롯의 이 유아 살해 사건 역시 구약의 출애굽 사건을 연상시키기에 충분합니다. 우리가 잘 아는 대로 이스라엘이 애굽에서 종살이하던 때에 애굽 왕 바로는 이스라엘 백성의 급격한 증가를 막기 위해 유아들을 살해했습니다. 이 살해를 피하고자 모세의 부모는 모세를 나일강에 던져야만 했었습니다. 마찬가지로 예수 탄생 당시에 이스라엘을 통치하던 헤롯왕도 유아들을 살해함으로써 옛날 애굽의 바로가 행한 악행을 뒤따르고 있습니다. 이스라엘의 출애굽이 있기 전에 유아 살해 사건이 있었듯이 예수의 출애굽이 있기 전에도 유아 살해 사건이 벌어졌습니다. 이스라엘의 구원에 앞서 벌어진 일이 동일하게 예수의 구원 사건에 앞서 벌어진 것입니다.

3. 이스라엘의 새로운 시작

이스라엘의 출애굽은 예수님의 출애굽을 상징하는 것이요 예고편이며 그림자와 같습니다. 여기서 중요한 것은 이스라엘의 출애굽이 그들에게 있어 새로운 시작이라는 사실입니다. 출애굽기 12:2에서 하나님은 모세와 아론에게 그들이 애굽에서 나온 날을 "이달을 너희에게 달의 시작 곧 해의 첫 달이 되게 하라"고 명령하십니다. 이것은 그들의 출애굽을, 그들의 구원을 달의 시작, 곧 해의 시작으로 삼으라는 말씀입니다. 이 말씀은 구원이 그들에게 새로운 시작이라는 뜻입니다. 그들은 부모에게서 태어나 육체적인 삶을 시작했습니다. 그런데도 하나님은 그것을 다 무시하고 새로운 시작을 하라고 명령하시는 것입니다. 영적 시작이 없는 육적 시작은 무의미하다는 말씀입니다.

4. 맺음말

구약에서 이스라엘의 출애굽은 그들의 새날이었으며, 첫날이요, 새로운 시작이요, 영적 시작이었습니다. 하나님이 그들에게 새로운 시작을 허락하신 것입니다. 이전에 살던 그들의 육체적 삶은 주님과 무관한 것입니다. 영생과 아무런 상관이 없습니다. 중요한 것은 그들이 애굽에서 나옴으로써 애굽과 단절하고, 이와 동시에 하나님께 연결되는 새로운 시작이 있어야 한다는 것입니다. 우리가 육체적으로 태어난 것은 우리가 하나님께 연결되는 새로운 시작과는 아무런 상관이 없습니다. 우리가 영적으로 새로운 시작을 하기 위해서는 우리를 위해 출애굽을 이루신 예수를 믿어야만 합니다.

여러분에게는 이와 같은 시작이 있습니까? 여러분은 영적 시작을 경험한 분들입니까? 여러분은 육체적 출생이 아닌, 영적 출생을 통한 새로운 시작을 소유했습니까? 여러분 속에 멸망할 생명 말고, 죽을 생명 말고, 지옥에 갈 생명 말고, 영원토록 주님과 함께 살아갈 영원한 생명이 있습니까? 여러분은 예수님을 믿음으로 영적으로 다시 태어나는 시작을 하셨습니까? 여러분은 이 시작을 통하여 하나님 나라를 소유하고 계십니까?

새해가 되고 새날이 된다고 해서 새로운 시작이 오는 게 아닙니다. 새로운 시작은 예수 안에 있고, 그분을 믿을 때 비로소 시작합니다. 시작이 없는 불행한 인생을 살지 마십시오. 시작이 없는 저주의 인생을 벗어 던지십시오. 예수께서 여러분의 죄를 다 용서하셨습니다. 그분이 우리를 죄로부터 구원하셨습니다. 이 사실을 믿으십시오. 그리하여 새로운 영적 인생을 시작하시고 시작이 있는 인생을 살아가시길 바랍니다.

4. 네 믿음이 너를 구원하였으니

: 마가복음 5:25-34

²⁵ 열두 해를 혈루증으로 앓아 온 한 여자가 있어 ²⁶ 많은 의사에게 많은 괴로움을 받았고 가진 것도 다 허비하였으되 아무 효험이 없고 도리어 더 중하여졌던 차에 ²⁷ 예수의 소문을 듣고 무리 가운데 끼어 뒤로 와서 그의 옷에 손을 대니 ²⁸ 이는 내가 그의 옷에만 손을 대어도 구원을 받으리라 생각함일러라 ²⁹ 이에 그의 혈루 근원이 곧 마르매 병이 나은 줄을 몸에 깨달으니라 ³⁰ 예수께서 그 능력이 자기에게서 나간 줄을 곧 스스로 아시고 무리 가운데서 돌이켜 말씀하시되 누가 내 옷에 손을 대었느냐 하시니 ³¹ 제자들이 여짜오되 무리가 에워싸 미는 것을 보시며 누가 내게 손을 대었느냐 물으시나이까 하되 ³² 예수께서 이 일 행한 여자를 보려고 둘러 보시니 ³³ 여자가 자기에게 이루어진 일을 알고 두려워하여 떨며 와서 그 앞에 엎드려 모든 사실을 여쭈니 ³⁴ 예수께서 이르시되 딸아 네 믿음이 너를 구원하였으니 평안히 가라 네 병에서 놓여 건강할지어다

예수께서는 지금 죽어가는 딸을 살려달라는 회당장 야이로의 간청을 받고 그의 집으로 가시는 중입니다. 한 여자가 예수님께 접근해서 예수님의 옷에 손을 댔습니다. 이 여자는 혈루증이라는 병을 앓고 있

었습니다. 혈루증이 무엇인지는 정확하게 알 수 없습니다. 중요한 것은, 이 병을 앓는 여자 자신도 불결하고 이 여자가 접촉하는 사람도 불결하게 된다는 것입니다(레 15:19-30).

1. 인간과 재물에 대한 믿음

이 여인은 무려 12년 동안이나 혈루증으로 고생했습니다. 이 긴 세월 동안 그녀는 많은 의사에게 많은 괴로움을 받았습니다(26). 아마도 그녀는 처음에 의사가 자기의 병을 고쳐줄 줄 믿었던 것으로 보입니다. 의사에 대한 강한 확신이 있었습니다. 그래서 '많은' 의사를 찾아다녔던 것입니다. 그러나 기대와는 달리 결과는 완전히 반대였습니다. 그녀는 "많은 괴로움"을 받았을 뿐이었습니다(26). 의사들을 찾아다닐수록 괴로움이 더했습니다. 치료를 받은 게 아니라 고통만 받았습니다. 그리하여 "아무 효험이 없고 도리어 더 중하여졌습니다"(26). 이 여자는 의사를 믿었습니다. 자신의 병을 고쳐줄 만한 용한 의사가 있으리라고 믿었습니다. 그러나 믿어야 할 것이 도리어 믿지 못할 것이 되고 말았습니다. 인간의 의술에는 명백한 한계가 있습니다. 인간을 신뢰하는 것은 많은 경우에 실패로 끝납니다.

이러는 과정에서 여자는 가진 것도 다 허비하고 말았습니다(26b). 이 말씀에 의하면 아마도 그녀는 상당히 많은 재물을 가지고 있었던 것으로 보입니다. 그녀는 처음에 가지고 있는 재물을 사용하면 자신의 병을 고칠 수 있으리라 믿었을 것입니다. 그녀는 돈의 위력을 믿는 평범한 여인이었습니다. 그러나 재물은 순식간에 사라졌습니다. 12년 동안 많은 의사들을 찾아다녔지만 괴로움만 더하였고 재물은 다 허비하고 말았습니다. 그러면서 그녀는 사람뿐 아니라 재물도 신뢰할 것이 못 되며 그것들이 사람을 구원할 수 없다는 사실을 배웠을 것입니다. 재물은 그냥 재물일 뿐입니다. 재물을 신뢰하는 것처럼 어리석은 일도 없습니다. 그녀는 12년 동안 혈루증을 앓은 결과 의사도, 재물도 자신을 구원할 수 없다는 사실을 깊이 깨달았습니다. 인간과 재물에 대한 그녀의 믿음이 모조리 깨지고 말았습니다.

2. 예수님에 대한 믿음

바로 이러한 상황에서 그 여자는 예수님에 대한 소문을 들었습니다(27). 그리고 그녀는 무리 가운데 끼어 뒤로 와서 예수님의 옷에 손을 대었습니다(27). 여자는 인간과 재물을 신뢰하는 것이 무의미하다는 사실을 깨달은 바로 그 순간에 예수님에 대한 믿음을 가진 것입니다. 인간에 대한 신뢰에 마침표를 찍지 않으면 주님에 대한 신뢰가 확실하지 않습니다. 믿음이란 절반은 인간을 믿고 절반은 예수님을 믿는 게 아닙니다. 믿음이란 인간과 재물에는 아무런 소망이 없다는 사실과 그러므로 오직 예수님에게만 소망이 있다는 사실을 받아들이는 것입니다. 그녀는 이와 같은 믿음으로 예수님의 옷에 손을 대었습니다. "그의 옷에 손을 대니"(27). 이 표현은 본문에 여러 번 나옵니다(27, 28, 30, 31). 이것은 여자가 예수님의 옷에 손을 댄 행위가 매우 중요한 일이라는 사실을 알려줍니다.

　여자가 예수님의 옷에 손을 댄 것은 사실상 작은 행위였습니다. 여자는 분명히 예수님의 옷을 덥석 잡지는 않았을 겁니다. 그것은 잡는 듯 마는 듯한 행위였을 겁니다. 그것은 우연히 미는 것 같은 행위였습니다. 사람이 많아서 어쩔 수 없이 만진 것 같은 행위였습니다. 제자들도 그렇게 이해했습니다. 그래서 예수님이 "누가 내 옷에 손을 대었느냐"(30)라고 말씀하셨을 때, 제자들은 이상하다는 듯이 "무리가 에워싸 미는 것을 보시며 누가 내게 손을 대었느냐 물으시나이까"(31)라고 대꾸했던 것입니다. 그만큼 여자의 행위는 무척 작고 시시했습니다. 눈에 띄지 않고 느껴지지 않는 행동이었습니다.

　그러나 그녀의 이 작은 시도는 예수님에 대한 절대적인 신뢰에서 나온 것입니다. "내가 그의 옷에만 손을 대어도 구원을 받으리라 생각함일러라."(20). "그의 옷에만"이라는 표현은 예수님에 대한 여자의 강한 믿음을 보여줍니다. 여인은 예수님의 능력을 간절히 사모했습니다. 그녀가 얼마나 예수님을 신뢰하는지, 이 작은 행위에 그녀의 모든 믿음이 담겨 있습니다. 행위는 작지만 믿음은 큽니다. "상전의 손을 바라보는 종들의 눈같이, 여주인의 손을 바라보는 여종의 눈같이 우리의 눈이 여호와 우리 하나님을 바라보며 우리에게 은혜 베풀어 주시기를 기다리나이다 여호와여 우리에게 은혜를 베푸시고 또 은혜를 베푸소서"(시 123:2-3). 여인이 예수님의 옷에 손을 댄 것은 시시한 행위였지만, 이와 같은 간절함을 담은, 인생을 건 믿음의 행위였습니다.

3. 믿음은 행위로

그러므로 예수께서는 그녀의 간절함을 느끼셨습니다. 주님은 여자의 만짐을 느낀 게 아니라 믿음을 느낀 것입니다. 주님은 이렇게 여자의 믿음을 보셨습니다. 중요한 것은 행위의 크기가 아니라 믿음의 유무입니다. 핵심은 행위가 크냐 작으냐가 아니라 주님을 믿느냐 믿지 않느냐 하는 것입니다. 그 여인이 주님의 옷에 손을 댄 것은 작지만 구체적인 행동이었습니다. 그녀는 예수님을 막연히 믿은 게 아닙니다. 그녀는 자신이 할 수 있는 행위로 자신의 믿음을 표현했습니다. 예수님의 옷에 손을 댄 것은 그녀가 할 수 있는 모든 행위이자 마지막 행위였고 유일한 행동이었습니다.

이처럼 믿음은 구체적입니다. 마음은 어떤 방식으로든지 몸으로 표현됩니다. 믿음이라는 영적 세계에는 물리성이 있습니다. 그래서 사도 바울은 "사람이 마음으로 믿어 의에 이르고 입으로 시인하여 구원에 이르느니라"(롬 10:10)고 말씀했습니다. 마음은 입으로 연결되고 믿음은 고백으로 표현됩니다. 믿음은 마음의 문제이지만 반드시 몸으로 표현됩니다. 믿음은 공상(空想)이 아니라 현실입니다. 믿음은 생각이 아니라 행동입니다. 믿음은 심정일 뿐 아니라 행위입니다. 믿음과 행위는 별개의 것이 아닙니다. 믿음은 행위로 나타나고, 행위는 믿음을 증명합니다. 그러므로 여인이 예수님의 옷에 손을 댄 작은 행위 또한 믿음에서 나온 것입니다. 예수님에 대한 믿음이 예수님께 손을 대는 행위로 표현되었습니다. 손을 댄 것은 믿음의 표현이었습니다. 그래서 예수님은 그 여인에게 "딸아 네 믿음이 너를 구원하였다"(34)라고 말씀하신 것입니다.

4. 예수님의 은혜

예수님은 자기 옷에 손을 댄 여인의 믿음을 보시고 그녀에게 여러 가지 은혜를 베푸셨습니다. 믿음은 여인에게 여러 결과를 가져왔습니다. 첫째로, 그 여인은 믿음으로 구원을 받았습니다. "네 믿음이 너를 구원하였다"(34). 모든 구원은 믿음으로부터 나옵니다. 육체의 구원도 영혼의 구원도 예수님을 구주로 믿는 믿음에서 비롯됩니다. 예수님 외에는 육체에도 영혼에도 참된 구원이 없습니다(행 4:12). 둘째로, 그 여인은 믿음으로부터 평안을 얻었습니다. "평안히 가라"(34). 이 말은 가서 평안을 누리라는 말입니다. 예수님은 믿음을 가진 그 여인에게 참 평안을 주셨습니다. 믿음으로 말미암아 인생이 평안해집니다. 믿음 없는 인생은 불안합니다. 여러분, 예수님이 구주이심을 믿으십시오. 우리를 죄악에서 구원하시고 의의 길로 인도하시는 예수님을 믿으십시오. 그리하면 세상이 줄 수 없는 참된 평안을 하늘로부터 받아 누리게 될 것입니다. 셋째로, 그 여인은 믿음으로 말미암아 건강을 회복했습니다. "네 병에서 놓여 건강할지어다"(34). 믿음으로부터 건강이 나옵니다. 많은 경우에 건강도 믿음의 문제입니다. 예수께서는 믿는 자에게 건강의 은총을 베풀어 주십니다. "믿음의 기도는 병든 자를 구원하리니, 주께서 그를 일으키시리라"(약 5:15).

5. 맺음말

여러분, 사람과 재물은 우리가 믿을 대상이 못 됩니다. 오직 예수님만이 우리 믿음의 대상이시며 우리의 소망이십니다. 그러므로 예수님을 구주로 믿으십시오. 그리하면 주님께서 구원과 참된 평안을 여러분에게 베푸시고 필요하다면 건강까지도 은혜로 회복시켜 주실 줄 믿습니다.

5. 하나님을 믿어야 하는 이유

: 로마서 11:33-36

33 깊도다 하나님의 지혜와 지식의 풍성함이여, 그의 판단은 헤아리지 못할 것이며 그의 길은 찾지 못할 것이로다 34 누가 주의 마음을 알았느냐 누가 그의 모사가 되었느냐 35 누가 주께 먼저 드려서 갚으심을 받겠느냐 36 이는 만물이 주에게서 나오고 주로 말미암고 주에게로 돌아감이라 그에게 영광이 세세에 있을지어다 아멘

하나님을 믿는 것이 얼마나 소중하고 위대한지 아직 잘 모르는 분도 있을 겁니다. 그러나 하나님을 믿는 믿음은 너무나도 귀하기 때문에 있어도 그만, 없어도 그만인 것이 아닙니다. 인간이 하나님을 알고 믿어서 하나님과의 관계 속에서 살아가는 것은 선택의 문제가 아니라 마땅히 그렇게 해야만 하는 당위의 문제입니다. 그 이유를 사도 바울이 본문에서 명확하게 가르쳐 주십니다.

사도 바울은 로마서 1장부터 11장까지 열한 장에 걸쳐 복음과 구원

에 대해 포괄적으로 진술했습니다. 이 구원은 오직 하나님의 지혜와 지식의 부요함으로부터 오는 선물입니다(33). 그러므로 아무도 죄인을 구원하시는 하나님의 마음을 헤아릴 수 없고, 그 어떤 사람도 하나님에게 상담자가 되거나 충고자가 될 수 없습니다(34). 또한 그 누구도 하나님의 필요를 알아서 먼저 드림으로써 하나님으로부터 되돌려 받거나 보답을 받을 수 없습니다(35).

이것은 하나님에게 은혜를 끼칠 수 있는 사람은 아무도 없다는 말입니다. 왜 그렇습니까? 그 이유가 무엇입니까? 이에 대한 대답이 바로 우리가 하나님을 믿어야만 하는 이유이기도 합니다. 이를 위해 36절에 있는 다음 세 가지 전치사에 주의하시기를 바랍니다. "~에게서"(from), "~로 말미암고"(through), "~에게로"(to). 이 세 단어에 사람이 하나님을 믿어야만 하는 이유가 들어 있습니다.

1.기원

사람이 하나님을 믿어야 하는 첫 번째 이유는 만물이 "하나님에게서" 나오기 때문입니다. 여기서 "만물"은 창조된 모든 것을 가리킵니다. 그러므로 인간이 하나님의 마음을 헤아릴 수가 없고 하나님께 상담자가 되거나 은혜를 끼칠 수 없는 까닭은 만물이 하나님에 의해 만들어졌기 때문입니다. 만물이 '어디에서' 나왔느냐고 묻는다면 우리는 "하나님에게서" 나왔다고 대답해야만 합니다. 하나님을 떠나 스스로 존재할 수 있는 것은 아무것도 없습니다. 하나님이 우주 만물을 만드셨습니다. 하나님은 창조의 하나님이십니다. 이 사실은 성경이 "태초에 하나님이 계셨다"가 아니라 "태초에 하나님이 만드셨다"(창 1:1)라는 말씀으로 시작하는 데서 잘 나타납니다. 하나님은 만드시는 분입니다.

우리가 하나님에 의해 만들어졌다는 것은 우리의 기원(유래, 출처)을 밝히는 것입니다. 하나님이 우리를 만드셨습니다. 그러므로 하나님은 우리의 아버지이시고 우리는 그분의 자녀입니다. 야고보는 "그가 …우리를 낳으셨다"(약 1:18)고 말씀합니다. 하나님께서 우리를 "낳으셨습니다." 그러므로 하나님이 우리의 아버지가 되십니다(약 3:9). 인간이 진정으로 행복해지려면 자신이 어떻게 존재하게 되었는가 하는 자신의 기원과 뿌리에 대하여 알아야 합니다. 내가 어느 집 자식이며 내 아버지가 누구인지 알아야 자신을 바로 알고 행복한 삶을 살 수 있는 것과 마찬가지입니다. 하나님은 만민에게 생명과 호흡과 만물을 친히 주시는 분이시며(행 17:25), 우리는 그분의 소생입니다(행 17:28). 그러므로 하나님이 우리의 아버지입니다.

2. 수단

우리가 하나님을 믿어야만 하는 두 번째 이유는 우리가 "하나님으로 말미암아" 살아가기 때문입니다. 하나님으로부터 창조된 우리가 '어떻게' 계속해서 살아갈 수 있는지를 묻는다면 그 대답은 "하나님으로 말미암아"입니다. 우리가 하나님으로 말미암아 살아간다는 것은 우리가 하나님 의존적인 존재라는 것을 의미합니다. 우리는 하나님을 떠나서는 살 수 없습니다. 이런 까닭에 사도 바울은 "우리가 그를 힘입어 살며 기동하며 있느니라"(행 17:28)고 말씀했습니다. 하나님은 우리가 생활하고 활동하며 존재할 수 있는 근거요 동력이요 원인이십니다. 우리는 철저히 하나님 의존적입니다. 따라서 하나님이 어디 있느냐고, 하나님 없이도 자신의 힘으로 잘 살 수 있다고 생각하는 사람은 교만한 자요 무지한 사람입니다. 그러므로 모든 사람은 하나님만 온전히 의존하고 믿어야 합니다.

인간은 하나님을 의지하여 살 때에만 소망이 있습니다. 하나님을 믿고 의지하는 자는 현재의 모습에 실망하거나 좌절하지 않습니다. 우리가 의지하는 하나님은 살아 계신 하나님이시요 행동하시는 하나님이시며 일하시는 하나님이시기 때문입니다. 우리가 의지하는 하나님은 우리에게 행하실 많은 것을 가지고 계시며 우리를 통해서 이루실 많은 계획이 있습니다. 하나님은 우리에게 언제나 진행형입니다. 그러므로 그 하나님을 믿고 의지하는 모든 사람 또한 언제나 진행형입니다. 우리는 하나님으로 "말미암아" 주님 나라에 들어가는 그날까지 계속해서 새롭게 변화되고 성장해 갈 것입니다(엡 2:22). 그러므로 현재 자기의 모습에 만족하지도 말고 실망하지도 말고 하나님을 믿고 의지하시기를 바랍니다. 그리하면 하나님께서 그 믿음을 보시고 목적하신 자리까지 계획하신 모든 일을 이루어 가실 것입니다(엡 4:13). 때로 우리는 실패도 합니다. 그러나 하나님을 믿는 믿음이 있는 한 실패가 아닙니다.

진짜 실패가 무엇인지 아십니까? 돈을 많이 벌지 못하는 것, 그리고 자기 집이 없는 것과 같은 것이 실패가 아니고 하나님을 믿지 않아 하나님을 의지하지 못하는 것이 인생의 진짜 실패입니다. 인생이 원하는 대로 잘 된다고 해도 하나님을 모르고 하나님을 믿지 않으면 그것은 인생 실패입니다. 그러므로 우리는 하나님을 믿는 믿음을 키우고 하나님을 의지하는 일에서 자라가야 합니다. 세상일에 실패하는 것을 두려워하지 말고 하나님을 믿는 믿음에서 실패할까 두려워하십시오. 그리고 주님을 의지하고 나를 새롭게 만드실 주님을 기대하며 매일의 삶을 살아가십시오.

3. 목적과 방향

사람이 하나님을 믿어야만 하는 세 번째 이유는 만물이 "주에게로" 돌아가기 때문입니다. "주에게로"라는 말은 만물이 하나님을 위해 있고 하나님을 향하여 있다는 뜻입니다. 이것은 하나님이 우리를 만드신 목적과 우리가 지향해야 할 것이 무엇인지를 가르쳐 줍니다. 하나님이 우리를 창조하신 데는 목적이 있습니다. 엔지니어가 어떤 물건을 만들 때는 반드시 목적을 가지고 만듭니다. 시계는 시간을 알려주기 위해 만들어졌고 축구공은 차기 위해 만들어졌습니다. 만들어진 모든 것은 각각 그 고유의 목적이 있습니다. 그러면 하나님은 무엇을 위해 우리를 만드셨을까요? 그것은 '하나님을 위해', '하나님을 향하여' 살도록 하기 위해서입니다. 우리 삶의 모든 목적은 하나님을 위하는 것이며 우리 삶의 모든 방향은 하나님께 맞추어져 있어야 합니다. 하나님이 우리를 만드시고 하나님을 의지하여 살게 하신 것은 하나님께 영광을 돌리며 하나님을 지향하여 살도록 하기 위해서입니다. 하나님이 우리를 만드시면서 목적하신 바가 이것이기 때문에 우리는 이 목적에 합당하게 살 때에 진정한 행복을 누릴 수 있습니다. 하나님을 믿지 않는 사람은 이 목적을 모르기 때문에 자신의 영광을 위하고 자신을 향한 삶을 삽니다. 그래서 그가 행복한 것으로 보이지만 실은 목적에서 벗어난 삶을 사는 것이요, 방향을 이탈한 실패한 인생이 되는 것입니다. 이런 삶은 피곤하고 힘들며 공허하며 헛된 인생입니다.

4. 맺음말

우리는 사람이 예수님을 믿고 하나님을 믿어야만 하는 이유에 대해 생각해 보았습니다. 우리는 왜 하나님을 믿어야만 합니까? 그것은 우리가 모두 하나님으로부터 창조되었기 때문입니다. 이 사실은 우리의 기원을 알려주며 우리가 얼마나 존귀한 자들인가를 알려줍니다. 또한 우리는 하나님으로 말미암아 살기에 하나님을 믿어야만 합니다. 우리는 스스로는 살 수 없고 오직 하나님을 의지하여 살 수 있습니다. 그렇기 때문에 우리에게는 무한한 변화의 기회와 가능성이 있습니다. 더 나아가서 우리는 하나님을 위하고 하나님을 향하여 살도록 만들어졌기 때문입니다. 하나님이 우리를 만드신 목적은 우리가 하나님을 위해 살고 하나님 지향적으로 살도록 하기 위함입니다.

하나님을 믿는 자의 진정한 행복과 특권이 바로 여기에 있습니다. 그는 자신의 기원을 알고 삶의 동력을 알며 인생의 목적을 압니다. 하나님을 믿는 사람은 하나님에게서 나오고 하나님을 통해 살고 하나님을 위해 살며 하나님을 향하여 삽니다. 그리하여 하나님께 영광을 돌리는 삶을 살게 되는 것입니다. "영광이 그에게 세세에 있으리로다"(36). 우리가 하나님을 알고 믿고 의지하고 하나님의 영광을 위한 하나님 지향적인 삶을 살 때에야 진정으로 복되고 행복한 인생이 됩니다.

하나님은 우리의 근원이고 우리를 유지하시고 다스리시며 우리의 목적인 분입니다. 이 사실을 알고 하나님을 믿고 의지하며 평생 하나님 지향적이고 하나님이 목적이 되는 삶을 사십시오. 그리하여 하나님께 영광이 되는 인생이 되기를 바랍니다. 이것을 한마디로 표현하면 '아멘의 인생'입니다. 사람들이 우리의 한평생을 평가할 때 '아멘'이라고 말할 수만 있다면 더 바랄 것이 없습니다. 특히 하나님이 우리의 삶 전체에 '아멘' 하신다면 이보다 더 영광스럽고 행복한 사람은 없습니다. 우리가 모두 사람들이 '아멘' 하고 하나님이 '아멘' 하시는 복된 삶을 사시기를 축복합니다.

3부
/
예수
그리스도

ONE FOR ALL
ONCE FOR ALL

1. 예수의 나심은 이러하니라

: 마태복음 1:18-25

¹⁸ 예수 그리스도의 나심은 이러하니라 그의 어머니 마리아가 요셉과 약혼하고 동거하기 전에 성령으로 잉태된 것이 나타났더니 ¹⁹ 그의 남편 요셉은 의로운 사람이라 그를 드러내지 아니하고 가만히 끊고자 하여 ²⁰ 이 일을 생각할 때에 주의 사자가 현몽하여 이르되 다윗의 자손 요셉아 네 아내 마리아 데려오기를 무서워하지 말라 그에게 잉태된 자는 성령으로 된 것이라 ²¹ 아들을 낳으리니 이름을 예수라 하라 이는 그가 자기 백성을 그들의 죄에서 구원할 자이심이라 하니라 ²² 이 모든 일이 된 것은 주께서 선지자로 하신 말씀을 이루려 하심이니 이르시되 ²³ 보라 처녀가 잉태하여 아들을 낳을 것이요 그의 이름은 임마누엘이라 하리라 하셨으니 이를 번역한즉 하나님이 우리와 함께 계시다 함이라 ²⁴ 요셉이 잠에서 깨어 일어나 주의 사자의 분부대로 행하여 그의 아내를 데려왔으나 ²⁵ 아들을 낳기까지 동침하지 아니하더니 낳으매 이름을 예수라 하니라

마태복음은 예수의 탄생에 관하여 세 가지 측면으로 설명하고 있습니다. 아마도 마태는 예수 그리스도의 탄생을 한 측면에서만 바라보고 설명하기에는 너무나 벅차고 놀라운 것이기에 다각적인 방면에서

설명할 수밖에 없었을 것입니다. 이 세 가지 방식은 모두 "출생" 또는 "낳다"라는 말로 시작하므로 어렵지 않게 구분할 수 있습니다. 마태복음 1:1은 "예수 그리스도의 나심의 책"이라고 말씀하며, 1:18은 "예수 그리스도의 나심은 이러하니라"로 말씀합니다. 그리고 2:1은 "예수께서 나시매"라는 말로 시작합니다. 이 말들을 구분점으로 삼아 예수 그리스도의 탄생은 다음과 같이 세 가지 내용으로 구성되어 있습니다.

1. 계보를 중심으로

먼저 마태복음 1:1-17은 계보를 중심으로 예수의 탄생을 설명합니다. 이것은 다시 셋으로 나누어집니다. 첫째는 2-6까지로 아브라함부터 다윗까지입니다. 이것은 이스라엘 왕국의 성립 단계입니다. 둘째는 6-11절까지로 다윗부터 바벨론 포로 시대까지입니다. 이것은 왕국의 존립(지속) 단계입니다. 셋째는 12-16까지로 이스라엘 왕국의 멸망(붕괴) 단계입니다. 이것은 바벨론 포로 시대부터 예수까지입니다. 이처럼 예수 그리스도는 이스라엘 왕국의 설립 시대와 지속 시대를 지나 왕국 멸망의 시기에 탄생하셨습니다. 여기에는 두 가지 의미가 있습니다.

첫째는, 예수 그리스도께서 새로운 나라를 시작하셨다는 의미가 있습니다. 예수 그리스도는 "자기의 백성"(마 1:21)을 목양할 "다스리는 자"입니다(마 2:6; 미 5:2 인용). 이러한 의미에서 "예수 그리스도"는 왕을 가리키는 다른 단어입니다(마 2:2). 이것은 이스라엘 왕국이 멸망한 후

이제 예수와 함께 새로운 왕국이 시작되었다는 것을 의미합니다. 그래서 예수는 "회개하라 천국이 가까왔느니라"(마 4:17)는 말씀으로 그의 공사역을 시작하셨던 것입니다.

둘째, 예수 그리스도는 이스라엘 나라가 흥왕하고 왕성할 때 오시지 않고 마지막 시점인 멸망기에 오셨는데, 이것은 예수는 가난하고 낮고 비참한 자를 찾아오신다는 의미가 있습니다. 예수는 이스라엘이 강할 때 오시지 않고 가장 약하고 비참할 때 오셨습니다. 그는 강성하고 힘이 있을 때는 오시지 않고 낮고 볼품없을 때 오셔서 그들과 함께 계셨습니다. 주님은 우리가 비참하고 힘이 없을 때 찾아오시는 분이십니다. 주님은 우리가 약하고 비참하며 아픔과 좌절과 고통 중에 있을 때 찾아오셔서 함께하시는 분이십니다.

이 세상을 살다 보면 절망할 때가 많이 있습니다. 자랑할 것은 하나도 없고 그래서 자존심은 여지없이 무너지며 실패자의 모습으로 깊은 좌절과 고통의 나날을 보낼 때도 있습니다. 그러나 우리가 이렇게 아픔과 고통으로 절망하며 비참할 때, 바로 그때 주님이 나와 함께 계신다는 사실을 잊지 않으시기를 바랍니다. 주님은 태어날 때부터 사람들로부터 외면과 무시를 당해 마구간에서 탯줄을 끊어야 했던 분입니다. 그는 하나님이시기를 스스로 포기하고 인간으로 오셔서 낮고 천한 우리와 같이 되셔서 우리의 모든 아픔을 몸소 겪으셨습니다. 이런 주님이 우리와 함께 계십니다.

이 세상에서 혼자라고 생각될 때, 아무도 내 마음을 모르며 내 편이 되어 주지 않는다고 생각될 때도 주님은 함께 계시며 내 편이 되어 주십니다. 그러므로 모든 것이 끝났으며 이제는 어떤 희망도 소망도 없다고 생각될 때, 낮은 마음으로 주님을 찾으십시오. 그리하면 함께 하시는 주님이 도우시고 위로하시고 새 힘을 주시고 모든 환난에서 건져주실 것입니다. 우리는 부족하고 연약하여 매일 넘어집니다. 그러나 넘어지는 것보다 언제나 한번 더 일으켜 세우시는 주님의 능하시고 은혜로우신 손이 우리와 함께 있습니다. 약할 때 찾아오셔서 새 나라를 시작하신 진정한 왕이신 예수님을 의지함으로써 어려움과 난관들을 이겨나갈 수 있기를 바랍니다.

2. 부모를 중심으로

둘째, 마태복음 1:18-25은 예수의 탄생을 부모와 관련하여 설명합니다. 그러나 주의할 것은 이 단락에는 '어머니'(18)라는 말만 나오지 '아버지'라는 단어가 사용되지 않는 점입니다. 요셉은 단지 마리아의 남편으로 소개되고 있을 뿐입니다. 이것은 예수의 탄생이 인간의 육체적인 관계를 통해서가 아니라 성령에 의한 것임을 밝히려는 것입니다. 언뜻 보면 예수의 탄생에서 부모의 역할이 매우 큰 것처럼 보입니다. 그러나 본문은 부모보다 성령의 역할이 결정적이었다는 사실을 강조합니다. 예수의 탄생은 인간에 의한 것이 아니라 성령의 역사였다는 것입니다. 족보에서 한결같이 반복되는 말은 "낳고"라는 말입니다. 이 말은 아브라함부터 시작해서 16a의 요셉까지 계속됩니다. 그러므로 16은 이렇게 연결되어야 자연스럽습니다. "요셉은 마리아에게서 예수를 낳으니라." 그러나 16에서는 갑자기 이 형식을 벗어나 "마리아에게서 그리스도라 칭하는 예수가 나시니라"고 말씀합니다. 이것은 매우 파격적으로 족보의 틀을 깨고 있는 것입니다.

왜 그랬을까요? 그것은 예수께서 요셉과 마리아 사이의 성적 관계를 통해서 임신이 되고 출생한 것이 아니라 남자를 알지 못하는 처녀인 마리아에게서 출생했기 때문입니다(마 1:18, 25). 그런데 여기에는 두 가지 의문이 생깁니다. 하나는 어떻게 이 일이 가능했느냐는 것이고, 다른 하나는 동정녀 탄생이 왜 그렇게 중요하며 그 의미가 무엇이냐는 것입니다.

먼저, 어떻게 이 일이 가능했을까요? 남자 없이 여자 혼자 아이를 잉태하고 출생하는 것은 아주 비과학적이고 있을 수 없는 일입니다. 그러나 단 한 가지의 예외가 있습니다. 그것은 성령으로 잉태하고 성령으로 출생하는 경우입니다(마 1:18, 20). 1:18은 예수께서 성령으로 '잉태'되었다고 말씀합니다. 그리고 18절에서도 "그에게 '잉태된 자'는 성령으로 된 것이라"고 말씀합니다. 이 모두 마리아가 예수를 '잉태'한 것이 성령에 의한 것임을 강조합니다.

그런데 원어에서는 이 두 내용이 아주 다릅니다. 18절은 성령에 의한 '잉태'를 말하고 있지만 20절은 성령에 의한 '탄생'을 말하고 있기 때문입니다. 거의 모든 번역본은 20절을 '잉태된 자'로 번역하고 있지만 원문은 '출생한 자'로 쓰고 있습니다. 20절에서 "잉태"라는 말로 번역된 단어는 앞의 족보에서 여러 차례 반복되는 "낳고"라는 말과 같은 단어이며, 2:1의 "나시매"라는 말과도 같은 단어입니다. 따라서 이 짧은 문맥 안에서 같은 단어가 정반대의 의미로 사용되었다고 보는 것은 무리가 있습니다. 또한 "잉태하다"는 단어가 18절에서 사용되었으므로 20절에서 반드시 예수의 잉태를 말하려 했다면 18절에 사용된 잉태라는 단어를 그대로 사용했으면 되는 것입니다. 그런데도 그렇게 하지 않고 20절은 굳이 '출생'이라는 단어를 사용했습니다. 그러므로 20절의 "잉태된 자"는 '출생한 자'로 해석하는 것이 옳습니다.

그렇다면 20절에서 천사는 예수가 이제 막 잉태된 상황임에도 불구하고 이미 성령으로 탄생했다고 말하는 것이 됩니다. 이 난제를 어떻게 해결해야 할까요? 주의 천사는 성령에 의한 예수의 탄생이 분명 미래에 일어날 일이지만, 그것이 너무나 확실하고 틀림없는 사실이기에 마치 이미 "태어난 자"인 것처럼 말한 것입니다. 이처럼 성경은 예수님이 성령으로 잉태되었고 또한 성령으로 탄생했다는 사실을 분명하게 밝히고 있습니다. 그러므로 예수의 동정녀 탄생은 그가 성령으로 잉태되고, 성령으로 탄생하셨기에 가능했던 일입니다.

그러면 예수의 동정녀 탄생이 의미하는 것은 무엇일까요? 무엇 때문에 성령이 직접 개입하셔서 동정녀에게서 예수가 잉태되고 탄생하도록 하셨을까요? 그것은 예수의 무죄성을 증명하기 위한 것입니다. 그러면 성령에 의한 잉태와 출생이 어떻게 그의 무죄성을 입증하는 것이 될까요? 아담 이후의 모든 사람은 남녀의 결합을 통해서 출생합니다. 이때 아담의 범죄가 태어나는 모든 사람에게 유전됩니다. 그러므로 모든 사람은 태어날 때부터 죄인의 상태로 태어나는 것이지요. 이런 까닭에 하나님은 인류를 구원하기 위해 예수를 이 땅에 보내실 때 아담의 죄가 유전되는 기존의 방식이 아닌 전혀 다른 방식으로 예수님을 태어나도록 해야만 했습니다. 이를 위해 하나님은 예수님을 성령에 의해 남자를 알지 못하는 처녀의 몸에서 태어나게 하셨고, 그 결과 아담의 죄로부터 자유롭게 하셨습니다. 예수님은 죄가 없으신 분이십니다. 그러므로 예수님은 인류의 모든 죄를 대신 담당하실 수 있었고 우리에게 영원한 생명을 주실 수 있었습니다.

3. 상황을 중심으로

셋째, 마태복음 2:1은 "헤롯왕 때에 예수께서 유대 베들레헴에서 나시매"라고 말함으로써 23절까지 당시의 역사적 상황을 중심으로 예수의 탄생에 대하여 설명합니다. 예수께서 탄생하셨을 때 동방으로부터 박사들이 그의 별을 보고 그를 찾아왔습니다(2:1-2). 이로 보아 예수 그리스도의 탄생은 어느 한 지역이나 국가에만 해당하는 국지적인 사건이 아니었습니다. 이것은 비록 유대의 베들레헴에서 발생한 사건이지만 벌써 멀리 있는 사람들에게 알려졌습니다.

우리는 동방 박사들이 예수를 찾는 자세를 주의하여 살펴볼 필요가 있습니다. 먼저, 박사들은 아기 예수를 찾기 위해서 자신들의 신분을 중시하지 않았습니다. 이들은 "박사들"이라고 불립니다. 그들이 "우리가 동방에서 그의 별을 보았다"(2)고 말하는 것으로 보아 아마도 이들은 천문학자들이었을 것입니다. 당시에 천문학자는 천체를 관측하는 학자적인 위치에 있었을 뿐 아니라 종교를 지도하는 제사장적인 위치에 있었습니다. 그러므로 이들은 학문과 종교를 겸비한 높은 신분, 높은 지위를 가진 사람들이었습니다. 그런데도 그들은 아기 예수를 찾기 위해서 자신들의 신분이나 지위를 중요하게 여기지 않았습니다. 그들은 아기 예수를 찾기 위해서 자신들의 신분을 내려놓은 것입니다.

또한 그들은 아기 예수를 찾기 위하여 먼 길을 마다하지 않고 왔습니다. 그들은 "동방으로부터" 왔습니다. "동방"이 어디인지는 정확하게 알 수 없지만 먼 곳이라는 의미를 함축하고 있습니다(마 8:11; 24:27 참조). 그들은 아기 예수를 찾기 위하여 먼 길을 걷는 수고를 아끼지 않았습니다. 또한 이들은 아기 예수를 찾기 위해서 다른 사람에게 도움을 구하는 것을 부끄럽게 생각하지 않았습니다(2:2).

더 나아가서 그들은 목숨을 건 위험을 감수하면서 예수를 찾았습니다. 동방 박사들은 예루살렘에 도착하여 "유대인의 왕으로 나신 이가 어디 계시뇨"(2)라면서 "유대인의 왕"을 찾았습니다. 그들은 헤롯이 유대인의 왕으로 있음에도(1) 또 다른 유대인의 왕을 찾고 있는 것입니다(2). 동방 박사들이 헤롯왕에 대하여 듣지 못했을 리는 없습니다. 그러나 그들은 담대하게 새로운 유대인의 왕을 찾았습니다. 이것은 목숨을 거는 행위였습니다. 이처럼 동방 박사들은 자신들의 신분도 중시하지 않고, 먼 길을 걷는 수고도 마다하지 않았으며, 부끄러움도 무릅쓰고 심지어 목숨까지 내어놓고 아기 예수를 찾았습니다.

그러면 그들이 이 모든 것을 감수하면서까지 아기 예수를 찾은 이유는 무엇이었을까요? 그것은 아기 예수께 경배하기 위해서였습니다. "그에게 경배하러 왔노라"(2). 동방 박사들은 그들을 앞서 인도하던 별이 아기 있는 곳 위에 멈추었을 때, 별을 보고 가장 크게 기뻐하고 기뻐하였습니다(10). 이것은 기쁨의 극치입니다. 예수 그리스도를 발견한 것은 동방 박사들에게 가장 큰 기쁨이었습니다. 그리고 그들은 이 기쁨을 구체적으로 표현하였습니다. 그것은 바로 아기 예수께 경배하는 것이었습니다. 그들은 집에 들어가 그 모친 마리아와 함께 있는 아기를 보았습니다(11). 그리고 아기 예수 앞에 엎드려 경배하였습니다(11). 예수 만난 기쁨은 그분에 대한 경배로, 예배로 표현됩니다. 예수 만난 기쁨이 있는 사람은 예배드리기를 즐거워합니다. 성도는 예배를 드림으로써 예수 만난 기쁨을 표현해야 합니다. 성도는 예배를 드림으로써 예수로 말미암은 기쁨을 증명해야 합니다. 그런데 동방 박사들은 이러한 기쁨과 경배를 예물을 드리는 것으로 구체화하였습니다. 그들은 물질로 경배를 표현하였습니다. 그들은 보배합을 열었습니다(11). 동방 박사들은 마음을 열었을 뿐 아니라 보배합도 열었습니다. 그들은 보배합을 엶으로써 마음을 열었다는 것을 증명하였습니다. 만일 그들이 아기 예수 앞에 엎드려 경배하였지만 보배합을 열지 않았더라면 그 경배는 거짓된 것에 지나지 않았을 것입니다.

4. 맺음말

마태복음은 예수의 탄생과 관련하여 세상의 왕의 계보를 말함으로써 예수가 백성 위에 군림하는 왕으로 온 것처럼 보이나 실은 힘없고 낮고 천하며 가난한 자들을 위해 오신 왕임을 증언합니다. 예수는 헤롯과는 극명하게 대조되는 진정한 왕이요 하나님의 백성의 목자로 오셨습니다(마 2:6). 또한 부모를 말함으로써 예수의 인간됨을 말하려는 듯하나 그것과 더불어 예수의 성령 잉태와 성령 출생을 말함으로써 예수께서 죄인의 구주로 오셨다는 것을 강조하고 있습니다. 이러한 진정한 왕이시며 구주이신 예수를 경배하기 위해 동방 박사들이 찾아왔습니다. 그들의 길을 인도한 것은 별이었습니다(9). 별이 움직였습니다. 예수 그리스도의 탄생은 우주가 참여한 사건입니다. 온 우주가 예수 그리스도의 탄생에 집중되었습니다. 이것은 예수 그리스도의 성육신이 천지 창조보다도 위대한 일이었음을 의미합니다. 우리는 이토록 놀라운 예수의 탄생을 크게 기뻐하고 그분께 경배하는 삶을 살아야 합니다. 이를 위해서는 자신의 신분이나 지위도 아랑곳하지 않아야 하고 어떤 수고도 감수할 수 있어야 하며 체면의 손상도 기쁨으로 받을 수 있어야 합니다. 또한 자신의 목숨까지도 내어놓을 수 있어야 하며, 나아가서는 예수님을 위해 자기의 보배합을 기꺼이 열 수 있어야 합니다. 우리 모두에게 이러한 깨달음과 결단과 헌신이 풍성하기를 바랍니다.

2. 예수님의 세 이름

: 마태복음 2:13-23

¹³ 그들이 떠난 후에 주의 사자가 요셉에게 현몽하여 이르되 헤롯이 아기를 찾아 죽이려 하니 일어나 아기와 그의 어머니를 데리고 애굽으로 피하여 내가 네게 이르기까지 거기 있으라 하시니 ¹⁴ 요셉이 일어나서 밤에 아기와 그의 어머니를 데리고 애굽으로 떠나가 ¹⁵ 헤롯이 죽기까지 거기 있었으니 이는 주께서 선지자를 통하여 말씀하신 바 애굽으로부터 내 아들을 불렀다 함을 이루려 하심이라 ¹⁶ 이에 헤롯이 박사들에게 속은 줄 알고 심히 노하여 사람을 보내어 베들레헴과 그 모든 지경 안에 있는 사내아이를 박사들에게 자세히 알아본 그 때를 기준하여 두 살부터 그 아래로 다 죽이니 ¹⁷ 이에 선지자 예레미야를 통하여 말씀하신 바 ¹⁸ 라마에서 슬퍼하며 크게 통곡하는 소리가 들리니 라헬이 그 자식을 위하여 애곡하는 것이라 그가 자식이 없으므로 위로 받기를 거절하였도다 함이 이루어졌느니라 ¹⁹ 헤롯이 죽은 후에 주의 사자가 애굽에서 요셉에게 현몽하여 이르되 ²⁰ 일어나 아기와 그의 어머니를 데리고 이스라엘 땅으로 가라 아기의 목숨을 찾던 자들이 죽었느니라 하시니 ²¹ 요셉이 일어나 아기와 그의 어머니를 데리고 이스라엘 땅으로 들어가니라 ²² 그러나 아켈라오가 그의 아버지 헤롯을 이어 유대의 임금 됨을 듣고 거기로 가기를 무서워하더니 꿈에 지시하심을 받아 갈릴리 지방으로 떠나가 ²³ 나사렛이란 동네에 가서 사니 이는 선지자로 하신 말씀에 나사렛 사람이라 칭하리라 하심을 이루려 함이러라

매년 12월에는 아쉬움과 설렘이 함께 있습니다. 한 해를 마감하는 달이기에 아쉬움이 많이 있지요. 또한 연말이 되면 뭔지 모르게 새해에 거는 기대로 설레는 마음도 있습니다. 하지만 예수님을 믿는 성도에게는 이와는 근본적으로 다른 이유가 있습니다. 그것은 바로 12월에 성탄절이 있기 때문입니다. 성탄절은 크리스마스라고도 하는데, 크리스마스의 정확한 의미는 '그리스도께서 태어나신 것을 기뻐하며 축하하는 날'이라는 뜻입니다. 그리고 그리스도가 태어나신 것을 기뻐하는 데에는 분명한 이유가 있습니다. 그 이유는 예수님의 이름에서 잘 드러납니다.

1. 성경의 이름

성경에서 '이름'은 단지 구별을 위한 표지가 아니라 그 이름을 가진 사람이 어떤 사람인지, 즉 그의 정체가 무엇이며, 평생의 삶이 어떤 삶이 될 것인지를 압축해서 나타내는 역할을 합니다. 한 마디로 이름은 존재 자체를 의미합니다. 예수님의 이름도 이와 같아서 예수님의 이름은 그분이 어떤 분이신지, 그분의 신분과 정체가 무엇이며, 장차 어떤 일들을 하게 될 것인지를 잘 보여줍니다. 마태복음은 예수님의 이름을 세 가지로 소개합니다. 그것은 '예수', '임마누엘', '나사렛 사람'입니다. 이 중에 둘은 '이름'이라는 단어가 함께 쓰였고(마 1:21, 23), 나머지 하나는 '불린다'는 말이 사용되었습니다(마 2:23). 이것은 일종의 별칭 또는 별명을 의미합니다. 오늘은 예수님의 이 세 가지 이름을 중심으로 예수님의 탄생이 왜 우리에게 기쁨과 즐거움이 되는지를 함께 생각해 보겠습니다.

2. 예수의 세 가지 이름

1) 예수

먼저 마태복음 1:21에 보면 주의 천사가 요셉에게 나타나 그의 약혼녀인 마리아에게서 태어날 아들의 이름을 '예수'라 하라고 명령합니다. 예수라는 말은 '구원하다'라는 뜻입니다. 그래서 주의 천사는 "이름을 예수라 하라"고 말한 뒤에, 이름을 그렇게 정한 이유를 이렇게 설명합니다. "이는 그가 자기 백성을 그들의 죄에서 구원할 자이심이라"(마 1:21). 예수님의 이름이 '구원하다'라는 뜻의 '예수'인 이유는 그분이 자기 백성을 그들의 죄로부터 구원하시는 분이기 때문입니다. 예수께서 이 땅에 오신 것은 죄 때문에 죽을 수밖에 없는 우리를 우리의 죄로부터 구원하시기 위해서입니다. 우리가 성탄절을 기뻐하고 즐거워하는 이유는 예수님이 오심으로 우리가 죄로부터 구원을 얻을 수 있게 되었기 때문입니다.

2) 임마누엘

그러면 예수님이 어떤 분이시기에 우리를 죄에서 구원하실 수 있을까요? 이에 대한 대답이 두 번째 이름에서 밝혀집니다. 그 이름은 바로 '임마누엘'입니다. "보라 처녀가 잉태하여 아들을 낳을 것이요 그의 이름은 임마누엘이라 하리라"(마 1:23). 임마누엘이라는 말은 "하나님이 우리와 함께 계시다"(마 1:23하)라는 뜻입니다. 그러므로 임마누엘이라는 이름은 예수님이 바로 하나님이시라는 사실을 알려 주는 것입니다. 예수님은 하나님이십니다. 예수께서 이 땅에 탄생하심으로 하나님이 죄인인 우리와 함께 계시게 되었습니다. 예수님이 우리를 죄로부터 구원하실 수 있는 이유는 예수님이 하나님이시기 때문입니다. 그러므로 예수님이 이루시는 구원은 곧 하나님이 행하시는 구원입니다. 우리를 위한 예수님의 구원은 하나님이 행하신 구원이므로 그 누구에 의해서도 폐기될 수 없는 구원이며, 그 무엇에 의해서도 취소되거나 무효가 될 수 없는 완벽한 구원입니다. 예수께서 우리에게 베풀어주신 구원은 온전하신 하나님이 이루신 구원이기에 우리가 받은 구원은 온전한 구원이며, 영원하신 하나님이 행하신 구원이기에 우리가 얻은 구원은 영원한 구원입니다. 이 구원은 결코 변하거나 무를 수 없습니다. 우리의 구원은 절대로 안전한 구원입니다. 바로 이런 이유로 우리는 예수님이 탄생하신 성탄절을 기뻐하고 즐거워하는 것입니다.

3) 나사렛 사람

이처럼 예수님은 '자기 백성'을 그들의 죄에서 구원하시는 하나님이십니다. 그러면 자기 백성은 누구를 가리키는 것일까요? 다시 말해 하나님의 구원 대상과 범위는 어디까지일까요? 이것에 대해서는 예수님의 세 번째 이름인 '나사렛 사람'이라는 이름에서 잘 나타납니다. "나사렛 사람이라 칭하리라"(마 2:23). 이것은 일종의 별명입니다. 하지만

이 별명도 우연히 붙여진 것이 아니라 이미 선지자를 통해서 예언된 것입니다(마 2:23). 그러면 하나님은 왜 예수님이 '나사렛 사람'이라 불리도록 했을까요? 이 별명이 갖는 의미는 무엇일까요? 예수님이 탄생하신 직후에 두 가지 사건이 일어납니다. 하나는 예수님이 애굽으로 도피한 일(마 2:13-15)이며, 다른 하나는 애굽에서 나사렛으로 귀환한 일입니다(마 2:19-23).

동방에서 별을 보고 아기 예수를 찾아온 동방 박사들은 예수님께 경배하고 예물을 드린 후 고국으로 돌아갔습니다(마 2:12). 헤롯은 자기가 동방 박사들에게 속은 것을 알고 심히 노하였습니다(마 2:16). 동방 박사들이 주님의 지시를 받아 헤롯에게로 돌아가지 않고 다른 길로 귀국했기 때문입니다. 이러한 헤롯의 분노는 유아들을 살해하는 일로 나타났습니다. "베들레헴과 그 모든 지경 안에 있는 사내아이를 박사들에게 자세히 알아본 그때를 기준으로 하여 두 살부터 그 아래로 다 죽이니"(마 2:16-17). 요셉과 마리아와 아기 예수가 이러한 위기를 당한 때에 주의 천사가 요셉의 꿈에 나타났습니다. 그는 헤롯이 아기 예수를 찾아 죽이려고 하니 일어나서 아기와 그의 어머니 마리아를 데리고 애굽으로 피한 뒤, 주의 천사가 다시 말할 때까지 거기에 있으라고 지시했습니다(마 2:13). 요셉은 일어나서 지체하지 않고 천사의 지시를 따라 애굽으로 내려가서 헤롯이 죽기까지 거기서 살았습니다.

시간이 지나 헤롯이 죽은 후에 주의 천사가 다시 요셉의 꿈에 나타났습니다. 그리고 아이 예수님과 그의 어머니를 데리고 이스라엘 땅으로 가라고 명령했습니다(마 2:19-20). 요셉은 이 명령에 따라 예수님과 그의 어머니를 데리고 이스라엘 땅으로 들어갔습니다(마 2:20-21).
그러나 요셉은 유아 살해를 저지른 헤롯왕의 뒤를 이어 그의 아들 헤
롯 아켈라오가 왕이 되었다는 소식을 듣고 유대로 가기를 두려워했습
니다. 그래서 요셉은 다시 꿈에 지시를 받아 갈릴리 지방으로 가서(마
2:22) 나사렛이라는 동네에서 살았습니다. 이렇게 하여 예수님은 '나사
렛 사람'이라고 불리게 되었습니다(마 2:23). 그런데 예수님이 '나사렛
사람'이라고 불리는 것에는 매우 중요한 의미가 있습니다.

마태복음 4:15은 이렇게 말씀합니다. "스불론 땅과 납달리 땅과 요
단 강 저편 해변 길과 이방의 갈릴리여." 나사렛은 갈릴리라는 넓은
지역에 속한 한 작은 동네입니다. 그런데 성경은 나사렛이 속한 갈
릴리를 무어라고 부릅니까? "이방의 갈릴리"라고 부릅니다. 나사렛
은 '이방', 즉 유대인이 아닌 이방인이 사는 땅이라고 불립니다. 그리
고 이어서 16절은 그러한 이방 땅인 갈릴리를 향해 "흑암에 앉은 백성
이 큰 빛을 보았고 사망의 땅과 그늘에 앉은 자들에게 빛이 비치었도
다"(마 4:16)라고 말씀합니다.

따라서 구원자 예수님이 이방 땅인 갈릴리 나사렛에 사심으로써
'나사렛 사람'이라고 불리게 된 것은 예수님이 이스라엘 사람들뿐 아
니라 이방인들, 즉 세상의 모든 사람을 구원하시기 위해 세상에 오신
분이라는 사실을 증언하는 것입니다. 예수님이 이 땅에 오신 것은 우
리와 같은 이방인들도 구원하시기 위함입니다. 예수님이 탄생하심으
로써 이방인인 우리에게도 구원의 문이 활짝 열리게 되었습니다. 그
래서 우리는 예수님의 탄생을 기뻐하고 즐거워하는 것입니다.

3. 맺음말

예수님의 이름은 '예수', '임마누엘', 그리고 '나사렛 사람'입니다. 이 이름들은 예수님이 하나님이시며, 하나님이신 예수님이 혈통이나 지역을 초월하여 자기 백성을 죄에서 구원하시기 위해 이 땅에 오신 구원자라는 사실을 잘 보여줍니다. 예수님은 인종, 신분, 성별, 지위, 빈부 등과 관계없이 예수님을 믿는 모든 사람을 구원하시고 자기 백성으로 삼으십니다. 예수님의 구원은 하나님 자신이 친히 행하시는 구원이기에 그 어떤 세력이나 그 어떤 존재에 의해서도 결코 번복되거나 파기될 수 없는 영원하고 안전하며 확실한 구원입니다. 온 세상이 예수 그리스도의 탄생을 함께 기뻐해야 하는 참된 이유가 바로 여기에 있습니다. 예수님의 나심과 그분에게 주어진 이름의 의미들을 잘 알고 믿어, 크게 기뻐하고 즐거워하며 감사하는 성탄절이 되시기를 주님의 이름으로 축복합니다.

3. 하나님께 영광, 사람들 중에 평화

: 누가복음 2:8-14

⁸ 그 지역에 목자들이 밤에 밖에서 자기 양 떼를 지키더니 ⁹ 주의 사자가 곁에 서고 주의 영광이 그들을 두루 비추매 크게 무서워하는지라 ¹⁰ 천사가 이르되 무서워하지 말라 보라 내가 온 백성에게 미칠 큰 기쁨의 좋은 소식을 너희에게 전하노라 ¹¹ 오늘 다윗의 동네에 너희를 위하여 구주가 나셨으니 곧 그리스도 주시니라 ¹² 너희가 가서 강보에 싸여 구유에 뉘어 있는 아기를 보리니 이것이 너희에게 표적이니라 하더니 ¹³ 홀연히 수많은 천군이 그 천사들과 함께 하나님을 찬송하여 이르되 ¹⁴ 지극히 높은 곳에서는 하나님께 영광이요 땅에서는 하나님이 기뻐하신 사람들 중에 평화로다 하니라

1. 예수님이 오신 때

이스라엘의 베들레헴 지역에서 목자들이 밤에 밖에서 자기 양 떼를 지키고 있었습니다. 그때 주의 천사가 그들 곁에 서고 주의 영광이 그들을 두루 비추었으며, 목자들은 큰 두려움에 사로잡혔습니다. 그러

자 천사가 그들에게 두려워 말라고 말했습니다. 그 이유는 천사가 좋은 소식을 전하기 때문이었습니다. 그 좋은 소식은 바로 구주 곧 그리스도가 태어나셨다는 소식이었습니다(11). 이 구주는 예수님이십니다. 그러면 구주 예수 그리스도가 태어나신 것이 왜 좋은 소식일까요? 구주가 나심이 세상 사람들에게 기쁜 소식인 이유는 그 일이 하나님께 영광이요 사람에게 평화를 이루기 때문입니다(14).

역사적으로 보면 예수님이 오신 때는 로마 황제 가이사 아구스도가 (1) 통치하던 시기입니다. 그가 로마의 평화를 이루었습니다. 그전까지 로마는 계속 전쟁했습니다. 그러나 가이사 아구스도에 의해 모든 전쟁이 멈추었고 평화가 선포됐으며, 로마의 원로원은 아구스도의 평화라는 말이 새겨진 제단을 만들라고 명령했습니다. 그런데 예수님은 이러한 평화의 시기에 오셔서 평화를 선포했습니다. 예수님이 때를 잘못 찾아오신 것은 아닐까요? 물론 아닙니다. 왜냐하면 성경이 말씀하는 평화는 단지 전쟁이 없는 상태가 아니기 때문입니다. 고린도전서 14:33은 이렇게 말씀합니다. "하나님은 무질서의 하나님이 아니시요 그러나 평화의 하나님이시니라." 따라서 성경이 말씀하는 평화는 전쟁이 없는 상태가 아니라 질서가 회복되는 것을 의미합니다. 그래서 평화의 반대말은 무질서입니다. 질서가 깨어지면 평화는 사라집니다. 이 사실은 하나님의 창조와 인간의 타락에서 가장 잘 드러납니다.

2. 평화와 무질서

1) 평화 - 질서

하나님은 만물과 사람을 창조하신 후에 사람에게 세 가지 관계를 부여하셨습니다. 첫째는 사람과 하나님의 관계입니다. 하나님께서는 사람을 하나님의 형상대로 창조하시고 하나님과 특별한 관계를 맺도록 하셨습니다. 하나님께서는 아담에게 하나님이 정하신 선악을 알게 하는 나무의 과일을 따 먹지 못하게 했습니다. 이것은 인간을 괴롭히고 통제하는 것이 아니라 창조주와 피조물 사이의 질서를 정하신 것입니다. 하나님이 정하신 질서는 피조물인 인간이 창조주이신 하나님의 말씀에 순종하는 것입니다. 사람은 이 질서를 지킴으로써 어떤 두려움도 없이 하나님과 함께 아름다운 관계를 누리며 행복한 삶을 살 수 있었습니다.

둘째는 사람과 사람 사이의 관계입니다. 아담은 하와를 보고 "이는 내 뼈 중의 뼈요 살 중의 살이라"(창 1:23)고 했으며, 이 둘은 한 몸을 이루는 아름다운 연합의 관계를 이루었습니다. 그들 사이에는 서로 해치거나 상하게 하는 일이 없었고 하나님께서 명령하신 일을 아무런 갈등 없이 이루는 아름다운 관계를 유지했습니다(창 1:28).

셋째는 사람과 만물 간의 관계입니다. 하나님으로부터 하늘과 땅과 바다의 모든 생물을 다스리도록 명령받은 인간은 자연에 대한 관계를 가집니다(창 1:26, 28). 사람은 하나님의 명령대로 만물을 잘 관리하고 보호했으며, 땅은 그들이 먹을 수 있도록 온갖 채소와 과일을 내었습니다. 이처럼 인간이 하나님께서 정하신 질서를 지킬 때 인간은 하나님과 사람과 만물과 더불어 참 평화를 누렸습니다.

2) 타락 – 무질서

그러나 슬프게도 아담은 하나님께서 금하신 선악을 알게 하는 나무의 열매를 먹음으로써 하나님이 세우신 질서를 깨뜨렸습니다(창 3:1f). 이것은 인간이 하나님의 말씀에 불순종한 것이요, 피조물이 창조주의 자리를 탐낸 것입니다. 인간은 이렇게 질서를 깨뜨림으로써 타락하고 말았습니다. 그 결과 하나님께서 인간에게 주신 이 모든 관계가 깨어졌습니다. 인간은 하나님의 말씀에 불순종하여 질서를 어김으로써 먼저 하나님과의 관계를 깨뜨렸습니다. 그리하여 인간은 하나님을 두려워하게 되었고(창 3:8, 10) 마침내 에덴동산에서 쫓겨나고 말았습니다(창 3:23, 24). 인간은 하나님으로부터 완전히 단절되고 분리되었습니다. 하나님과 생명의 관계를 누리던 인간이 질서를 깨뜨리는 범죄 때문에 하나님과 죽음의 관계가 되고 만 것입니다.

또한 인간의 타락은 인간과 인간의 관계를 파괴했습니다. 범죄의 원인을 묻는 하나님께 아담은 아내인 하와에게 책임을 돌립니다. "여자 그가 그 나무의 실과를 내게 주므로 내가 먹었나이다"(창 3:12). 이렇게 하여 인간이 인간을 믿을 수 없게 되었고, 아름다운 연합의 관계는 깨어졌으며, 지배권을 차지하기 위한 싸움이 벌어지게 되었습니다. 하나님이 세우신 질서를 어김으로써 연합과 일치와 평화의 관계가 전쟁으로 변질된 것입니다.

이뿐 아니라 인간은 하나님이 정하신 질서를 어김으로써 자연과의 관계도 부서뜨렸습니다. 인간은 자연을 잘 다스리고 섬겼으며, 자연은 인간에게 모든 필요한 것들을 제공하는 아름다운 관계를 유지했습니다. 그러나 질서가 무너짐으로 채소와 과일을 내던 땅은 저주를 받아 가시덤불과 엉겅퀴를 내게 되었고, 인간은 수고하고 땀을 흘려야만 식물을 먹을 수 있게 되었습니다. 인간이 자연을 다스리던 것에서 이제는 자연이 인간을 다스리게 되었습니다.

이처럼 하나님이 정하신 질서를 깨뜨린 인간의 범죄 때문에 인간은 하나님에게서 끊어졌고, 서로 대적하고 죽이며, 자연의 다스림을 받게 되었습니다. 인간의 범죄는 하나님이 세우신 질서를 완전히 뒤엎었으며 만물을 무질서 상태로 만들어 버렸습니다. 인간은 죄의 형벌을 받아 죽을 수밖에 없게 되었고, 대적함과 불화와 전쟁과 아픔 등이 인간과 만물에 나타나게 되었습니다. 하지만 정말 문제가 되는 것은 인간 자신의 능력으로는 이전의 상태로 돌아갈 수 없다는 사실입니다. 타락한 인간 자신에게는 이전의 질서를 회복할 능력이 없기 때문입니다. 하나님이 정하신 질서를 깨뜨린 죄인인 인간에게는 절망만이 있을 뿐입니다. 그래서 인간은 참으로 비참한 존재입니다.

3. 평화의 왕으로 오신 예수

여러분, 기억하십시오. 그래서 예수님이 이 땅에 오신 것입니다. 이 절망의 무질서를 창조 시의 질서로 회복시킬 수 있는 분은 오직 하나님밖에 없기 때문입니다. 하나님께서는 예수 그리스도를 이 땅에 보내셔서 아담부터 시작된 인간의 모든 범죄의 책임과 형벌을 예수 그리스도에게 담당시키셨습니다. 그리하여 예수님은 십자가에 못 박혀 죽임을 당해야만 했습니다. 그리고 장사된 지 사흘 만에 다시 살아나심으로 죄의 형벌인 죽음의 문제를 해결하신 것을 증명하셨습니다. 인간이 범죄로 무너뜨린 질서를 예수 그리스도께서 죽으심과 부활로 회복시키셨습니다. 이에 따라 만물이 새로운 질서를 갖게 되었으며(엡 1:10) 창조 때의 평화를 되찾게 되었습니다.

그래서 성경은 예수님을 (정)의의 왕이시요 평화의 왕이라고 부릅니다. "이는 한 아기가 우리에게 났고 한 아들을 우리에게 주신 바 되었는데 그의 어깨에는 정사를 메었고 그의 이름은 기묘자라, 모사라, 전능하신 하나님이라, 영존하시는 아버지라, 평강의 왕이라 할 것임이라"(사 9:6). "그가 찔림은 우리의 허물 때문이요 그가 상함은 우리의 죄악 때문이라 그가 징계를 받으므로 우리는 평화를 누리고 그가 채찍에 맞으므로 우리는 나음을 받았도다"(사 53:5). "어둠과 죽음의 그늘에 앉은 자에게 비치고 우리 발을 평강의 길로 인도하시리로다 하니라"(눅 1:79).

4. 맺음말

예수님만이 인간이 깨뜨린 질서를 바로잡고 이 땅에 참 평화를 주십니다. 이러한 평화가 이루어질 때에야 비로소 하늘에도 영광이 됩니다. 본문 14절에 보면 허다한 천군이 천사와 함께 하나님을 찬송합니다. "지극히 높은 곳에서는 하나님께 영광이요 땅에서는 기뻐하심을 입은 사람들 중에 평화로다." 이 찬송을 자세히 보면 지극히 높은 곳, 즉 하늘과 땅이, 하나님과 사람이, 그리고 영광과 평화가 짝을 이룹니다. 땅은 하늘에 연결될 때만 의미가 있습니다. 하늘은 하늘 그 자체로 언제나 온전하지만, 하늘 없는 땅은 존재할 수 없기 때문입니다. 그러므로 땅은 언제나 하늘에 매여 있습니다. 그 때문에 땅에서 사람들이 아무리 평화를 외쳐도 하늘의 하나님께 영광이 되지 않는다면 그것은 결코 평화가 아닙니다. 이 땅의 평화가 참 평화가 되기 위해서는 그것이 하늘에 영광이 되어야만 합니다. 예수님이 가져오신 평화가 바로 이런 평화입니다.

구주가 나셨다는 소식은 '그때 그곳'에서 뿐 아니라 '오늘 이곳'에서도 여전히 좋은 소식이요 복음입니다. 구주이신 예수 그리스도 없이는 우리도 깨어진 질서 속에서 두려움과 공포와 전쟁의 인생을 살 수밖에 없으며, 하늘의 영광과 평화를 누릴 수 없습니다. 예수께서 이 세상에 탄생하신 것은 이런 우리에게 참된 평화를 주시기 위해서입니다. 바로 이 사실 때문에 우리에게 예수님의 탄생이 복된 소식이며 우리는 그분의 탄생을 즐거워하며 기뻐하는 것입니다. 나의 범죄 때문에 깨어진 질서를 다시 회복하시고 우리에게 참된 평화를 주신 예수 그리스도를 확실히 믿고, 그분의 탄생을 즐거워하고 찬양하게 되기를 바랍니다.

4. 세상 죄를 제거하는 어린 양

: 요한복음 1:29; 11:50; 12:32; 19:33-36

1:29

이튿날 요한이 예수께서 자기에게 나아오심을 보고 이르되 보라 세상 죄를 지고 가는 하나님의 어린 양이로다

11:50

한 사람이 백성을 위하여 죽어서 온 민족이 망하지 않게 되는 것이 너희에게 유익한 줄을 생각하지 아니하는도다 하였으니

12:32

내가 땅에서 들리면 모든 사람을 내게로 이끌겠노라 하시니

19:33-36

[33] 예수께 이르러서는 이미 죽으신 것을 보고 다리를 꺾지 아니하고 [34] 그 중 한 군인이 창으로 옆구리를 찌르니 곧 피와 물이 나오더라 [35] 이를 본 자가 증언하였으니 그 증언이 참이라 그가 자기의 말하는 것이 참인 줄 알고 너희로 믿게

하려 함이니라 ³⁶ 이 일이 일어난 것은 그 뼈가 하나도 꺾이지 아니하리라 한 성경을 응하게 하려 함이라

아직 교회에 다니지 않는 분들도 길에서나 지인들로부터 "예수 믿고 구원받으세요"라는 말을 한 번쯤은 들어보셨을 겁니다. 이 말을 들은 사람 대부분은 기분 나빠하거나 무시하거나 아무 생각 없이 지나쳤을 수 있습니다. 하지만 어떤 이들은 그 말이 무슨 뜻인지 몰라서 그 요청을 받아들이지 못하는 경우도 있을 수 있습니다. 예수 믿고 구원받으라는데, 도대체 예수를 믿는 게 무엇이며, 예수가 어떤 분이기에 그분을 믿어야 구원을 받는가 하는 궁금증이 있을 수 있습니다. 더 근본적으로는 구원이 무엇이고, 왜 구원을 받아야 하며, 어떻게 구원을 받을 수 있는가 하는 질문이 있을 수 있습니다. 오늘은 이 질문들에 대해 핵심적인 답을 드리고자 합니다.

1. 세상 죄를 제거하는 하나님의 어린 양

세례자 요한이 예수께서 자기에게 나아오심을 보고 이렇게 말했습니다. "보라 세상 죄를 지고 가는 하나님의 어린 양이로다"(요 1:29). 예수님이 세상 죄를 지고 가는 하나님의 어린 양이랍니다. 여기서 "지고 가다"라는 말의 원뜻은 '제거하다', '없애다', '죽이다'입니다. 따라서 예수님 한 분이 세상의 모든 죄를 제거하고 없애고 죽이는 하나님

의 어린 양입니다. 그러면 예수님이 어린 양이라는 말은 무엇이고, 그 어린 양이 세상 죄를 제거한다는 말은 또 무슨 뜻일까요? 이것을 알기 위해서는 구약성경에 기록되어 있는 유월절에 대해 살펴보아야 합니다.

2. 유월절 어린 양

1) 열 가지 재앙

하나님께서 이집트에서 430년 동안 노예로 살던 이스라엘 백성을 구출하기 위해 모세를 이집트의 왕 바로에게 보냈습니다. 하지만 바로는 그들을 놓아주지 않았습니다. 그러자 하나님께서 이집트에 열 가지 재앙을 내립니다. 첫 번째 재앙은 나일강 전체를 피로 변하게 만들고 그 강의 고기가 죽고 그 물에서 악취가 나서 마실 수 없게 한 것입니다. 그러나 바로는 하나님의 말을 듣지 않았습니다. 두 번째 재앙은 나일강에서 개구리가 무수히 많이 올라와 이집트 사람들에게 기어오르게 한 것입니다. 세 번째 재앙은 지팡이로 땅의 티끌을 쳐서 이집트 온 땅의 티끌이 다 이가 되어 사람과 가축에게 오르게 한 것입니다. 네 번째 재앙은 이스라엘 백성이 살고 있는 고센 땅을 제외한 전 이집트에 파리 떼로 가득하게 한 것입니다. 다섯 번째 재앙은 돌림병이 이스라엘의 가축을 제외한 모든 이집트의 가축들을 죽게 했습니다. 여섯 번째 재앙은 화덕의 재 두 움큼을 하늘로 향해 날려 이집트 온 땅의 사람과 짐승에게 붙어서 악성 종기가 생겨난 것입니다. 일곱 번째 재앙은 하나님께서 무거운 우박을 불덩이와 함께 섞여 내리게 한 것입니다. 이 우박이 사람과 짐승을 막론하고 밭에 있는 모든 것을 치고 채소와 모든 나무를 꺾었습니다. 여덟 번째 재앙은 하나님께서 메뚜기 떼로 이집트 온 땅을 덮어 땅이 어두워진 것입니다. 그리하여 우박에 상하지 않은 밭의 채소와 나무 열매를 다 먹게 했습니다. 아홉 번째 재앙은 흑암입니다. 하나님은 이스라엘 자손들이 있는 곳을 제외하고 3일 동안 이집트 전역을 깜깜하게 만들었습니다.

이렇게 해도 바로가 말을 듣지 않자 하나님께서 열 번째 재앙을 내리셨습니다. 그것은 이집트 땅의 모든 맏아들과 짐승의 첫 새끼를 다 죽이는 재앙이었습니다. 이 재앙에 대해 출애굽기 11:4b-6은 이렇게 기록하고 있습니다. "밤중에 내가 이집트 가운데로 들어가리니 이집트 땅에 있는 모든 처음 난 것은 왕위에 앉아 있는 바로의 장자로부터 맷돌 뒤에 있는 몸종의 장자와 모든 가축의 처음 난 것까지 죽으리니 이집트 온 땅에 전무후무한 큰 부르짖음이 있으리라." 하나님께서 이집트 땅에 있는 왕의 아들을 포함하여 모든 사람의 맏아들과 짐승의 첫 새끼까지 몽땅 다 죽이시겠다고 말씀하셨습니다(출 12:12).

2) 유월절 어린 양의 대리 속죄

하지만 하나님께서는 크신 은혜로 죽임을 당하지 않고 살 수 있는 생명의 길을 모세를 통해 알려주셨습니다. 그것은 가족대로 흠 없고 1년 된 어린 양을 잡고 그 피를 양을 먹을 집 좌우 문설주와 인방에 바르라는 것입니다. 그리하면 "내가 피를 볼 때에 너희를 넘어가리니 재앙이 너희에게 내려 멸하지 아니하리라"(출 12:13)고 말씀하셨습니다. 죄 때문에 죽어 마땅한 사람이 어린 양을 잡아 그 피를 뿌림으로써 죽임을 당하지 않았습니다. 어린 양이 죄인을 대신하여 죽음으로써 죄인이 생명을 얻었습니다. 이것은 어린 양이 사람의 죄를 대신 지고 죽임을 당했다는 사실을 잘 보여주는 매우 놀라운 사건입니다. 이러한 일을 '대리 속죄', 즉 '대속'이라고 말합니다.

3) 신약성경의 증거

그런데 놀랍게도 성경은 이 유월절 어린 양이 바로 예수님이라고 말씀합니다. 고린도전서 5:7은 "우리의 유월절 양 곧 그리스도"라고 말씀하며, 요한복음 1:29은 예수님을 "세상 죄를 제거하는 하나님의 어린 양"이라고 말씀합니다. 따라서 이스라엘 백성을 대신하여 피 흘려 죽은 유월절 어린 양은 세상 사람들의 죄를 대신해서 십자가에 못 박혀 피 흘리고 죽으신 예수 그리스도를 가리킵니다. 어린 양이 사람들의 죄를 대신 담당했듯이, 예수님 한 분이 세상 모든 사람의 죄를 대신 지고 십자가에 못 박혀 죽으신 것입니다.

4) 대제사장 가야바의 증언

이 사실에 대해 예수님을 하나님의 어린 양으로 믿지 않는 대제사장 가야바마저도 이렇게 예언했습니다. "한 사람이 백성을 위하여 죽어서 온 민족이 망하지 않게 되는 것이 너희에게 유익한 줄을 생각하지 아니하는도다"(요 11:50). 예수님도 자기 죽음에 대해 "내가 땅에서 들리면 모든 사람을 내게로 이끌겠노라"(요 12:32)고 말씀하셨습니다. 예수 한 분이 세상 모든 사람의 죄를 대신 지고 십자가에서 피 흘려 죽으셨습니다. 예수님 한 분이 십자가에 못 박혀 죽으심으로써 모든 사람이 망하지 않게 되고, 모든 사람을 생명이신 예수님에게로 이끄십니다. 이 사실을 믿는 모든 사람이 영적 죽음인 멸망에 이르지 않고 영원한 생명을 얻게 됩니다. 이것이 바로 예수님을 믿어 구원받게 되는 것입니다.

5) 구약 성경의 증거

예수님이 세상 모든 사람을 위한 유월절 어린 양으로 죽으셨다는 결정적인 증거가 또 있습니다. 예수님이 십자가에 못 박혀 죽으신 날은 준비일이었습니다. 유대인들은 그 안식일이 큰 날이므로 그 안식일에 시체들을 십자가에 두지 아니하려 하여 총독인 빌라도에게 예수의 다리를 꺾어 시체를 치워달라고 요청했습니다. 다리를 꺾는 것은 빨리 죽게 하려는 시도입니다. 예수님이 십자가에 못 박히실 때 죄인 두 명이 같이 십자가 처형을 당했습니다. 군인들이 먼저 이 두 사람의 다리를 꺾었습니다. 그리고 예수님에게 갔더니 이미 죽으신 것을 보고 다리를 꺾지 않고, 군인 한 명이 창으로 예수님의 옆구리를 찌르니 곧 피와 물이 나왔습니다. 그런데 요한복음 19:36에 보면 이 일이 우연히 일어난 게 아니라 구약성경을 응하게, 즉 성취하려 함이라고 말씀합니다. 출애굽기 12:46은 유월절 어린 양에 대해 "뼈도 꺾지 말지며"라고 말씀하며, 민수기 9:12도 "그 뼈를 하나도 꺾지 말아서 유월절 모든 율례대로 지킬 것이니라"고 말씀합니다. 따라서 이 말씀을 성취하신 예수님이 유월절 어린 양으로 죽으신 것이 분명합니다.

3. 맺음말

유월절 어린 양이 사람들의 죄를 대신해서 죽임을 당한 것처럼 예수님의 십자가 죽음도 세상 모든 사람의 죄를 대신 담당한 죽음이었습니다. 이 사실을 믿는 사람은, 이 예수님을 믿는 사람은 모든 죄를 용서받고 하나님의 자녀가 되고 영생을 얻게 됩니다. 그리고 장차 저 영원한 천국에 들어가게 됩니다. 이것이 바로 예수 믿고 구원받는 것의 핵심 내용입니다.

유월절 어린 양이신 예수께서 저와 여러분의 죄를 대신 담당하시기 위해 십자가에 못 박혀 피 흘리고 죽으셨습니다. 이 예수님을 믿으십시오. 그리하여 죄를 용서받고 영원한 생명을 얻고, 구원을 받으며, 천국을 소유하고 참 자유를 누리시길 바랍니다. 우리 모두에게 이 은혜가 풍성히 임하기를 간절히 바랍니다.

5. 내니 두려워하지 말라

: 요한복음 6:16-21

¹⁶ 저물매 제자들이 바다에 내려가서 ¹⁷ 배를 타고 바다를 건너 가버나움으로 가는데 이미 어두웠고 예수는 아직 그들에게 오시지 아니하셨더니 ¹⁸ 큰 바람이 불어 파도가 일어나더라 ¹⁹ 제자들이 노를 저어 십여 리쯤 가다가 예수께서 바다 위로 걸어 배에 가까이 오심을 보고 두려워하거늘 ²⁰ 이르시되 내니 두려워하지 말라 하신대 ²¹ 이에 기뻐서 배로 영접하니 배는 곧 그들이 가려던 땅에 이르렀더라

1. 예수 없는 제자들

예수께서 보리떡 다섯 개와 물고기 두 마리로 오천 명 이상을 먹이고도 열두 광주리가 남는 놀라운 표적을 행하셨습니다. 그러자 이 떡을 먹은 사람들이 예수님을 억지로 잡아 왕으로 삼으려고 했습니다. 이것을 아신 예수님은 제자들을 남겨두고 혼자 산으로 떠나가셨습니다(15). 그러자 예수님 없는 제자들의 상황이 극도로 악해지기 시작했습니다. 본문은 이것을 잘 묘사하고 있습니다.

예수는 혼자 산으로 가시고(요 5:15b) 제자들만 남았습니다. 그때 날이 저물었습니다(16). 제자들이 배를 타고 가버나움을 향해 가고 있을 때는 이미 어두웠습니다(17b). 하지만 예수님은 아직 그들에게 오지 않았습니다(17b). 여기에 "이미"와 "아직"이 대조되고 있습니다. 날은 '이미' 어두워졌으나 예수께서는 '아직' 제자들에게 오지 않았습니다. 그래서 할 수 없이 제자들끼리 캄캄한 밤에 배를 타고 바다를 건너가고 있습니다. 그런데 그때 큰 바람이 불어 심한 파도가 일어났습니다. 18절의 "파도가 일어났다"는 말은 "바다가 뛰놀았다"는 의미입니다. 이것은 바람이 매우 강하게 불어 마치 '바다 자체'가 뛰어 솟구쳐 오르듯이 그렇게 세게 파도가 쳤다는 것을 강조하는 것입니다. 또한 "뛰놀았다"고 말함으로써 그 센 바람이 멈추지 않고 계속해서 불었다는 것을 부각하고 있습니다. 이 바람 때문에 제자들은 노를 젓기 시작했습니다. 그리고 10여 리쯤 나아갔습니다. 그러나 이것은 그들을 더욱 난처하게 만들었습니다. 왜냐하면 10여 리라는 거리는 25-30 스타디온을 말하는 것으로 약 5-6km 정도가 됩니다. 갈릴리 바다의 지름이 대략 12km 정도이므로 제자들은 이미 바다 한가운데 들어가 있는 것입니다. 이제 그들은 되돌아갈 수도 없는 위치에 있게 된 것입니다. 제자들의 형편은 점점 더 어려워지고 있습니다.

이해를 돕기 위해서 본문의 상황을 다시 한번 정리해 보겠습니다. 제자들은 날이 저물 때 바다로 내려갔습니다. 그리고 배를 타고 바다를 건너갈 때 날이 어두워졌습니다. 그들은 캄캄한 밤에 배를 타고 바다를 건너가고 있습니다. 그런데 갑자기 큰 바람이 불기 시작합니다. 바다가 뛰놉니다. 그러나 그들은 이미 바다 한가운데 들어가 있어서 되돌아갈 수도 없습니다. 제자들의 상황은 점점 더 긴박하게 전개되고 있습니다. 그들은 더 깊은 혼돈과 흑암 속으로 빠져들고 있습니다. 그런데도 그들에게 안정을 주고 문제를 해결해 주시던 예수님은 그들과 함께 계시지 않습니다. 이것이 바로 예수 없는 제자들의 모습입니다. 또한 예수 없는 모든 사람의 모습이기도 합니다. 예수님이 없는 제자들은 아무런 가치도 없습니다. 예수님과 함께 살고, 함께 가지 않는 인생은 이처럼 늘 불안하고 초조하며 어둠 가운데 있습니다. 지금 제자들은 이것을 철저히 경험하고 있는 것입니다.

2. 예수는 누구이신가?

그런데 이렇게 위기 가운데 있는 제자들이 더욱 두려움에 사로잡히는 일이 일어났습니다. 누군가가 태풍 때문에 솟구쳐 올라 요동치고 뛰노는 바다 위를 걸어서 다가오고 있었기 때문입니다. 사람이 바다 위를 걷는다는 것은 사람의 능력으로는 있을 수 없는 일입니다. 그것도 심하게 파도치는 바다 위를 걷는 것은 인간의 이해로는 절대 불가능한 일입니다. 그래서 다른 성경에 보면 배에 있던 제자들이 유령인 줄 알고 놀랐다고 말씀합니다(마 14:26; 막 6:49-50). 여러분, 한번 상상해 보십시오. 캄캄한 밤에, 그것도 뛰노는 바다 위를 어떤 물체가 걸어서 다가오고 있다고 생각해 보십시오. 온몸에 소름이 쫙 끼치고 머리카락은 하늘을 향해 일제히 일어설 것입니다. 그러니 제자들이 두려워한 것(19, 20)은 당연한 일입니다. 그러나 바다 위를 걸어온 그는 유령이 아니라 바로 예수님이었습니다. 본문은 예수님이 바다 위를 걸어오셨다는 사실을 매우 강조합니다. 본문은 제자들이 폭풍이나 파도 때문에 두려워했다고 말하지 않으며, 또한 예수님이 바다의 폭풍을 잔잔케 했다는 언급도 없습니다. 오직 바다 위를 걸으시는 예수님과 그것으로 말미암은 제자들의 두려움을 말하고 있을 뿐입니다. 이처럼 본문은 예수님이 바다 위를 걸으셨다는 사실에 모든 관심을 집중하고 있습니다.

그렇다면 여기서 한 가지 큰 질문이 생깁니다. 그것은 도대체 예수님이 어떤 분이시기에 바다 위를 걸으실 수 있었는가 하는 것입니다. 바다 위를, 게다가 한 치 앞도 분간할 수 없는 캄캄한 바다 위를, 더구나 큰 바람이 불어 뛰노는 바다 위를 걸어서 오실 수 있는 예수님! 도대체 그분은 누구십니까? 그분은 어떤 분이시기에 이런 일을 행할 수 있었단 말입니까? 이 질문에 대한 대답은 "내니(나이다)"(20)라는 말씀에 있습니다.

1) 예수의 신성 증거

먼저 이 말씀은 예수님이 하나님이시라는 사실을 밝히는 말씀입니다. '내니(나이다)'라는 말은 영어로 'I am'입니다. 이 표현은 구약성경에서 하나님의 이름으로 자주 사용되었습니다(사 41:4; 43:10; 46:4 등). 가장 대표적인 예는 출애굽기 3:14에 있습니다. 여기서 하나님은 자신의 이름을 "스스로 있는 자"라고 말씀하셨는데, 이 "스스로 있는 자"가 바로 'I am'입니다. 그러므로 예수님이 하나님을 가리키는 명칭인 "내니(나이다)"라는 말을 자신에게 적용하신 것은 자신이 바로 하나님이라는 사실을 분명하게 밝히신 것입니다. 예수님은 구약이 증언하는 그 하나님이십니다. 그래서 예수님은 뛰노는 바다 위를 걸어서 올 수 있었던 것입니다.

예수님은 하나님이십니다. 그분은 만물을 만드시고 세상 모든 것을 자신의 권세 아래 두신 우주의 왕이십니다. 그는 바다와 파도도 지배하십니다. 그분은 실로 혼돈도 지배하시고 우주 만물을 통치하시는 분이십니다. 그분은 인간의 경험과 자연의 일반법칙을 뛰어넘는 초자연적인 분이십니다. 그래서 오병이어의 이적을 행하시고 거친 바다 위를 걸으실 수 있었던 것입니다. 바다 위를 걸으신 예수님은 창조주 하나님이십니다. 만물을 지배하시는 통치자이십니다.

2) 함께 계시는 예수

그런데 "내니"(I am)라는 말은 이 외에 또 다른 의미가 있습니다. 그것은 바로 "내가 있다"(I am)라는 뜻입니다. 이것은 주님이 제자들과 함께 있다는 뜻입니다. 주님은 제자들이 어려운 상황에 부닥친 것을 내버려두시지 않습니다. 요동치는 바다는 제자들의 생존을 위협합니다. 제자들은 캄캄함과 혼돈의 위험에 직면해 있습니다. 예수님은 이런 상황에 있는 제자들을 찾아오셨습니다. 그리고 그 누구도 접근할 수 없을 것 같은 제자들의 난관에 동참하기 위해 거칠게 솟구치는 바다 위를 걸어 위기에 처한 제자들의 배에 오르셨습니다. 예수님은 제자들이 어디에 있는지 그리고 어떤 형편에 처해 있는지 정확하게 알고 계셨고, 그들을 찾아오셨습니다. 그리고 "내가 있다"라고 말씀하시며, "두려워하지 말라"(20)고 말씀하십니다. 예수님이 함께 계시므로 두려워하지 말라는 것입니다. 그리하여 비로소 제자들은 "기뻐하게" 되었습니다(21). 이 사실은 무엇을 보여줍니까? 예수 없는 제자들에게는 진정한 기쁨이 없었습니다. 그러나 예수께서 함께하심으로 그들은 참 기쁨을 회복할 수 있었습니다.

3. 맺음말

본문의 사건을 통해서 우리는 바다 위를 걸으신 예수님이 바로 창조주 하나님이시며, 만물을 지배하고 다스리시며 구원하시는 하나님이심을 확인했습니다. 또한 우리는 예수님이 함께하시지 않는 인생은 참으로 초라하고 불안하며 비참하다는 사실을 깨달았습니다. 예수 믿는 성도에게도 어려움은 있습니다. 성도도 한 치 앞을 내다볼 수 없는 캄캄한 밤중에 거친 파도가 뛰노는 바다 한가운데 있을 때가 있습니다. 숨이 멎을 것만 같은 중압감으로 현실이 아니길 바라는 극도의 고난과 위기를 당할 때도 있습니다. 장래에 대한 일로 고민하고 때로는 두려움과 흑암 속에 있어서 갈 바를 알지 못하고 염려할 때도 있습니다. 그러므로 예수님을 믿는 신자가 불신자와 다른 점은 고난이 없다는 것이 아닙니다. 중요한 차이점은 고난을 해결하는 방법에 있습니다. 신자는 위기를 주님과의 관계 속에서 해결 받습니다. 예수님은 자기 자녀를 알고 함께하시며, 또한 함께 가시는 분입니다. 주님은 고통 가운데 있는 자기 백성을 찾아오셔서 함께하시고 또한 함께 가십니다. 그리하여 목적한 곳까지 안전하게 인도하십니다. 요동치는 캄캄한 바다 가운데서 주님 없이 불안해하던 제자들에게 주님이 찾아오셔서 함께하시고 또한 함께 가심으로 '곧'(21) 그들이 목적한 곳에 도달할 수 있었던 사실이 이것을 잘 증명합니다(21).

우리는 어떻습니까? 예수님 없이 사는 것을 두려워하고 있습니까? 아니면 예수님 없이 살면서도 전혀 불안해하지 않는 어둠에 빠져있습니까? 그것도 아니면 예수님 때문에 귀찮고 짜증 나는 삶을 살고 있습니까? 예수님 때문에 자유를 뺏기고 귀찮고 힘든 삶을 산다고 생각하는 사람은 예수를 모르는 사람이요, 주님과 동거하고 동행하는 그 즐거움과 기쁨과 재미와 기대와 감격과 흥분을 모르는 사람입니다. 예수님은 제자들끼리만 바다 건너편으로 가게 하심으로 그들로 하여금 예수 없는 인생이 얼마나 초라하고 불안한지를 체험하게 하셨습니다. 그리고 그들이 점점 더 심해지는 어려운 형편에 있을 때 그들을 찾아오심으로써 예수님이 하나님이시라는 사실과 예수님이 그들과 함께하실 때에야 참된 기쁨이 있다는 것을 깊이 깨닫게 하셨습니다. 이로 말미암아 제자들은 참 제자가 되는 길에 한 걸음 더 가까이 다가서게 되었습니다. 이 말씀을 읽는 모든 이들이 예수님 없는 인생이 얼마나 초라하고 불안한지를 크게 깨닫기를 바랍니다. 또한 예수님이 함께하실 때 주어지는 넉넉함과 안정됨을 알고 주님을 영접하심으로써 주님과 함께하고 주님과 함께 가는 은혜를 날마다 삶 속에서 풍성하게 누리시기를 바랍니다.

6. 죄를 치료하시는 의사

: 마가복음 2:13-17

¹³ 예수께서 다시 바닷가에 나가시매 큰 무리가 나왔거늘 예수께서 그들을 가르치시니라 ¹⁴ 또 지나가시다가 알패오의 아들 레위가 세관에 앉아 있는 것을 보시고 그에게 이르시되 나를 따르라 하시니 일어나 따르니라 ¹⁵ 그의 집에 앉아 잡수실 때에 많은 세리와 죄인들이 예수와 그의 제자들과 함께 앉았으니 이는 그러한 사람들이 많이 있어서 예수를 따름이러라 ¹⁶ 바리새인의 서기관들이 예수께서 죄인 및 세리들과 함께 잡수시는 것을 보고 그의 제자들에게 이르되 어찌하여 세리 및 죄인들과 함께 먹는가 ¹⁷ 예수께서 들으시고 그들에게 이르시되 건강한 자에게는 의사가 쓸 데 없고 병든 자에게라야 쓸 데 있느니라 나는 의인을 부르러 온 것이 아니요 죄인을 부르러 왔노라 하시니라

1. 죄를 치료하는 의사

예수님이 공생애를 시작하시면서 많은 병자를 치료하셨습니다. 예수님은 각종 병든 많은 사람을 고치시고 많은 귀신을 쫓아냈습니다

(막 1:23-28, 32-34, 39). 예수님은 시몬의 장모의 열병을 치료하시고(막 1:29-30) 나병환자를 깨끗하게 치료하셨습니다(막 1:40-44). 예수께서 이렇게 많은 병자를 치료하시자 많은 사람이 사방에서 예수님에게로 나아왔습니다(막 1:45). 그러면 사람들이 이렇게 많이 예수님께 모인 이유는 무엇일까요? 그 이유는 분명합니다. 예수님이 많은 귀신을 쫓아내시고 수많은 병자를 고치셨으며, 당시에 천형으로 알려져 절대로 치료 불가능했던 나병까지도 고치셨기 때문입니다. 결국, 수많은 사람이 예수님께 몰려온 이유는 그들이 예수님을 최고로 유능한 의사로 알았기 때문입니다. 사람들은 예수님을 무슨 병이든지 못 고칠 병이 없는 최고의 명의로 알고 있었습니다.

그런데 어느 날 네 사람이 중풍병자 한 사람을 메고 예수님께 왔습니다. 하지만 이미 사람들이 예수님이 계신 집 앞에까지 가득 차 있어서 환자를 예수님 앞에 데려갈 수 없었습니다. 그들은 지붕으로 올라가 지붕을 뜯어내고 구멍을 뚫은 뒤 환자가 누워있는 침상을 예수님 앞에 달아 내렸습니다(막 2:1-4). 그러자 "예수께서 그들의 믿음을 보시고 중풍병자에게 이르시되 작은 자야 네 죄 사함을 받았느니라"(막 2:5)고 말씀하셨습니다. 예수께서 그들의 믿음을 보았다고 하셨는데, 이 믿음은 어떤 믿음일까요? 이미 말씀드린 대로 그것은 분명 예수님을 모든 병을 다 고칠 수 있는 최고의 의사로 믿는 믿음입니다. 사람들은 예수님이 중풍병자도 온전히 치료할 수 있다고 믿었고, 그래서 그를 예수님께 메고 온 것입니다.

예수님은 사람들의 이러한 믿음을 보시고 "작은 자야 네 죄 사함을 받았느니라"고 선언하셨습니다. 예수님이 이렇게 하신 이유는 예수님을 단지 육체의 질병을 치료하는 의사로 알고 있는 사람들의 잘못된 믿음을 바로잡기 위해서였습니다. 그래서 예수님은 이렇게 말씀하십니다. "인자가 땅에서 죄를 사하는 권세가 있는 줄을 너희로 알게 하려 하노라"(막 2:10). 예수님은 자신이 육체의 질병을 고치는 의사 정도가 아니라 죄라는 병을 고치는 의사라는 사실을 증언하기 위해 사람들 앞에서 마비 환자에게 죄 사함을 선포하셨습니다. 그리고 이것이 거짓이 아니라는 것을 입증하기 위해 그 병자를 완벽하게 고치셨습니다. 예수님은 단순히 육체를 고치는 의사가 아니라 죄를 고치시는 영혼의 의사이십니다.

모든 사람은 죄라는 병에 걸려 있습니다. 이 병은 코로나바이러스 정도와는 비교될 수 없는 극악한 질병입니다. 그런데도 사람들은 코로나바이러스는 두려워하면서 정작 정말로 두려워해야 하는 죄의 병을 두려워하지 않습니다. 죄는 백신 정도로는 절대로 치료되지 않는 매우 악질적인 병이요, 반드시 죽음에 이르게 하는 병입니다. 이 세상의 그 누구도 이 병을 막을 수 없고 고칠 수도 없습니다. 오직 예수님만이 이 병을 치료하십니다. 예수님은 죄라는 질병을 고치시는 유일한 의사이십니다. 본문의 사건은 이 사실을 분명히 보여줍니다.

2. 파격의 예수

어느 날 예수님이 알패오의 아들 레위의 집에 들어가 식사했습니다. 그때 세리와 죄인들과 예수님의 제자들이 예수님과 함께 식사했습니다. 예수님 당시에 이스라엘은 로마의 식민지였습니다. 로마는 이스라엘에서 세금을 많이 거두었고, 이 일을 담당할 세무원이 필요했습니다. 이 사람을 세리(막 2:15, 16)라고 불렀습니다. 세리 중에는 이스라엘 사람이 많았습니다. 그들은 로마제국의 앞잡이가 되어 동족으로부터 과도한 세금을 징수하는 악질적인 일을 하여 늘 원망과 손가락질의 대상이었고, 죄인으로 취급되었습니다. 또한 그 당시에 죄인으로 불리는 사람들이 있었는데 실제로 죄를 범한 자를 포함하여 가난한 자와 병든 자를 그렇게 취급했습니다. 세리와 죄인은 모두 소외되고 배척당하는 처치에 있었으며, 이런 사람이 적지 않았습니다. "이는 그러한 사람들이 많이 있어서"(15).

하지만 예수님은 세리와 죄인에 대하여 당시의 일반 사람들의 생각과 너무도 다른 생각을 보여주셨습니다. 주님의 행동은 파격이었습니다. 주님의 이러한 행동은 세리 레위를 제자로 부르신 데서 분명하게 나타납니다. "또 지나시다가 알패오의 아들 레위가 세관에 앉아 있는 것을 보시고 그에게 이르시되 나를 따르라 하시니 일어나 따르니라"(14). 주님의 파격적인 행동은 레위의 집을 방문하신 것과 그 집에서 세리들과 죄인들과 함께 식사하신 것에서 더욱 두드러집니다. 예수님은 사회에서 배척당하는 사람들을 외면하지 않고 스스럼없이 만났습니다.

3. 죄인을 부르러 오신 예수

예수님 자신이 이렇게 하신 이유를 스스로 밝히셨습니다. "예수께서 들으시고 그들에게 이르시되 건강한 자에게는 의사가 쓸 데 없고 병든 자에게라야 쓸 데 있느니라 나는 의인을 부르러 온 것이 아니요 죄인을 부르러 왔노라 하시니라"(막 2:17). 예수님은 죄인을 치료하는 의사로 세상에 오셨습니다. 건강한 사람은 병원에 갈 필요도 없고 의사의 치료를 받을 필요도 없습니다. 의사는 아픈 사람을 위해 있습니다. 예수님은 죄라는 병을 치료하는 의사이십니다. 그러니 예수님은 죄와 무관한 의인을 위하여 오신 것이 아니라 죄의 병에 걸린 죄인을 부르러 오신 것입니다. 이런 이유로 예수님은 세리들과 죄인들을 만나시고 그들의 집에 들어가셨으며 그들과 함께 먹고 마시는 식탁의 교제를 나누셨습니다. 하지만 자신들이 의인이라고 생각하는 바리새인과 서기관들은 이렇게 하는 예수님을 비난했습니다. "어찌하여 세리 및 죄인들과 함께 먹는가"(막 2:16).

예수님은 본래 하나님이십니다. 그런데도 예수님은 죄인을 치료하는 의사가 되기 위해 인간이 되셨고 죄인의 비천하고 낮은 자리로 내려오셨으며 그들의 친구가 되셨습니다. "그는 근본 하나님의 본체시나 하나님과 동등됨을 취할 것으로 여기지 아니하시고 오히려 자기를 비워 종의 형체를 가지사 사람들과 같이 되셨고 사람의 모양으로 나타나사 자기를 낮추시고 죽기까지 복종하셨으니 곧 십자가에 죽으심이라"(빌 2:6-8). 사실 이런 길을 가는 것은 쉬운 일이 아닙니다. 누구나 깨끗한 것, 고급인 것, 품위 있는 것을 좋아하기 때문입니다. 그런데도 예수님은 기꺼이 사람들의 비난을 받는 죄인의 친구가 되셨습니다.

4. 바리새인들의 생각

예수님의 이런 행동을 스스로 의인이라 자처하는 바리새인들은 도무지 이해할 수 없었습니다. "바리새인의 서기관들이 예수께서 죄인 및 세리들과 함께 잡수시는 것을 보고"(16). 바리새인은 아주 엄격하게 율법을 지키는 종파에 속한 사람들입니다. 그리고 바리새인의 서기관이라는 말은 바리새인들 가운데서 구약성경을 필사하는 업종에 종사하던 사람들을 가리킵니다. 이것은 정통 바리새인을 의미합니다. 그들은 예수님의 파격적인 행동을 보면서 예수님의 제자들에게 "어찌하여 죄인 및 세리들과 함께 먹는가"(16)라고 말했습니다. 바리새인들이 예수께서 세리 및 죄인들과 함께 식사하는 것에 문제를 제기한 까닭은 예수님이 사람들을 가르치는 모습을 보았기 때문입니다. "예수께서 다시 바닷가에 나가시매 큰 무리가 나왔거늘 예수께서 그들을 가르치시니라"(13). 예수님이 가르치시는 모습을 본 바리새인들은 이런 선생의 위치에 있는 사람이 세리나 죄인 같은 낮고 천한 사람과 함께 식사하는 것이 잘못이라고 평가했습니다. 그들은 교사가 죄인들과 함께하는 것을 용납할 수 없었습니다.

당시에 바리새인의 특징은 '구별'입니다. 그들은 모든 면에서 자신을 더러운 것으로부터 구별하기 위해 애를 썼습니다. 그들은 자신이 일반 사람과 다르다는 것을 강조했습니다. 그들의 종교 정신은 구별과 차이에 근간을 두고 있었습니다. 따라서 그들은 죄인과 공간적으로 멀리 있는 것이 의인임을 증명한다고 생각했습니다. 예수님이 바리새인과 세리의 비유에서 이 사실을 알려 주셨습니다. "바리새인은 서서 따로 기도하여"(눅 18:11). 결국 바리새인들의 종교는 의인의 종교였습니다. 바로 여기에 바리새인과 예수 그리스도 사이의 차이가 있습니다. 예수님의 종교가 죄인을 위한 종교라면, 바리새인의 종교는 의인을 위한 종교입니다. 예수님은 병든 자를 위한 의사이시지만 바리새인은 건강한 사람을 위한 의사 노릇을 하려고 했습니다. 그래서 바리새인들은 비판의 눈과 정죄의 입을 가지고 있었습니다.

다르게 말하면, 의인의 종교에 속한 바리새인은 죄인이기를 싫어하는 사람이었습니다. 그들은 죄인으로 드러나기 싫어하는 사람이었습니다. 그들은 죄인이기에 더욱 의인처럼 보이고 싶은 사람이었습니다. 이것은 마치 자기 잘못을 가리기 위해 같은 잘못을 한 사람을 무지막지하게 비판하는 것과 같습니다. 바리새인은 영적인 면에서나 사회적인 면에서 여러 가지 죄악을 범하고 있었음에도 그것을 애써 숨기려고 했습니다. 그러나 숨기는 것은 해결책이 아닙니다. 그것은 마치 병을 앓고 있는데도 병자이기를 거부하고 병자로 드러나기 싫어하는 사람과 비슷합니다. 이런 사람은 병에 걸려 있지만, 병을 확인하기를 싫어합니다. 그러나 병을 가리는 것은 아무런 의미가 없습니다. 그것은 해결책이 아닙니다. 그것은 오히려 병을 더 키우고 큰 희생을 치를 뿐입니다. 그런데 가려진 질병과는 비교조차 할 수 없을 만큼 감춘 죄악은 더욱 무섭습니다. 죄는 그 자체로 끝나지 않고 반드시 죽음이라는 결과를 가져오기 때문입니다.

4. 맺음말

모든 사람이 거룩하신 하나님 앞에서 죄인입니다. 이 땅의 모든 사람은 그 누구도 치료할 수 없는 죄라는 불치병에 걸린 병자입니다. 오직 예수님만이 이 병을 고치십니다. 자신이 병자인 것을 인정해야 의사를 찾아가고 치료할 기회를 잡습니다. 그러나 바리새인처럼 병자이면서도 아닌 척하다 보면 치료의 기회를 놓치고 맙니다. 병을 숨기면 안 되듯이 죄도 숨기면 안 됩니다. 모든 사람은 죄의 병을 가지고 죄인을 치료하시는 유일한 의사이자 최고의 의사이신 예수님께 가야 합니다. 예수님은 육체의 질병을 고치는 의사 정도가 아닙니다. 예수님은 반드시 죽음에 이르게 하는 최악의 질병인 죄를 완벽하게 치료하시는 참된 의사이십니다. 우리는 우리 자신을 죄와 무관한 의인으로 생각하면 안 됩니다. 우리는 하나님 앞에서 죄인임을 고백해야 합니다. 그리하면 주님이 깨끗하게 고쳐주십니다. 은혜는 죄인임을 깨달을수록 넘칩니다. 이 자리에 계신 모든 분이 자신이 죄의 병에 걸린 것을 인정하시고 죄를 치료하시는 예수님을 믿어 치료받으시고 건강한 인생을 살아가시기를 바랍니다.

7. 예수님이 마신 잔

: 마태복음 26:36-46

³⁶ 이에 예수께서 제자들과 함께 겟세마네라 하는 곳에 이르러 제자들에게 이르시되 내가 저기 가서 기도할 동안에 너희는 여기 앉아 있으라 하시고 ³⁷ 베드로와 세베대의 두 아들을 데리고 가실새 고민하고 슬퍼하사 ³⁸ 이에 말씀하시되 내 마음이 매우 고민하여 죽게 되었으니 너희는 여기 머물러 나와 함께 깨어 있으라 하시고 ³⁹ 조금 나아가사 얼굴을 땅에 대시고 엎드려 기도하여 이르시되 내 아버지여 만일 할 만하시거든 이 잔을 내게서 지나가게 하옵소서 그러나 나의 원대로 마시옵고 아버지의 원대로 하옵소서 하시고 ⁴⁰ 제자들에게 오사 그 자는 것을 보시고 베드로에게 말씀하시되 너희가 나와 함께 한 시간도 이렇게 깨어 있을 수 없더냐 ⁴¹ 시험에 들지 않게 깨어 기도하라 마음에는 원이로되 육신이 약하도다 하시고 ⁴² 다시 두 번째 나아가 기도하여 이르시되 내 아버지여 만일 내가 마시지 않고는 이 잔이 내게서 지나갈 수 없거든 아버지의 원대로 되기를 원하나이다 하시고 ⁴³ 다시 오사 보신즉 그들이 자니 이는 그들의 눈이 피곤함일러라 ⁴⁴ 또 그들을 두시고 나아가 세 번째 같은 말씀으로 기도하신 후 ⁴⁵ 이에 제자들에게 오사 이르시되 이제는 자고 쉬라 보라 때가 가까이 왔으니 인자가 죄인의 손에 팔리느니라 ⁴⁶ 일어나라 함께 가자 보라 나를 파는 자가 가까이 왔느니라

예수께서 제자들과 마지막 만찬을 마치신 후에 감람산으로 나아가 셨습니다. 그리고 겟세마네라는 곳에 도착하셨습니다. 예수님은 제자 들을 한 곳에 앉아 있게 한 다음 베드로와 야고보와 요한을 데리고 가 셨습니다. 그리고 그들도 한곳에 머물면서 깨어 있으라고 말씀하신 다음, 조금 떨어진 곳에 가서서 기도하셨습니다. 이렇게 기도하시던 예수께서 제자들에게 오셨습니다. 그런데 제자들이 자고 있었습니다. 예수께서 그들이 자고 있는 것을 보시고 다시 깨어있으라고 말씀하셨 습니다. 그러고는 또 나아가 기도하셨습니다. 그 후에 다시 오셔서 보 니 제자들은 여전히 자고 있었습니다. 그러자 예수님은 그들을 그냥 두시고 세 번째 나아가셔서 기도하셨습니다. 이렇게 예수께서는 세 번 기도하셨습니다.

1. 기도의 내용

44절에 보면 예수께서 세 번 기도하시되 모두 같은 말씀으로 기도 하셨다고 말씀합니다. 이러한 예수님의 기도는 자기 앞에 놓여 있는 어떤 "잔"에 관한 것이었습니다. 예수님의 기도 내용은 먼저 자기의 생각을 하나님께 내어놓는 것으로 시작됩니다. 예수님은 자기에게 주 어진 잔을 마시지 않기를 원한다고 했습니다. 이어 예수님은 하나님 의 뜻에 자기의 의지를 내려놓는다고 고백합니다. 즉 하나님의 뜻에 순종하겠다는 것입니다. 그러므로 예수님의 기도는 자신의 의지를 하 나님의 뜻에 복종하겠다는 기도입니다. 예수님은 이렇게 같은 내용의 기도를 세 번 하셨습니다.

그러나 자세히 보면 첫 번째 기도와 두 번째 기도 사이에 분명한 차이가 있습니다. 내용은 같으나 말하는 방식이 다릅니다. 첫 번째 기도는 가능으로 시작합니다. "내 아버지여 만일 할 만하시거든"(39). "나의 아버지여, 만일 그것이 가능하다면"이라는 뜻입니다. 이에 반해 두 번째 기도는 불가능으로 시작합니다. "내 아버지여 만일 … 수 없거든"(42하). "나의 아버지여, 만일 그것이 불가능하다면"입니다. 예수께서 이렇게 가능과 불가능으로 기도를 시작하신 것은 첫째, 예수님은 이 잔을 마실 수도 있고 마시지 않을 수도 있다는 것을 의미합니다. 다시 말하면 예수께서 이 잔을 반드시 마셔야만 할 의무는 없다는 말입니다. 둘째, 하나님은 이 둘을 다 행하실 수 있는 분이라는 의미입니다. 하나님은 예수님이 이 잔을 마시게 할 수도 있지만 또한 마시지 않고 지나가게 할 수도 있다는 말입니다. 하나님에게는 이 둘 다 가능합니다. 그래서 같은 사건을 보고하는 마가복음 14:36에서는 "아바 아버지여 아버지께는 모든 것이 가능하오니 이 잔을 내게서 옮기시옵소서"라고 말씀하고 있는 것입니다.

2. 기도의 모습

이제 예수께서 기도하시는 모습을 보겠습니다. 먼저 예수님은 얼굴을 땅에 대시고 엎드려 기도하셨습니다. 이것은 더 내려갈 수 없는 자리까지 내려가신 주님의 겸손과 자기 비하의 모습입니다. 예수께서는 하나님이심에도 얼굴을 땅에 대고 엎드림으로써 낮고 천한 자의 모습으로 기도하셨습니다. 또한 예수님은 같은 내용을 가지고 세 번이나 반복해서 기도했습니다. 이것은 예수님이 얼마나 힘써 기도했으며 얼마나 애타는 마음으로 간절히 기도했는지를 잘 보여줍니다. 이 사실에 대해 누가는 "예수께서 힘쓰고 애써 더욱 간절히 기도하시니 땀이 땅에 떨어지는 핏방울 같이 되더라"(눅 22:44)고 증언하고 있습니다. 예수님의 기도는 보통 기도가 아닙니다. 예수님은 지금 어떤 잔을 앞에 두고 피를 쏟아내는 기도를 하고 계신 것입니다.

3. 잔의 의미

그러면 예수님 앞에 놓여 있는 그 잔은 어떤 잔일까요? 그 잔이 어떤 잔이기에 예수께서 그것이 지나가기를 그토록 낮아지셔서 피를 쏟아내는 기도를 해야만 했을까요? 그 잔이 무엇이기에 예수께서 고민하고 슬퍼하시고 심지어 죽게 되었다(37-38)고까지 말씀하셨을까요? 그 잔이 도대체 무슨 잔이기에 그것이 지나가도록 예수께서 핏방울 같은 땀을 흘리시면서 힘쓰고 애써 간절히 기도하셔야만 했을까요? 우리는 성경에서 이 잔이 예수님의 죽음을 가리킨다는 것을 쉽게 확인할 수 있습니다. 조금 전에 예수께서는 최후의 만찬을 먹는 자리에서 제자들에게 잔을 나누어 주시며 그 잔이 피의 잔, 즉 많은 사람을 위하여 흘리는 예수님의 피라고 말씀하셨습니다(마 26:28). 그러므로 예수님이 지나가기를 그토록 애타게 기도하며 간구했던 그 잔은 바로 예수님 자신의 죽음을 의미합니다.

이제 우리는 여기서 본질적인 질문 한 가지를 해야 합니다. 37절에서 보면 예수께서 고민하고 슬퍼하셨다고 말씀합니다. 예수님의 죽음이 어떤 죽음이기에 예수께서 그토록 고민하고 슬퍼하셨을까요? 이것을 바로 알기 위해서 우리는 먼저 예수님의 십자가 죽음의 의미를 정확하게 이해해야 합니다. 예수님이 왜 십자가에 못 박히셨습니까? 예수께서는 자기 죽음을 "죄 사함을 얻게 하려고 많은 사람을 위하여 흘리는 피"(마 26:28)라고 말씀하셨습니다. 그러므로 예수님이 십자가에 달려 죽임을 당하신 것은 자신의 죄 때문이 아니라 인간의 죗값을 치르기 위한 것이었습니다. 이것은 예수님이 "만일 할 수 있다면"이라고 말한 "가능"으로서의 기도에서도 잘 드러납니다. 예수님이 이 잔을 마시지 않을 수도 있었다는 것은 그분에게 죄가 없다는 사실을 증명하는 것입니다. "그에게는 죄가 없느니라"(요일 3:5).

예수님은 죄가 없으신 분이기에 이 잔을 마실 필요가 없었습니다. 아니 마셔서는 안 되는 잔입니다. 그런데도 하나님은 이 잔을 예수님이 마시지 않으면 안 되는 '불가능'의 잔이 되게 하셨습니다. 그것은 온 세상 모든 인간의 죄를 몽땅 다 예수님에게 지우기 위함이었습니다. 예수님은 온 인류의 죄를 대신 지고 자신의 몸으로 그 모든 죗값을 담당했습니다. 그는 인류의 죄를 자신의 죄로 삼으신 것입니다. 그리하여 범죄자들에게 내리는 하나님의 저주와 심판인 죽음이 십자가 위의 예수님께 부어졌습니다.

그런데 여기서 매우 중요한 사실은 예수님의 죽음이 단순히 육체적 죽음만을 의미하는 것이 아니라는 것입니다. 예수님의 죽음은 육체적 죽음이자 동시에 영적인 죽음이었습니다. 육체적 죽음은 영혼과 육체의 분리를 의미합니다. 영적 죽음은 생명이신 하나님으로부터 끊어져 나가는 것입니다. 그것은 유일한 생명의 근원인 하나님과의 단절이자 분리를 의미합니다. 이것이 바로 죄의 결과이자 형벌인 영적 죽음입니다. 그러므로 예수님이 마셔야 했던 잔은 단순히 육체적 고통이나 정신적 고통 또는 육체적 죽음의 잔이 아니라, 온 세상의 죄를 그 한 몸에 다 짊어지고 그 위에 떨어지는 하나님의 심판과 저주를 받아 생명이신 하나님에게서 분리되고 단절되는 영적 죽음의 잔이었습니다. 이런 까닭에 예수님은 그렇게 고민하고 슬퍼하셨던 것입니다.

이 사실은 "내 마음이 심히 고민하여 죽게 되었다"(38)는 예수님의 말씀에서도 잘 나타납니다. 여기에 사용된 "마음"이라는 단어는 영혼을 의미하기 때문입니다. 영혼이 죽게 되었다는 것입니다. 그러므로 예수님의 고민은 자신의 영혼에 채운 고민이었습니다. 그러나 하나님께서는 예수님으로부터 얼굴을 돌리셨습니다. 그리하여 영혼이 비참하게 버림을 받은 가운데 예수님의 입에서 "나의 하나님, 나의 하나님, 어찌하여 나를 버리셨나이까?"(마 27:46)라는 고통의 절규가 흘러나왔던 것입니다. 예수 그리스도께서는 그 순간 하나님으로부터 완전히 버림을 당하셨습니다. 이것이 곧 영적 죽음입니다. 예수님이 십자가에 죽으심은 단순한 육체적 죽음이 아니라 우리가 받아야 할 저주를 지고 하나님으로부터 완전히 버림을 받아 사망의 한가운데로 들어가신 것입니다. 예수님은 이 세상 모든 사람의 죄를 자기 몸에 다 짊어지고 하나님 앞에 저주의 죽음으로 십자가에 달리셨습니다. 그리하여 하나님으로부터 버림받아 생명에서 끊어진 영혼의 고통을 당하셔야 했습니다.

4. 맺음말

예수님의 겟세마네 기도는 잔과 관련된 기도이며, 그 잔은 예수님의 죽음을 요구하는 것이었습니다. 예수님은 그 잔을 마실 수도 있었고 마시지 않을 수도 있었습니다. 예수께는 그 잔을 반드시 마셔야만 할 책임이나 의무가 없었기 때문입니다. 그러나 하나님은 예수님이 우리를 대신하여 그 죽음의 잔을 마시도록 하셨습니다. 그리하여 예수님을 믿는 모든 자는 이 죽음의 잔을 마시지 않고 그 대신 영원한 생명을 얻게 되었습니다.

모든 사람 앞에는 반드시 마셔야만 하는 두 가지 잔이 있습니다. 하나는 자신의 죄 때문에 생명이신 하나님에게서 완전히 끊어져 나가는 죽음의 잔이고, 다른 하나는 예수님을 믿음으로 주어지는 생명의 잔입니다. 여러분, 이 두 가지 잔이 우리 앞에 있습니다. 모든 사람은 반드시 이 둘 중의 하나를 마셔야 합니다. 이 중에 어느 잔을 마시겠습니까? 생명의 잔을 높이 들고 기쁨으로 마시기를 바랍니다. 그것은 바로 우리가 마셔야 하는 죽음의 잔을 대신 마신 예수님을 믿는 것입니다. 예수님을 믿으면 생명의 잔을 마시는 것입니다. 예수님을 믿음으로써 생명의 잔에 참여하시고 영생의 복을 누리시기를 주님의 이름으로 축복합니다.

8. 그가 찔림은 우리의 허물 때문이요

: 이사야 53:3-6

³ 그는 멸시를 받아 사람들에게 버림 받았으며 간고를 많이 겪었으며 질고를 아
는 자라 마치 사람들이 그에게서 얼굴을 가리는 것 같이 멸시를 당하였고 우리
도 그를 귀히 여기지 아니하였도다 ⁴ 그는 실로 우리의 질고를 지고 우리의 슬
픔을 당하였거늘 우리는 생각하기를 그는 징벌을 받아 하나님께 맞으며 고난을
당한다 하였노라 ⁵ 그가 찔림은 우리의 허물 때문이요 그가 상함은 우리의 죄악
때문이라 그가 징계를 받으므로 우리는 평화를 누리고 그가 채찍에 맞으므로
우리는 나음을 받았도다 ⁶ 우리는 다 양 같아서 그릇 행하여 각기 제 길로 갔거
늘 여호와께서는 우리 모두의 죄악을 그에게 담당시키셨도다

전통적으로 기독교회는 고난주간에 이은 다음 주일을 부활절로 지
키고 있습니다. 고난 없는 부활은 없으며, 부활은 고난을 전제로 합니
다. 그러므로 우리는 주님이 당하신 고난의 의미를 깊이 생각해야 합
니다. 그러면 먼저 예수님이 당하신 고난이 어떤 고난이었는지 살펴
보겠습니다.

1. 여호와의 종의 고난

1) 정신적, 육체적 고난

우선 예수님은 정신적, 육체적 고난을 겪으셨습니다. 예수님은 멸시(경멸)를 받으셨으며(3), 사람들에게 버림받았습니다(3). 예수님은 고난을 많이 겪으셨고(3) 많은 슬픔(4)을 당하셨습니다. 예수님은 질고(3, 10)를 아십니다. 예수님은 우리가 당하는 큰 슬픔과 비탄과 병으로 인한 고통을 이해하고 아신다는 말씀입니다. 어떻게 아실 수 있을까요? 그것은 몸소 경험하시고 상함을 당하셨기 때문입니다(10). 또한 예수님은 징벌을 받아 맞으며 고난을 겪으셨고(4) 찔림을 당하셨으며(5) 상함을 입으셨습니다(4, 10). 상함을 입었다는 말은 눌러 부수다, 뭉개다, 짜부러뜨리다, 분쇄하다, 박살 내다, 억압하다, 압착하다, 박멸하다는 뜻입니다. 예수님은 사람들에 의해 뭉개지고 부스러져 가루가 되었습니다. 그리고 징계를 받으셨습니다(5). 그는 벌을 받으셨습니다. 채찍을 맞으셨습니다(5). 곤욕을 당하셨습니다(7). 억압과 압박과 학대를 당하셨습니다. 심문을 당하고 끌려갔습니다(8). 결정적으로 예수님은 십자가에 못 박히셨습니다. 이것은 죽음에 이르게 하는 것이었습니다. 그리하여 결국 그는 살아 있는 자들의 땅에서 끊어졌습니다(8). 이처럼 예수님이 당한 고난은 육체의 죽음을 가져온 실로 큰 고난이었습니다.

2) 영적 고난

그러나 이러한 예수님의 수난은 이와 같은 육체적, 정신적 고난만을 의미하지 않습니다. 그것도 물론 이루 말로 다 표현할 수 없는 큰 고통이요 아픔이었습니다. 그러나 예수님의 고난의 본질은 영적인 것에 있습니다. 왜냐하면 이 고난은 영혼의 수고였으며(11), 이 고난을 통해 예수님은 자기 영혼을 버려 사망에 이르게 한 것이었다고 말씀하기 때문입니다(12). 만일 예수님이 땀방울이 핏방울이 되도록 깊이 탄식하시며 "할 수만 있다면 이 잔을 내게서 지나가게 해 달라"고 기도하신 것이 단지 육체적 고난 때문이었다면 예수님은 비겁한 분이 됩니다. 왜냐하면 예수님은 제자들에게 모욕을 당하고 핍박과 중상을 당할 때는 기뻐하고 즐거워하라고 가르쳐 놓고(마 5:11-12), 정작 예수님 자신은 그와 같이 행하시는 데 실패하신 것이 되기 때문입니다. 또한 그를 믿기에 활활 타는 장작불 위와 사자 굴과 톱으로 켜서 몸을 동강 내는 그 고통도 두려워하지 않고 당당하게 죽어간 수많은 순교자 앞에 설 자격을 잃어버립니다. 예수의 수난의 본질은 매질을 당하고 십자가에 못 박히는 육체적 죽음이 아니라 영적 죽음에 있습니다. 이 영적 죽음은 '분리'라는 말로 잘 설명됩니다. 우리의 육체적 사망이 친구와 가족으로부터 분리하고 또 영혼과 육체를 분리하듯이, 영적 죽음은 생명이신 하나님으로부터 분리되고 단절되며 끊어져 나가는 것을 의미합니다. 이런 까닭에 예수님은 그렇게 고민하고 슬퍼하셨고, 그의 입에서 "나의 하나님, 나의 하나님, 어찌하여 나를 버리셨나이까?"(마 27:46)라는 고통의 절규가 흘러나왔던 것입니다. 예수님의 수난의 핵심은 하나님으로부터 완전히 버림을 받아 사망의 한가운데로 들어가는 영적 죽음이었습니다.

2. 고난당하신 이유

그러면 예수님이 이렇게 고난을 당하시고 육체적, 영적 죽임을 당하신 이유는 무엇일까요? 먼저 사람들의 생각을 들어보겠습니다. "우리는 생각하기를 그는 징벌을 받아 하나님께 맞으며 고난을 당한다"(4)라고 하였습니다. 오늘날처럼 고대 근동에서도 사람이 이러한 벌을 받을 때는 그 사람이 그만큼 잘못했기 때문이라는 생각이 지배적이었습니다. 유대인들은 인과응보 사상에 근거하여 예수님이 고난당하는 것은 그 자신의 범죄에 대한 하나님의 징계라고 생각했습니다. 그러나 성경의 주장은 이와 완벽히 다릅니다. 성경은 예수님은 실로 우리의 질고를 지고 우리의 슬픔을 당하였으며(4), "그가 찔림은 우리의 허물 때문이요 그가 상함은 우리의 죄악 때문"이며(5, 6), "마땅히 형벌 받을 내 백성의 허물 때문"(8)이라고 명백하게 증언하고 있습니다. 우리는 다 양 같아서 그릇 행하여 각기 제 길로 갔습니다(6). 이에 반해 예수님은 강포를 행치 아니하였고 그의 입에 거짓이 없으신 분이었습니다(9). 그러므로 예수님이 당하신 고난은 많은 사람의 죄 때문이었음이 분명합니다(5, 6, 8, 11, 12). 우리의 죄악이 예수님이 당하신 고난의 직접적이고도 전적인 원인이었습니다.

3. 고난당하시는 모습

하지만 여전히 매우 의아하고 이해되지 않는 일이 있습니다. 그것은 앞에서 우리가 확인한 대로 예수님이 고난당한 원인이 그 자신에게 있지 않고 우리에게 있음에도 예수님이 고난을 다 당하셨다는 것과 그 고난 때문에 괴로울 때도 입을 열지 않으셨다는 사실입니다. 예수님이 십자가에 못 박히면 그 고통이 얼마나 큰 것인지를 몰라서 그랬을까요? 아닙니다. 그럴 리가 없습니다. 당시에 십자가는 사형을 집행하는 사형 틀이었습니다. 그러므로 모든 사람이 그 고통, 비난, 멸시를 다 알고 있었습니다. 그런데도 예수님은 마치 도수장으로 끌려가는 어린 양과 털 깎는 자 앞에 잠잠한 양 같이 그의 입을 열지 않았습니다(7).

예수님은 억울하다거나 살려달라거나 발악하거나 그 외의 어떤 형태로든 자신을 변호하지 않으시고 그 수모와 고난과 십자가 죽음을 말 없이 다 당하셨습니다. 아니 오히려 더 적극적으로 이 일을 행하셨습니다. 이 사실은 "그가 자기 영혼을 버려 사망에 이르게 하며"라는 12절 말씀이 잘 증언하고 있습니다. 왜 그러셨을까요? 왜 예수님은 그 모든 억울함을 억지로가 아니라 자원해서 다 뒤집어쓰시고 죽으셨어야만 했을까요? 다시 말씀드리면, 잘못은 사람들이 했는데 왜 예수님이 그 죗값으로 모진 고난을 다 받으시고 하나님에게 버림을 받아 영원한 죽임을 당해야만 했느냐는 것입니다. 예수님이 그렇게 고난을 당하신 이유(목적)는 무엇이었을까요?

4. 고난당하신 목적

그것은 예수께서 친히 우리의 허물과 죄를 대신 담당하기 위함이었습니다. 하나님께서 그에게 상함을 받게 하시기를 원하사 질고를 당하게 하셨고(10) 우리 모두의 죄악을 그에게 담당시키셨으며(6), 또 예수님은 사람들의 죄악을 친히 담당하셨습니다(11). 예수님이 고난받으신 것은 많은 사람의 죄를 담당하기 위함이었습니다(12). 예수님은 우리를 대신하여 우리의 죄악을 담당하실 목적으로 고난을 받으셨습니다. 그래서 사도 베드로는 예수님이 "친히 나무에 달려 그 몸으로 우리 죄를 담당하셨으니"(벧전 2:24)라고 말씀합니다. 이러한 예수님의 행동을 우리는 대속(代贖)이라고 부릅니다.

5. 고난당하신 결과

예수님은 이처럼 고난당하심으로써 놀라운 결과를 만들어 내셨습니다. 그것은 바로 우리가 평화를 누리고 우리가 나음을 받았다는 사실입니다(5). 예수님의 고난은 죄 때문에 하나님과 단절되었던 우리의 관계를 회복시켰습니다. 죄 때문에 깨어졌던 하나님과의 관계가 예수님이 그 죄를 대신 지시고 십자가에서 죽으심으로써 완전히 해결되었습니다. 원수 되었던 하나님과의 관계가 온전히 회복되었습니다. 이 것이 바로 평화요 나음입니다(엡 2:14-16). 나아가서 의로우신 예수님이 우리의 죄악을 담당하심으로써 불의한 우리를 의롭게 만드셨습니다(11).

그런데 여기서 우리가 반드시 기억해야 할 것이 있습니다. 이 모든 일은 우연히 발생한 것이 아니라 처음부터 끝까지 하나님의 계획에 의한 것이었습니다. 이 사실은 "여호와께서 그에게 상함을 받게 하시기를 원하사 질고를 당하게 하셨은즉 … 그의 손으로 여호와께서 기뻐하시는 뜻을 성취하리로다"(10)라는 말씀이 잘 증언합니다. 이러한 계획은 예수님의 고난을 통해 온전히 성취되었습니다. 그래서 "그가 자기 영혼의 수고한 것을 보고 만족하게 여길 것이라"(11)고 말씀합니다. 예수님은 자기가 받은 고난을 통해 얻은 결과에 대해 크게 만족하십니다. 왜냐하면 그 고난 때문에 우리의 죄가 완벽하게 제거되었기 때문입니다.

6. 맺음말

우리는 죄인인 우리를 위해 예수께서 십자가에서 당하신 고난과 그로 인해 우리의 죄가 용서되었다는 소식을 들었습니다. 이제 우리가 해야 할 일은 이 복된 소식을 믿는 것입니다. 그리하면 모든 죄악을 용서받고 평화의 삶을 살게 될 것입니다. 범죄자를 위해 기도하신(12) 예수님의 기도가 오늘 우리 가운데 이루어지길 간절히 바랍니다.

9. 어찌하여 나를 버리셨나이까?

: 마태복음 27:45-51

⁴⁵ 제육시로부터 온 땅에 어둠이 임하여 제구시까지 계속되더니 ⁴⁶ 제구시쯤에 예수께서 크게 소리 질러 이르시되 엘리 엘리 라마 사박다니 하시니 이는 곧 나의 하나님, 나의 하나님, 어찌하여 나를 버리셨나이까 하는 뜻이라 ⁴⁷ 거기 섰던 자 중 어떤 이들이 듣고 이르되 이 사람이 엘리야를 부른다 하고 ⁴⁸ 그 중의 한 사람이 곧 달려가서 해면을 가져다가 신 포도주에 적시어 갈대에 꿰어 마시게 하거늘 ⁴⁹ 그 남은 사람들이 이르되 가만 두라 엘리야가 와서 그를 구원하나 보자 하더라 ⁵⁰ 예수께서 다시 크게 소리 지르시고 영혼이 떠나시니라 ⁵¹ 이에 성소 휘장이 위로부터 아래까지 찢어져 둘이 되고 땅이 진동하며 바위가 터지고

예수께서 유다의 배신으로 겟세마네 동산에서 체포되어 대제사장 가야바에게로 끌려갔습니다. 그곳에서 사람들은 그를 죽일 거짓 증거를 찾았으나 찾지 못하자(마 26:59, 60) 예수의 얼굴에 침을 뱉고 주먹으로 치고 손바닥으로 때렸습니다(마 26:66). 그러고는 예수를 죽이기 위해 그를 총독인 빌라도에게 넘겨주었습니다(마 27:1-2). 예수를 넘겨받

은 빌라도가 예수를 심문하였으나 그 역시 예수에게서 아무런 죄를 찾을 수 없었습니다(마 27:19, 23). 하지만 백성의 요구에 못 이겨 예수를 채찍질하고 십자가에 못 박도록 넘겨주었습니다. 결국 예수는 십자가에서 죽으셨습니다. 이러한 예수의 고난 받으심과 죽음에는 몇 가지 중요한 특징이 있습니다.

1. 자발적인 죽음

첫째, 예수님의 수난과 죽음은 자발적이었습니다. 그 증거는 먼저 예수께서 심문받으실 때 아무런 대답도 하지 않으셨다는 것입니다. 대제사장이 예수께 물을 때 예수는 아무 대답도 하지 않으시고 잠잠하셨습니다(마 26:62, 63). 또한 아무 잘못도 없으신 예수님이 유대 지도자들에 의해 고소를 당하여 법정에 서게 되었지만 예수는 아무 대답도 하지 않으셨습니다(마 27:12). 예수께서는 단 한마디 대답도 하지 않으셨습니다(마 27:14). 심지어 빌라도로부터 "저희가 너를 쳐서 얼마나 많은 것으로 증거하는지 알지 못하느냐?"라는 말을 들었을 때도, 다시 말해서 "사람들이 저렇게 여러 가지로 당신에게 불리한 증언을 하는데, 그 소리가 들리지 않소?"라는 경고의 말을 들었을 때조차 아무 대답도 하지 않으셨습니다(마 27:13-14). 이렇게 예수님은 심문당하고 고소당했을 때도 침묵하셨습니다.

우리는 지금 예수님이 어떤 상황에 부닥쳤는지를 잘 생각해야 합니다. 예수는 지금 법정에 끌려와서 재판받는 중입니다. 그러므로 자신의 입장을 어떻게 변호하느냐에 따라 무죄로 석방될 수도 있고, 사형을 당할 수도 있습니다. 그런데도 예수는 침묵함으로써 그 거짓 고소에 대해 자신을 변호할 의사가 절대 없다는 뜻을 보이신 것입니다. 우리는 텔레비전에서 청문회 하는 것을 자주 보아 왔습니다. 증인들은 한결같이 자신들에게 유리한 것이면 대답하고, 불리할 것 같으면 "모른다"거나 "기억이 나지 않는다"라고 말하면서 어떻게 해서든지 살아남으려고 안간힘을 씁니다. 이것은 어떻게 보면 궁지에 몰린 사람이 보일 수 있는 자연스러운 반응입니다.

그러나 예수님이 재판받으시는 모습은 이들과는 너무나 대조적입니다. 그분은 아무런 죄가 없었고 단지 유대인들의 모함을 받아 법정에 섰을 뿐입니다. 따라서 얼마든지 자신의 무죄를 말하고 변호할 수 있었습니다. 그런데도 아무 대답도 하지 않으셨습니다. 그래서 총독 빌라도도 이러한 예수 때문에 매우 놀랐습니다(마 27:14). 빌라도는 사람들이 시기하여 예수를 고소한 줄을 알고 있었기 때문입니다(마 27:18). 그러므로 예수님의 수난과 죽음은 강요나 강제에 의한 것이 아니라 자발적이었습니다.

예수의 죽음이 자발적임을 알려주는 또 다른 증거는 "영혼이 떠나시다"(마 27:50)라는 말씀입니다. 이것은 예수의 죽음을 특이한 방식으로 설명하는 것입니다. "영혼이 떠나시다"라는 말은 "그가 영혼을 보내다, 떠나다, 포기하다"라는 말입니다. "떠나시다"는 능동형입니다. 그러므로 "영혼이 떠나시다"라는 말은 예수님이 자신의 영혼을 스스로 포기하셨다는 뜻입니다. 이에 대해 요한복음 19:30에서는 "자신의 영혼을 내어주셨다, 넘겨주셨다"고 말씀합니다. 그러므로 예수님의 죽음은 예수님 자신이 자발적으로 자기의 영혼을 내어주신 것입니다. 이것에 대해 예수는 "이를 내게서 빼앗는 자가 있는 것이 아니라 내가 스스로 버리노라"(요 10:18)고 말씀했습니다. 이처럼 예수는 자발적으로 자신의 영혼을 넘겨주셨습니다.

2. 죽음의 이유

예수님의 수난과 죽음에 나타나는 두 번째 특징은 예수님의 죽음의 이유입니다. 예수님은 자신이 고난받고 죽임을 당하는 중에도 아무런 변명을 하지 않으셨고, 오히려 적극적으로 자신의 영혼을 내주셨습니다. 그러면 예수님이 이렇게 자발적으로 죽음을 택하신 이유는 무엇일까요? 성경은 예수님이 고난을 받고 죽임을 당한 것은 예수님 자신의 죄 때문이 아니라는 사실을 분명히 밝힙니다. 예수님을 심문한 빌라도는 예수님이 유대인들의 시기 때문에 죽음에 넘겨진 것을 알고 있었습니다(마 27:18). 빌라도의 아내도 예수님을 "저 옳은 사람"이라고 말했습니다(마 27:19). 나아가서 빌라도는 예수가 무슨 악한 일을 하였느냐고 말함으로써 예수님의 무죄를 주장합니다(마 27:23). 그러므로 예수님은 옳은 사람이며 아무런 악도 행하지 않았으므로 그가 죽임을 당한 것은 그 자신의 죄 때문인 것이 아님이 분명합니다. 그러면 자신의 죄가 아님에도 예수님은 왜 채찍에 맞고 온갖 고난과 희롱을 다당하고 욕을 먹고 십자가에 못 박혀 죽임을 당하면서도 아무런 변명

없이 묵묵히 계셨을까요? 예수님은 왜 자신의 무죄에 대해 단 한 마디 변호도 하지 않고 침묵하셨을까요? 예수님은 왜 자발적으로 죽음의 길을 가셨을까요? 우리는 이에 대한 분명한 이유를 선지자 이사야에게서 듣게 됩니다.

"그가 찔림은 우리의 허물 때문이요 그가 상함은 우리의 죄악 때문이라. 그가 징계를 받음으로 우리는 평화를 누리고 그가 채찍에 맞음으로 우리가 나음을 받았도다. 우리는 다 양 같아서 그릇 행하여 각기 제 길로 갔거늘 여호와께서는 우리 모두의 죄악을 그에게 담당시키셨도다. 그가 곤욕을 당하여 괴로울 때에도 그 입을 열지 아니하였음이여 마치 도수장으로 끌려가는 어린양과 털 깎는 자 앞에 잠잠한 양같이 그 입을 열지 아니하였도다"(사 53:5-7).

이사야 선지자는 예수님이 모함을 받아 엄청난 고난과 조롱을 당하면서도 입을 열지 않고 결국 십자가에 못 박혀 죽으신 것은 그 자신의 죄와 허물 때문이 아니라, 바로 우리 모두의 죄와 허물 때문이라고 말씀합니다. 예수님은 우리의 허물과 죄를 대신 담당하시기 위해 자신의 무죄함에 대해서 변호하지 않았고, 채찍을 맞고 조롱을 당하면서도 아무런 말씀도 하지 않으셨던 것입니다. 그렇게 해야만, 그렇게 자신이 죽어야만 우리를 살릴 수 있었기 때문입니다. 예수님의 침묵은 죄와 허물 때문에 죽을 수밖에 없는 우리가 죄 용서받고 구원을 얻어 하나님과 평화를 누리도록 하기 위해서였습니다. 예수님은 우리를 살리기 위해, '나 죽어 너 살라'며 그 모든 수모를 받으시고 십자가를 지시되 입을 열지 않으셨던 것입니다(마 26:28; 20:28 참조). 예수님의 죽음은 우리 모두의 죄를 대신 담당하시기 위한 자발적인 죽음이었습니다.

3. 죽음의 결과

예수님의 수난과 죽음에 나타나는 세 번째 특징은 예수님의 죽음의 결과입니다. 앞에서 예수님의 자발적인 수난과 죽음이 우리의 죄를 용서하시기 위한 것이라고 말씀드렸습니다. 이제 우리가 확인해야할 것은 과연 그것이 사실이냐 하는 것입니다. 여러분, 예수님의 수난과 죽음으로 정말 우리의 죄가 용서되었을까요? 성경은 그렇다고 말씀합니다. 그러면 그것을 무엇으로 증명할 수 있습니까? 이것은 성소의 휘장이 찢어진 사실에서 매우 분명하게 증명됩니다. 예수님의 영혼이 떠나시자 성소의 휘장이 위로부터 아래까지 찢어져 둘이 되었습니다(마 27:51). 성전은 크게 성소와 지성소로 나누어지며 이 둘 사이에는 아주 튼튼한 휘장이 쳐져 있었습니다. 성소에는 제사장만이 들어갈 수 있고, 하나님의 임재의 상징인 법궤가 있는 지성소에는 오직 대제사장만이 들어갈 수 있었습니다. 그것도 일 년에 단 한 번 대속죄일에만 가능했습니다. 그 외의 모든 사람은 성전으로부터 일정한 거리를 유지해야만 했고, 그렇지 않으면 죽임을 당했습니다. 대제사장들도 지성소에 들어갈 때는 반드시 먼저 자신을 위한 제사를 드려야만 했고, 짐승을 잡아 그 피를 가지고서만 들어갈 수 있었습니다. 이 사실은 대제사장을 포함하여 모든 사람이 죄인이며, 죄인은 하나님 앞에 나아갈 수 없다는 사실을 잘 보여줍니다. 죄 때문에 하나님과 인간 사이에 단절이 생겼습니다. 성소의 휘장은 이 사실을 가장 극명하게 잘 보여주는 표지입니다.

그러나 예수님이 십자가에서 "엘리 엘리 라마 사박다니"라고 소리치고 운명하시던 바로 그 순간에 죄 때문에 하나님과 인간 사이를 가로막고 있던 성소의 휘장이 위에서부터 아래로 찢어졌습니다. 이것은 무엇을 의미합니까? 그것은 예수님의 십자가 죽음이 하나님과 인간 사이를 가로막고 있던 죄를 다 해결하셨다는 것을 증명하는 것입니다. 예수님의 십자가 죽음은 죄 때문에 하나님과 인간 사이를 가로막고 있던 휘장을 찢으신 사건이요, 인간이 하나님에게 나아갈 수 있는 길을 활짝 열어놓으신 구원 사건입니다. 예수께서 자신의 십자가 죽음을 통하여 휘장 가운데로 새로운 살길을 열어 놓으심으로 우리는 예수의 피를 힘입어 성소에 들어갈 힘을 얻었습니다(히 10:19-20).

4. 맺음말

예수님의 수난과 십자가 죽음은 타의에 의한 강압적인 죽음이 아니라 자발적인 죽음이었습니다. 그런데 예수께서 이렇게 자발적으로 죽으신 것은 자신의 죄 때문이 아니라 우리의 죄를 제거하기 위한 것이었습니다. 그분으로 말미암아 우리에게는 모든 죄를 용서받고 거룩하신 하나님께 나아갈 길이 열렸습니다. 이 길은 과거에 있던 어떤 길과도 다른 새로운 길입니다. 그 길은 죽음의 길이 아닌 산 길, 즉 생명의 길입니다. 영생의 길입니다. 우리의 죄를 위한 예수님의 침묵과 자발적인 영혼의 포기와 이 일로 말미암은 휘장의 찢어짐이 주는 의미를 깨달아 알고 믿음으로 생명을 얻으시기를 바랍니다. 그리하여 날마다 하나님께 나아가고 하나님과 연합하여 사는 복된 인생이 되시기를 주님의 이름으로 축복합니다.

10. 그들을 위하여 속죄하라

: 민수기 17:1-11; 히브리서 4:14; 10:11-12

민 17:1-11

¹ 여호와께서 모세에게 말씀하여 이르시되 ² 너는 이스라엘 자손에게 말하여 그들 중에서 각 조상의 가문을 따라 지팡이 하나씩을 취하되 곧 그들의 조상의 가문대로 그 모든 지휘관에게서 지팡이 열둘을 취하고 그 사람들의 이름을 각각 그 지팡이에 쓰되 ³ 레위의 지팡이에는 아론의 이름을 쓰라 이는 그들의 조상의 가문의 각 수령이 지팡이 하나씩 있어야 할 것임이니라 ⁴ 그 지팡이를 회막 안에서 내가 너희와 만나는 곳인 증거궤 앞에 두라 ⁵ 내가 택한 자의 지팡이에는 싹이 나리니 이것으로 이스라엘 자손이 너희에게 대하여 원망하는 말을 내 앞에서 그치게 하리라 ⁶ 모세가 이스라엘 자손에게 말하매 그들의 지휘관들이 각 지파대로 지팡이 하나씩을 그에게 주었으니 그 지팡이가 모두 열둘이라 그 중에 아론의 지팡이가 있었더라 ⁷ 모세가 그 지팡이들을 증거의 장막 안 여호와 앞에 두었더라 ⁸ 이튿날 모세가 증거의 장막에 들어가 본즉 레위 집을 위하여 낸 아론의 지팡이에 움이 돋고 순이 나고 꽃이 피어서 살구 열매가 열렸더라 ⁹ 모세가 그 지팡이 전부를 여호와 앞에서 이스라엘 모든 자손에게로 가져오매 그들이 보고 각각 자기 지팡이를 집어들었더라 ¹⁰ 여호와께서 또 모세에게 이르시되 아론의 지팡이는 증거궤 앞으로 도로 가져다가 거기 간직하여 반역한 자에 대한 표징이 되게 하여 그들로 내게 대한 원망을 그치고 죽지 않게 할지니라

¹¹ 모세가 곧 그 같이 하되 여호와께서 자기에게 명령하신 대로 하였더라

히 4:14

¹⁴ 그러므로 우리에게 큰 대제사장이 계시니 승천하신 이 곧 하나님의 아들 예수시라 우리가 믿는 도리를 굳게 잡을지어다

히 10:11-12

¹¹ 제사장마다 매일 서서 섬기며 자주 같은 제사를 드리되 이 제사는 언제나 죄를 없게 하지 못하거니와 ¹² 오직 그리스도는 죄를 위하여 한 영원한 제사를 드리시고 하나님 우편에 앉으사

아론의 싹 난 지팡이 사건은 이스라엘 백성이 애굽에서 나와서 약속의 땅인 가나안으로 가는 중에 광야에서 일어난 일입니다. 이 사건은 민수기 16장에서부터 시작합니다. 민수기 16:1-2을 보면, 레위 지파의 고라가 르우벤 지파의 다단과 아비람과 온과 함께 당을 지었습니다. 그리고 그들은 이스라엘 총회에서 선출된 지도자 250명과 함께 일어나서 모세를 거슬렀습니다. 이것은 반역이었습니다(민 17:10).

1. 반역의 이유

이들이 반역한 이유는 이스라엘의 지도자인 모세와 아론에 대한 불평(원망) 때문이었습니다(민 16:3, 11; 17:5. 민 16:41; 17:10 참조). 이 불평의 본질은 그들도 아론처럼 제사장이 되겠다는 것입니다. "너희가 오히려 제사장 직분(職分)을 구하느냐"(민 16:10). 제사장은 사람들을 대신하여 하나님께 제사 드리는 일을 했습니다. 이 직분은 하나님이 레위 지파 중에서도 오직 아론과 그의 아들들에게만 주신 직분입니다. 따라서 제사장 직분을 탐낸 이 반역은 겉으로는 모세와 아론에 대한 반역이지만 근본적으로는 하나님에 대한 반역이었습니다(민 16:11; 17:10). 하나님은 이미 고라가 속한 레위 자손에게도 귀한 직분을 주셨습니다(민 16:9. 민 3:5-9 참조). 하나님은 그들에게 성막과 성막의 모든 기구와 부속품을 관리하고 운반하며 거기서 봉사하는 일을 맡기셨습니다. 이것은 매우 존귀한 직분이었습니다. 그런데도 고라는 이 귀한 직분을 존귀하게 여기지 않고 오히려 하나님이 아론과 그의 아들들에게 주신 제사장직을 욕심냈습니다.

2. 누가 참 제사장인가?

이렇게 반역이 일어나자, 하나님은 몇 가지 사건을 통해 누가 하나님께 가까이 올 수 있는 제사장인지를 확인시켜 주십니다(민 16:5).

1) 반역자들의 멸망

그 첫 번째 사건은 반역자들이 멸망한 일입니다. 모세는 반역한 고라와 그의 모든 무리에게 이렇게 명령했습니다. "너 고라와 네 모든 무리는 향로를 가져다가 내일 여호와 앞에서 그 향로에 불을 담고 그 위에 향을 두라. 그때에 여호와께서 택하신 자는 거룩하게 되리라"(민

16:6-7b). 여호와께 분향하는 일은 오직 제사장만이 할 수 있었습니다(출 30:7-8; 대하 26:18). 만일 제사장이 아닌 자가 이 일을 하면 죽임을 당했습니다(민 3:10; 18:7). 따라서 반역자들과 아론이 함께 여호와께 분향하면, 그들 중에 죽임을 당하지 않고 살아남는 자가 곧 하나님이 택하신 제사장이라는 사실이 명확하게 드러날 것입니다.

이튿날 그들이 제각기 향로를 가져다가 불을 담고 향을 그 위에 얹고 모세와 아론과 더불어 회막 문에 섰습니다(민 16:18). 이때 모세가 말합니다. "만일 여호와께서 새 일을 행하사 땅이 입을 열어 이 사람들과 그들의 모든 소유물을 삼켜 산 채로 스올에 빠지게 하시면 이 사람들이 과연 여호와를 멸시한 것인 줄을 너희가 알리라"(민 16:30). 모세가 이 말을 마치자마자 그들이 섰던 땅바닥이 갈라졌습니다. 땅이 그 입을 열어 그들과 그들의 집과 고라에게 속한 모든 사람과 그들의 재물을 삼켜 그들과 그의 모든 재물이 산 채로 스올에 빠졌습니다. 그리고 땅이 그 위에 덮이니 그들이 회중 가운데서 망하고 말았습니다(민 16:31-34). 또한 여호와로부터 불이 나와서 분향하던 반역한 지도자 250명을 모두 불살라 버렸습니다. 이렇게 하여 하나님은 고라와 반역한 자들이 제사장이 아니라 오직 아론과 그의 아들들이 제사장이라는 사실을 분명히 보여주셨습니다.

2) 아론의 속죄(16:41-50)

아론의 제사장직을 확인한 두 번째 사건은 아론이 죄를 범한 백성들을 위하여 속죄한 일입니다. 반역자들이 모두 멸망한 그 이튿날, 이번에는 이스라엘 온 회중이 모여 모세와 아론에게 "당신들이 여호와의 백성을 죽였다"(민 16:41)라며 불평했습니다. 그러자 하나님이 그들에게 이렇게 말씀하십니다. "내가 순식간에 그들을 멸하려 하노라"(민 16:45). 이 말씀 후에 전염병이 시작되었고 순식간에 14,700명이 죽었습니다(민 16:49).

이때 모세가 아론에게 명령합니다. "향로를 가져다가 제단의 불을 그것에 담고 그 위에 향을 피워 가지고 '급히' 회중에게로 가서 그들을 위하여 속죄하라"(민 16:46). 이 명령을 받은 제사장 아론은 순식간에 14,700명이나 죽은 그 지독히 무서운 전염병의 위험을 피하지 않고 향로를 가지고 백성에게로 급히(민 16:46) 달려갔습니다(민 16:47). 그리고 그가 백성을 위해 속죄하고 죽은 자와 산 자 사이에 섰을 때 전염병이 그쳤습니다. 아론이 죽은 자와 산 자 사이, 즉 죽음의 천사가 사람을 치고 있는 그곳에 이르니 재앙이 멈추었습니다. 아론이 죽음을 무릅쓰고 향을 들고 있는 그 지점을 죽음의 천사들이 지나갈 수 없었습니다. 급히 시작되어 신속하게 번져나가던 죽음이 아론이 도착함으로써 마치 울타리를 세운 것처럼 중단되었습니다. 죄 때문에 죽어 마땅한 자들이 제사장 아론의 속죄 제사 때문에 생명을 얻었습니다. 아론의 속죄는 매우 즉각적이고도 확실했습니다. 이렇게 하여 아론이야말로 하나님이 세우신 제사장이라는 사실이 다시 한번 분명하게 입증되었습니다.

3) 아론의 지팡이에서만 싹이 남(17:1-11)

아론이 참된 제사장이라는 사실을 확인한 세 번째 일은 아론의 지팡이에 싹이 나고 열매가 열린 사건입니다. 모든 반역이 정리된 뒤에 하나님은 모세에게 이스라엘 각 지파의 지도자들에게서 지팡이 하나씩, 모두 열두 지팡이를 취하게 했습니다. 자기 지팡이는 자신이 알겠지만 그럼에도 착오가 없도록 각 지파의 지팡이마다 그 지파 지도자의 이름을 적게 했습니다. 레위 지파의 지팡이에는 아론의 이름을 쓰게 했습니다. 하나님은 이 열두 개의 지팡이를 회막 안에 있는 하나님의 증거궤 앞에 두라고 명령했습니다. 그리고 하나님이 제사장으로 택한 자의 지팡이에는 싹이 나리라고 말씀하셨습니다.

이튿날 모세가 하나님의 장막에 들어가 보니 정말 놀라운 일이 일어나 있었습니다. 오직 아론의 지팡이에만 움이 돋고 순이 나고 꽃이 피어서 열매가 열렸습니다. 모세는 모든 지팡이를 가지고 나와서 이 사실을 이스라엘 모든 자손에게 확인시켰습니다. 이렇게 함으로써 하나님은 아론의 제사장직에 대한 논란을 종식하고(민 17:5) 이스라엘 백성의 불평을 그치게 하셨습니다.

3. 아론과 예수 그리스도

하나님은 이 세 가지 사건을 통해 아론의 제사장직이 하나님에게서 온 것이라는 사실과 그의 제사가 백성의 죄를 없앤다는 사실을 분명히 밝히셨습니다. 아론의 제사장직은 그가 임의로 취한 직분이 아니라 하나님이 부르신 직분입니다. "이 존귀는 아무도 스스로 취하지 못하고 오직 아론과 같이 하나님의 부르심을 받은 자라야 할 것이니라"(히 5:4). 아론의 제사장직 기원은 하나님이십니다. 그래서 그의 속죄 제사는 매우 즉각적이고 확실했던 것입니다.

그런데 여러분, 이 사실은 단지 구약시대에 살았던 이스라엘 사람들에게만 관련된 것이 아니라 오늘을 사는 우리 모두에게도 매우 긴밀하게 관련되어 있습니다. 히브리서는 이렇게 말씀합니다. "그러므로 우리에게 큰 대제사장이 계시니 승천하신 이 곧 하나님의 아들 예수시라"(히 4:14). 아론은 이스라엘을 위한 대제사장이었습니다. 그리고 예수님은 새 이스라엘, 즉 영적 이스라엘, 다시 말해 예수님을 믿는 모든 성도를 위한 대제사장이십니다.

1) 같은 점 – 제사장직의 기원

여기에서 매우 중요한 것은 아론이 하나님에 의해 대제사장이 된 것 같이 예수님이 대제사장 되신 것도 하나님에 의한 것이라는 사실입니다. "이 존귀는 아무도 스스로 취하지 못하고 오직 아론과 같이 하나님의 부르심을 받은 자라야 할 것이니라 또한 이와 같이 그리스도께서 대제사장 되심도 스스로 영광을 취하심이 아니요"(히 5:4-5). 아론의 대제사장직 기원이 하나님이신 것처럼 예수님의 대제사장 되심의 기원도 하나님이십니다. 아론을 이스라엘의 대제사장으로 세우신 이가 하나님이신 것처럼 예수님을 우리를 위한 대제사장으로 세우신 이도 하나님이십니다. 이런 까닭에 하나님이 세우신 대제사장 아론의 속죄가 즉각적이고도 확실했듯이 하나님이 세우신 대제사장 예수 그리스도의 속죄도 즉각적이며 확실합니다. 예수님을 믿는 자는 그 즉시 죄 사함을 받습니다. "그를 믿는 사람들이 다 그의 이름을 힘입어 죄 사함을 받는다 하였느니라"(행 10:43). "그의 피로 말미암아 속량 곧 죄 사함을 받았느니라"(엡 1:7). "그 아들 안에서 우리가 속량 곧 죄 사함을 얻었도다"(골 1:14).

2) 다른 점 – 속죄의 효력

하지만 아론과 예수 그리스도 사이에는 결코 놓쳐서는 안 될 절대적인 차이가 있습니다. 그것은 바로 속죄 효력의 차이입니다. 이 차이는 제물의 차이에서 옵니다. 구약의 제사장들이 드린 제사는 황소나 염소와 같은 짐승의 피로 드린 제사였습니다. 이 제사는 반복해서 드린 제사였습니다. 왜냐하면 짐승의 피로 드린 제사는 죄를 단번에 그리고 영원히 없애지 못했기 때문입니다. 그러나 예수님은 자기 자신을 제물로 제사를 드렸습니다. 이것이 바로 예수님의 십자가 죽으심입니다. 이 속죄 제사는 단 한 번에 영원히 모든 죄를 제거한 제사입니다. "염소와 송아지의 피로 하지 아니하고 오직 자기의 피로 영원한 속죄를 이루사"(히 9:12; 10:10, 14).

이와 같은 차이는 다음과 같은 대조에서 잘 나타납니다. "제사장마다 매일 서서 섬기며 자주 같은 제사를 드리되 이 제사는 언제나 죄를 없게 하지 못하거니와"(히 10:11). "오직 그리스도는 죄를 위하여 한 영원한 제사를 드리시고 하나님 우편에 앉으사"(히 10:12). 11절의 '매일 섬기며 자주 같은 제사'와 12절의 '한 영원한 제사'가 대조됩니다. 또한 11절의 '서서'와 12절의 '앉으사'가 대조됩니다. 구약의 제사는 단번에, 그리고 완전하고도 영원히 죄를 없애지 못했기 때문에 죄를 지을 때마다 반복하여 제사를 드려야만 했습니다. 그러다 보니 제사장들은 매일 제사를 드려야 했고, 그러기 위해서 계속 '서' 있어야만 했습니다.

그러나 예수께서 자신을 제물로 드린 그 십자가 제사는 단 한 번에 완전하고도 영원히 모든 죄를 없앤 제사였기에 다시는 제사 드릴 일이 없어졌습니다. "이것들을 사하셨은즉 다시 죄를 위하여 제사 드릴 것이 없느니라"(히 10:18). 그래서 대제사장 예수님은 제사 드리는 일을 마치시고 '앉아' 계시는 것입니다. 성경은 예수님의 이 속죄 제사의 결과에 대해 이렇게 말씀합니다. "그들의 죄와 그들의 불법을 내가 다시 기억하지 아니하리라"(히 10:17). "내가 그들의 불의를 긍휼히 여기고 그들의 죄를 다시 기억하지 아니하리라"(히 8:12). 이것이 바로 대제사장 예수께서 우리의 죄를 없애기 위해 단번에 행하신 속죄 제사의 놀랍고도 영원한 효력입니다.

4. 맺음말

하나님이 이스라엘 백성의 죄를 용서하기 위해 아론을 제사장으로 세우셨듯이 우리의 죄를 용서하기 위해 예수님을 대제사장으로 세우셨습니다. 대제사장 예수께서 십자가에서 자신을 제물로 드린 속죄 제사는 즉각적이고도 영원한 제사입니다. 따라서 예수 그리스도를 믿는 자는 즉시 그리고 영원히 죄를 용서받아 영생을 얻으며 구원을 받습니다. 예수께서 말씀하십니다. "아들을 믿는 자에게는 영생이 있고"(요 3:36). "진실로 진실로 이르노니 믿는 자는 영생을 가졌나니"(요 6:47). 하나님은 예수님의 속죄로 우리의 죄를 다시는 기억조차 하지 않으시며 동이 서에서 먼 것 같이 우리의 죄를 멀리 옮기셨습니다(시 103:12). 우리를 위한 예수님의 이 놀라운 속죄를 믿음으로 구원받고 영생을 누리시기를 간절히 바랍니다.

11. 예수의 승천

: 사도행전 1:1-11

¹ 데오빌로여 내가 먼저 쓴 글에는 무릇 예수께서 행하시며 가르치시기를 시작하심부터 ² 그가 택하신 사도들에게 성령으로 명하시고 승천하신 날까지의 일을 기록하였노라 ³ 그가 고난 받으신 후에 또한 그들에게 확실한 많은 증거로 친히 살아 계심을 나타내사 사십 일 동안 그들에게 보이시며 하나님 나라의 일을 말씀하시니라 ⁴ 사도와 함께 모이사 그들에게 분부하여 이르시되 예루살렘을 떠나지 말고 내게서 들은 바 아버지께서 약속하신 것을 기다리라 ⁵ 요한은 물로 침례를 베풀었으나 너희는 몇 날이 못되어 성령으로 침례를 받으리라 하셨느니라 ⁶ 그들이 모였을 때에 예수께 여쭈어 이르되 주께서 이스라엘 나라를 회복하심이 이 때니이까 하니 ⁷ 이르시되 때와 시기는 아버지께서 자기의 권한에 두셨으니 너희가 알 바 아니요 ⁸ 오직 성령이 너희에게 임하시면 너희가 권능을 받고 예루살렘과 온 유대와 사마리아와 땅 끝까지 이르러 내 증인이 되리라 하시니라 ⁹ 이 말씀을 마치시고 그들이 보는데 올려져 가시니 구름이 그를 가리어 보이지 않게 하더라 ¹⁰ 올라가실 때에 제자들이 자세히 하늘을 쳐다보고 있는데 흰 옷 입은 두 사람이 그들 곁에 서서 ¹¹ 이르되 갈릴리 사람들아 어찌하여 서서 하늘을 쳐다보느냐 너희 가운데서 하늘로 올려지신 이 예수는 하늘로 가심을 본 그대로 오시리라 하였느니라

예수께서 십자가에 죽으시고 장사된 지 사흘 만에 부활하셨습니다. 그리고 40일 동안 많은 사람에게 확실한 많은 증거로 자신이 살아 계심을 나타내 보이셨습니다. 이 40일 동안 예수님은 하나님 나라의 일을 말씀하셨습니다. 그 후에 제자들에게 성령이 임하실 것과 땅 끝까지 예수의 증인이 되라고 말씀하신 뒤 하늘로 올리어 가셨습니다(9). 예수께서 승천하신 것입니다. 그러나 오늘날 많은 사람이, 심지어 교회 내에서도 많은 사람이 예수의 승천을 믿지 않습니다. 예수의 승천을 문자적이고 역사적인 사건으로 믿지 않으려는 이러한 시도들은 계속 있었고 지금도 계속되고 있습니다.

1. 승천의 실제성

그러나 우리는 예수 승천의 역사적 사실성을 믿지 않으려는 그 어떤 시도나 주장도 전적으로 거부합니다. 왜냐하면 예수의 승천이 문자적이고 역사적인 사실이라는 것에 대한 충분한 근거와 확고한 이유가 있기 때문입니다.

첫째, 승천은 신약성경 어디에서나 당연한 것으로 여겨지고 있습니다. 요한복음은 부활하신 예수가 마리아에게 자신이 아직 아버지께로 올라가지 않았으므로 자신을 만지지 말라고 말씀하고 있습니다(요 20:17). 베드로는 오순절 날에 행한 설교에서 하나님이 오른손으로 예수를 높이 올리신 것에 대해 말씀합니다(행 2:31 이하; 벧전 3:21, 22). 사도 바울은 종종 예수가 최고의 명예와 권세가 있는 곳으로 높이 올리심을 받았다고 말씀합니다(고전 15:1–28; 엡 1:18–23; 빌 2:9–11; 3:10, 20; 골 3:1, 딤전 3:16 참조).

둘째, 본문은 간결하고 침착하게 승천의 이야기를 하고 있습니다. 전설들에서 발견할 수 있는 과장된 꾸밈 같은 것은 없습니다. 시적 요소나 상징이라는 증거도 없습니다.

셋째, 본문은 예수의 승천에 대한 목격자들이 있음을 강조하며, 그들이 자신들의 눈으로 직접 보았다는 것을 반복해서 말합니다. "저희 보는 데서 올리워 가시니 구름이 저를 가리워 보이지 않게 하더라. 올라가실 때에 제자들이 자세히 하늘을 쳐다보고 있는데 …." 그때 두 천사가 그들에게 말했습니다. "어찌하여 서서 하늘을 쳐다보느냐 … 이 예수는 하늘로 가심을 본 그대로 오시리라"(행 1:9–11). 이 극히 간략한 이야기에서 예수님의 승천이 눈에 보이게 일어났다는 사실이 무려 다섯 번에 걸쳐서 강조되고 있습니다. 사도행전은 아무런 이유 없이 이런 구절들을 모아 놓은 것이 아닙니다. 이것은 예수 승천의 진실성을 입증하기 위해 실제로 목격한 사도들의 증거를 말하고 있는 것입니다. 실제로 유다를 대신할 사도를 뽑을 때, 베드로는 요한의 세례부터 예수의 승천까지 모두 본 자를 그 대상으로 하고 있습니다(행 1:21).

넷째, 부활하신 예수가 사람들에게 나타나던 일을 멈춘 것과, 예수가 이 지상에서 최종적으로 사라진 것에 대해 달리 설명할 방도가 없습니다. 예수께 무슨 일이 일어났기에 그는 다시는 나타나지 않았을까요? 그분이 나타난 40일이라는 기간은 부활과 함께 시작되었고 승천과 함께 끝이 났기 때문입니다.

다섯째, 가시적이고 역사적인 승천은 사람들에게 예수의 승천을 쉽게 이해시키려는 목적이 있었습니다. 사실 예수는 우주 공간을 비행할 필요가 없었습니다. 예수는 부활하신 후 40일 동안 몇몇 경우에 그러셨던 것처럼 완벽하게 사라질 수 있었으며, 은밀하고 보이지 않게 하나님 아버지께로 가실 수도 있었습니다. 그런데도 공개적으로 눈에 보이게 승천하신 이유는 분명 자신이 영원히 가신다는 것을 제자들이 알기 원하셨기 때문입니다. 40일 동안 예수는 계속해서 나타나셨다가 사라지셨다가, 또다시 나타나셨다가 사라지셨습니다. 그러나 이번에는 그의 떠남이 마지막이었습니다. 그러므로 제자들은 예수가 또다시 부활체로 나타나실 것을 기다려서는 안 됩니다. 대신 그들은 성령을 기다려야 했습니다(행 1:4). 이것을 확실하게 하고자 예수는 제자들이 볼 수 있는 방법으로 승천하셨던 것입니다.

이처럼 우리는 예수의 승천에 대한 이와 같은 확실하고도 많은 증거를 가지고 있습니다. 그러므로 예수의 승천은 신화나 소설이 아니라 이 땅에서 분명히 일어난 역사적 사건이며 틀림없는 사실입니다.

2. 승천이 주는 의미

이 사실을 믿는 우리가 이제 생각해야 할 것은 이러한 실제적인 예수의 승천이 우리에게 주는 의미가 무엇이냐 하는 것입니다. 이것을 바로 이해하기 위해서는 예수가 승천하신 하늘을 바라보고 서 있는 사도들에게 나타난 흰옷 입은 두 사람(10)의 말에 주의를 기울일 필요가 있습니다. 본문은 그들을 "사람"이라고 말합니다. 그들이 그렇게 보였기 때문입니다. 그러나 그들의 빛나는 옷과 권위 있는 말은 그들이 천사들이었다는 것을 나타냅니다. 그들은 사도들에게 두 가지를 말합니다.

1) 예수의 재림

첫째, 예수의 재림입니다. "너희 가운데서 하늘로 올리우신 이 예수는 하늘로 가심을 본 그대로 오시리라"(11하). 이것은 예수의 재림을 말합니다. 예수의 승천은 예수의 재림으로 이어집니다. 예수의 승천은 예수의 재림에 대한 약속입니다. 예수는 하나님이 정하신 때에 가신 "그대로" 다시 오실 것입니다. 여기서 "그대로"(11하)라는 말은 "똑같은 방식으로"라는 의미입니다. 그러나 여기서 우리가 주의해야 할 것이 있습니다. 그것은 예수의 재림이 예수의 승천 "그대로", 즉 똑같은 방법으로 이루어질 것을 말한다고 해서 예수의 재림이 마치 그가 승천하는 모습을 담은 필름을 거꾸로 상연하는 것과 같을 것으로 생각하면 안 된다는 것입니다. 예수께서 감람산에서 승천하셨으니 감람산으로 오실 것이라든가 가실 때와 똑같은 옷을 입고 오실 것이라는 생각을 해서는 안 됩니다. 우리는 성경에 따라서 승천과 재림 사이의 같은 점과 다른 점을 구분할 수 있어야 합니다.

먼저 같은 점입니다. "이 예수"(11하)라는 말은 재림 시의 예수는 승천 때의 예수와 같은 분이시며 동일하게 인간적이라는 점을 말합니다. 예수는 거룩한 인간 본성과 부활 시의 몸을 가지고 오실 것입니다. 그리고 예수의 재림이 승천과 "그대로" 이루어진다는 것은 그의 승천이 눈으로 볼 수 있는 방식으로 이루어졌던 것처럼 그의 재림 또한 눈으로 볼 수 있는 방식으로 이루어질 것이라는 말입니다. 그러나 예수의 가심과 오심 사이에는 또한 중요한 차이점들도 있습니다. 예수의 재림은 그의 승천처럼 비공개적이지는 않을 것입니다. 오직 열한 명의 사도들만이 예수의 승천을 보았지만, 그의 재림 때에는 모든 사람의 눈이 그를 볼 것입니다(계 1:7). 그러므로 그의 재림은 어떤 한 지역에만 국한되지 않고 우주적인 재림이 될 것입니다(눅 17:23, 24). 그리고 혼자서 다시 오시는 것이 아니라 수많은 거룩한 자들이 그분을 수행할 것입니다(눅 9:26, 살전 4:14-15; 살후 1:7 참조).

2) 이 땅에 대한 책임

예수의 승천이 우리에게 주는 두 번째 의미는 이 땅에 대한 책임입니다. 예수가 승천할 때 제자들은 자세히 하늘을 쳐다보고 있었습니다. 그러자 천사들이 그들에게 "어찌하여 서서 하늘을 쳐다보느냐"(11a)고 말했습니다. 이것은 왜 하늘만 쳐다보느냐는 의미입니다. 여기에는 하늘만 쳐다보고 있는 제자들에 대한 천사들의 책망이 암시되어 있습니다. 제자들은 계속해서 하늘만 쳐다보고 있어서는 안 됩니다. 왜냐하면 그들은 하늘이 아닌 "땅"에 대한 어떤 책임을 명령받았기 때문입니다. 그것은 "땅 끝까지 이르러 내 증인이 되라"(8)는 것입니다. 제자들은 땅 끝까지 가도록 위임을 받았습니다. 그런데도 그들이 하늘만 쳐다보고 있는 것은 근본적으로 잘못되었습니다. 그들은 하늘에만 관심을 가져서는 안 되고, 땅에 대한 관심도 가져야 합니다. 제자들에게는 하늘뿐만 아니라 땅에 대해 열심히 필요합니다. 그들의 소명은 별을 바라보는 몽상가가 되는 것이 아니라 예수의 증인이 되는 것이기 때문입니다. 그들에게 주어진 사명은 하늘에 있지 않고 그분을 필요로 하는 잃어버려진 이 땅에 있습니다.

예수님을 믿는 우리도 마찬가지입니다. 우리는 하늘을 바라보아야 하지만, 그 이상으로 땅을 향해 눈을 들어야 합니다. 우리의 관심이 하늘에 있는 만큼 땅에도 있어야 합니다. 하늘에 관심을 가진 자는 이 땅에도 관심을 가집니다. 천국을 소유한 자는 이 땅을 복음으로 변화시키기를 소원합니다. 한쪽에만 치우치면 균형이 깨어집니다. 하늘에 속한 자는 이 땅을 하늘로 채우기 위한 수고를 아끼지 말아야 합니다. 우리에게 하늘에 대한 소망이 있다면 이 땅을 책임지는 적극적인 삶을 살아야 합니다.

3. 맺음말

예수님의 탄생과 그분의 삶과 십자가 죽음과 부활이 역사적 사실인 만큼 그의 승천 또한 부인할 수 없는 실제요 역사적인 사건이었습니다. 이러한 예수의 승천은 우리에게 그의 재림을 바라보게 합니다. 또한 이 땅에서 우리의 삶의 방향을 결정해 줍니다. 우리는 예수의 승천과 재림 사이가 얼마나 긴 시간이 될지 알지 못합니다. 이 시간, 즉 예수의 가심과 다시 오심 사이에 우리의 증언이 있습니다. 예수의 승천과 재림 사이에 살고 있는 우리는 하늘에 관한 관심과 더불어 땅에 대한 관심이 있어야 합니다. 그것은 모든 일에 주께 하듯 함으로써 예수의 증인이 되는 것이고 복음을 전하는 것입니다. 이것이 하늘을 사모하는 사람이 마땅히 행하여야 할 이 땅에 관한 책임입니다. 하늘에 대한 관심은 땅에 관한 관심으로 표현되어야 합니다. 우리는 하늘만 쳐다봐서도 안 되고 땅만 생각해서도 안 됩니다. 우리는 하늘과 땅, 이 둘을 다 같이 바라보아야 합니다. 예수님을 믿어 하늘과 땅을 엮는 사람이 되고, 하늘로 이 땅을 채우는 사람들이 되시기를 축복합니다.

12. 자는 자들에 관하여

: 데살로니가전서 4:13-18

13 형제들아 자는 자들에 관하여는 너희가 알지 못함을 우리가 원하지 아니하노니 이는 소망 없는 다른 이와 같이 슬퍼하지 않게 하려 함이라 14 우리가 예수께서 죽으셨다가 다시 살아나심을 믿을진대 이와 같이 예수 안에서 자는 자들도 하나님이 그와 함께 데리고 오시리라 15 우리가 주의 말씀으로 너희에게 이것을 말하노니 주께서 강림하실 때까지 우리 살아 남아 있는 자도 자는 자보다 결코 앞서지 못하리라 16 주께서 호령과 천사장의 소리와 하나님의 나팔 소리로 친히 하늘로부터 강림하시리니 그리스도 안에서 죽은 자들이 먼저 일어나고 17 그 후에 우리 살아 남은 자들도 그들과 함께 구름 속으로 끌어 올려 공중에서 주를 영접하게 하시리니 그리하여 우리가 항상 주와 함께 있으리라 18 그러므로 이러한 말로 서로 위로하라

사람이 겪게 되는 아픔 중에 가장 큰 것은 아마도 사랑하는 사람과 사별하는 아픔일 것입니다. 믿음이 아무리 확고하다 해도 가족이나 친한 친구를 잃는 일은 정서적으로 큰 충격을 줍니다. 사랑하는 사람을 잃는 것은 자신의 일부를 잃는 것이기 때문입니다. 데살로니가교

회의 성도들도 이와 같은 아픔으로 슬퍼하고 있었습니다. 그러나 그들에게 있는 슬픔은 단순히 사별의 문제만은 아니었습니다. 그들의 슬픔의 본질은 그리스도가 재림하기 전에 죽은 자들은 과연 어떻게 되는가 하는 사후의 문제 때문이었습니다. 그들은 과연 주님의 재림의 영광에 참여하게 될 것인가 하는 것으로 슬퍼하고 있었습니다.

1. 자는 자들에 관하여

이러한 문제에 부딪혀 있는 데살로니가교회에게 바울 사도는 13절에서 "자는 자들에 관하여는 너희가 알지 못함을 원치 않는다"고 말합니다. 여기에 사용된 '잠자는 자'라는 말은 16절의 '죽은 자'와 같은 말이며, 15절과 17절의 '산 자'와 반대말이 됩니다. 그런데 바울 사도는 죽은 자들에 대하여 너희가 알지 못함을 원치 않는다고 말씀합니다. 사도 바울은 이 말을 함으로써 성도들의 죽은 자들에 대한 무지를 강하게 드러내고 있습니다. 바울은 성도들의 무지가 신앙과 삶에 문제를 일으키는 한 원인으로 보고 있는 것입니다. 지식이 곧 신앙은 아니지만 바른 신앙은 바른 지식을 전제로 합니다. 우리는 믿기 때문에 알기 원하고, 그 앎을 통해서 믿음이 건강하고 바르게 성장해 갑니다.

그런데 바울이 이렇게 잠자는 자들에 대해 성도들이 알기를 원하는 목적이 있습니다. 그것은 성도들이 소망 없는 다른 사람들처럼 슬퍼하지 않도록 하기 위함입니다(13). 바울이 금하고 있는 것은 슬픔 자체가 아니라 소망 없는 슬픔입니다. 즉 잠자는 자들에 대한 무지에서 오는 무의미한 슬픔을 가리킵니다. 그런데 왜 바울은 죽은 자들을 '잠잔다'라고 표현할까요?(13, 14, 15) 성경에서 잠은 죽음에 대한 일반적인 표현입니다. 그래서 구약성경에는 죽음을 "그들의 열조와 함께 자더라"는 식으로 많이 표현합니다(계 14:13 참조). 죽음을 자는 것으로 표현하는 가장 큰 이유는 잠자는 사람은 반드시 깨어나기 때문입니다. 따라서 죽음을 잠자는 것으로 말하는 것은 죽음은 죽음으로 끝나는 것이 아니라 반드시 다시 살아난다는 것을 말하려 함입니다. 잠자는 사람이 반드시 깨어나듯이, 죽은 사람은 반드시 부활하게 되어 있다는 것입니다.

2. 자는 자들에 대해 슬퍼하지 말아야 하는 이유

그러면 자는 자들에 대해 슬퍼하지 말아야 할 이유는 무엇일까요? 이것에 대해 사도는 두 가지로 설명합니다. 첫째, 예수께서 죽었다가 다시 사심을 믿기 때문입니다(14). '예수께서 죽었다가 다시 사심'은 더 이상 축소할 수 없는 복음의 핵심으로서 사도들이 전파하고 교회가 믿는 것입니다. 이것을 믿는 우리는 하나님이 예수 안에서 자는 자들을 이와 같은 방법 즉, 예수의 죽음과 부활과 같은 방법으로 그들을 죽음에서 살려내셔서 그와 함께 데리고 오실 것을 믿습니다. 그래서 고린도전서 15장에서는 예수님이 부활의 '첫 열매'가 되셨다고 했습니다. 첫 열매라고 함은 계속되는 제2, 제3의 열매가 있다는 말씀입니다. 그러므로 더는 슬퍼하지 않아도 되는 것입니다.

자는 자들에 관하여 슬퍼하지 말아야 할 두 번째 이유는 사도들의 가르침이 있기 때문입니다. 15절에서 사도는 "주의 말씀으로 너희에게 이것을 말하노니"라고 말씀합니다. 사도들의 가르침은 '주의 말씀'입니다. 그 구체적인 내용은 15-17절입니다. 15절에서 바울 사도는 "주께서 강림하실 때까지 우리 살아 남아있는 자도 자는 자보다 결코 앞서지 못하리라"고 요점을 말해주고 있습니다. 이어 16-17절에서는 이 요점에 대해 자세한 설명을 하고 있습니다. 여기서 사도들은 주님의 재림을 세 가지 측면에서 설명합니다.

첫째로 주님이 하늘로부터 내려오십니다(16). 주님의 재림은 "호령과 천사장의 소리와 하나님의 나팔"로 시작됩니다. 호령은 명령이라는 말입니다. 이 명령은 하늘과 땅의 모든 권세를 가지신 분의 명령입니다. 그러므로 전 우주적인 명령입니다. 반드시 실행해야만 하는 명령입니다. 이어 천사장의 소리가 있습니다. 이 천사장은 주님의 명령을 듣고 소리를 냅니다. 일종의 복창을 의미합니다. 천사장은 주님의 재림 명령을 받아 온 천지가 다 듣도록 크게 외칠 것입니다. 마지막으로 하나님의 나팔이 소리를 냅니다. 천사장의 복창에 이어 나팔 소리가 온 우주 만물이 떠나가도록 울려 퍼집니다. 그러므로 명령에 이은 복창이 있고, 복창에 이은 나팔 소리가 울려 퍼집니다. 이 모든 장면은 마치 전쟁터로 나가는 군대의 진격과 비슷합니다.

그때 주님이 친히 오실 것입니다(16). 대리인이나 대행자가 아닌, 주님 자신이 직접 오십니다. 재림은 예수님이 '친히 오시는 것', '몸소 방문하시는 것'입니다. 주님은 "하늘로부터" 내려오십니다. 그때 주님은 우리의 눈으로 볼 수 있는 부활체의 몸을 가지고 오실 것입니다. 왜냐하면 주님이 승천하실 때 천사들이 "너희 가운데서 하늘로 올려지신 이 예수는 하늘로 가심을 본 그대로 오시리라"(행 1:11)고 말씀하셨기 때문입니다. 물론 이것은 어떤 지역에 국한된 것이 아니고 우주적인 것입니다(눅 17:23-24). 그러므로 온 세계 모든 사람이 동시에 볼 수 있는 그런 모습으로 오실 것입니다. 이 일은 사람들의 상상을 초월합니다.

재림의 두 번째 측면은 죽은 자들의 부활입니다(16). 죽은 자들이 먼저 무덤에서 일어날 것입니다. 주님이 재림하실 때에 믿고 죽은 자와 믿지 않고 죽은 자가 모두 부활합니다. 단 믿는 자는 생명의 부활로, 믿지 않는 자는 심판의 부활이 될 것입니다(요 5:29). 죽은 자의 부활은 예수님의 재림 때 땅에서 가장 먼저 일어나는 사건입니다. 이것은 고린도전서 15:52에도 똑같이 설명됩니다. "나팔 소리가 나매 죽은 자들이 썩지 아니할 것으로 다시 살고 우리도 변화하리라." 나팔 소리, 죽은 자들, 우리라는 이 순서에 주의하시기를 바랍니다.

재림의 세 번째 측면은 부활한 자와 살아 있는 자들의 공중 들림입니다. 이것을 우리는 '휴거'라고 부릅니다. 이것을 17절에서는 "그 후에 우리 살아남은 자들도 그들과 함께 구름 속으로 끌어 올려 공중에서 주를 영접하게 하시리니"라고 합니다. 죽은 자들이 먼저 부활해야 하는 이유는 그들도 부활체를 가지고 공중 휴거해야 하기 때문입니다. 죽었다가 부활한 자들과 살아 있는 자들이 다 함께 공중으로 이끌어 올려집니다. '끌어 올려'라는 말은 힘으로 강제로 '잡아채다'는 뜻입니다(행 8:39; 23:10; 고후 12:2 참조). 주님의 재림 시에 성도들은 순식간에 땅에서부터 공중으로 낚아채어져 올라갈 것입니다. 주님은 하늘로부터 내려오시고 성도들은 땅에서부터 공중으로 끌어올려 집니다. 그리고 공중에서 주님과 성도의 만남이 이루어집니다. 그 후에 영원히 주와 함께 있을 것입니다. 여러분, 주님의 이 재림이 얼마나 영광스럽고 장엄한지 그 모습이 마음에 그려집니까?

21세기 최첨단 과학기술문명을 누리며 사는 우리는 주님의 재림에 대한 이와 같은 가르침을 받을 때 어떻게 반응해야 할까요? 먼저 성경의 교훈을 우리의 기발한 상상력을 동원하여 새로운 것을 더해서는 안 됩니다. 본문을 사도바울이 말하고자 했던 것 이상으로 확대해서는 안 됩니다. 또한 이 예언의 말씀을 신화로 취급해서도 안 됩니다. 우리의 이성과 논리에 맞지 않는 것은 무조건 인정하지 않으려는 못된 본성이 우리 안에 있습니다. 이러한 유혹을 뿌리쳐야 합니다. 우리는 바울이 아무리 많은 비유적인 표현을 사용했을지라도 그것은 신화가 아닌 장차 이 땅의 역사에서 반드시 일어날 실제 사건들을 말하고 있음을 기억해야만 합니다.

3. 맺음말

사도 바울은 18절에서 지금까지(13-17절)의 말씀에 대한 결론으로 "이러한 말로 서로 위로하라"고 명령합니다. 이것은 죽은 자에 대한 이와 같은 지식을 통해서 소망을 가짐으로 살아 있는 자들이 죽은 자들에 대하여 다시는 슬퍼하지 말라는 것입니다. 주님의 재림에 관한 지식을 갖게 되면 위로를 얻게 됩니다. 더는 죽은 자들에 대한 무의미한 슬픔을 가지지 않게 되기 때문입니다. 그러므로 하나님의 계시의 말씀을 충실히 믿고 따르는 것이 무엇보다 중요합니다. 주님이 다시 오십니다. 그때 우리는 부활하여 공중으로 끌어올려져 주님을 만나고 그 앞에 있게 될 것입니다(살후 2:1).

이 땅에서 상처받고 절망하며 사는 우리는 사별뿐만 아니라 여러 가지 일로 아픔과 슬픔을 겪습니다. 그러므로 언제나 우리에게는 위로가 필요합니다. 우리는 무엇으로 서로 위로할 수 있을까요? 이 세상을 사는 동안 믿는 우리에게 최고의 위로와 소망이 되는 것은 주님의 재림입니다. 그리고 그와 함께 있을 죽은 자의 부활과 휴거입니다. 이보다 더 큰 소망과 위로는 없습니다. 그러므로 우리에게는 이 종말에 대한 분명한 지식과 믿음이 있어야 합니다.

이 세상의 삶이 전부가 아니라는 것과 주님이 명령과 천사장의 소리와 하나님의 나팔로 하늘로부터 내려오실 것임을 분명히 알고 믿어야 합니다. 그리고 부활할 것을 믿어야 합니다. 그리할 때 우리는 담대하게 세상의 환난을 이겨내며 소망과 기대와 더불어 거룩함과 경건함으로 살아가게 될 것입니다. 성경이 말씀하시는 부활과 재림에 대한 분명한 이해와 믿음을 가짐으로 아픔과 슬픔이 있어도 소망은 더욱 넘치는 삶을 사시기를 바랍니다.

4부

/

복음

ONE FOR ALL
ONCE FOR ALL

1. 복음의 시작

: 마가복음 1:1-8

¹ 하나님의 아들 예수 그리스도의 복음의 시작이라 ² 선지자 이사야의 글에 보라 내가 내 사자를 네 앞에 보내노니 그가 네 길을 준비하리라 ³ 광야에 외치는 자의 소리가 있어 이르되 너희는 주의 길을 준비하라 그의 오실 길을 곧게 하라 기록된 것과 같이 ⁴ 세례 요한이 광야에 이르러 죄 사함을 받게 하는 회개의 침례를 전파하니 ⁵ 온 유대 지방과 예루살렘 사람이 다 나아가 자기 죄를 자복하고 요단 강에서 그에게 세례를 받더라 ⁶ 요한은 낙타털 옷을 입고 허리에 가죽 띠를 띠고 메뚜기와 석청을 먹더라 ⁷ 그가 전파하여 이르되 나보다 능력 많으신 이가 내 뒤에 오시나니 나는 굽혀 그의 신발끈을 풀기도 감당하지 못하겠노라 ⁸ 나는 너희에게 물로 침례를 베풀었거니와 그는 너희에게 성령으로 세례를 베푸시리라

마가복음은 "예수 그리스도의 복음의 시작"이라는 말로 시작합니다. 이 말에는 두 가지 질문이 들어 있습니다. 하나는 '복음이 어떻게 시작되었느냐?'이며, 다른 하나는 '복음의 내용이 무엇이냐?'입니다.

1. 복음의 시작

복음은 어떻게 시작되었을까요? 이를 알기 위해서 우리는 "복음의
시작"이라는 표현에 주목해야 합니다. 복음은 오래전에 시작되었습니
다. 복음의 뿌리에는 하나님이 있습니다. 복음의 줄기에는 선지자들
이 있고, 복음의 열매는 예수 그리스도이십니다. 그 사이에 세례자 요
한이 있습니다. 복음의 기원이신 하나님은 복음을 역사 속에 실현하
기 위해 오랜 시간 동안 선지자들을 보냈습니다(2-3). "내가 내 사자를
네 앞에 보내노니"(2)라는 말씀이 바로 이 뜻입니다. 본문은 그 가운데
서 대표적으로 이사야와 말라기 선지자를 소개합니다. "보라 내가 내
사자를 보내노니 그가 네 길을 준비하리라"(2; 말 3:1). "광야에 외치는
자의 소리가 있어"(3; 사 40:3). 복음의 기원이신 하나님은 복음이 왕성
하게 확립되고 확장되도록 부지런히 선지자들을 보내어 활동하게 하
셨습니다. 그리고 마지막에는 복음을 위하여 세례자 요한을 보내셨습
니다.

이사야 선지자는 이스라엘 백성이 하나님을 아버지로 섬기지 않는
것을 심하게 책망했습니다. "하늘이여 들으라 땅이여 귀를 기울이라
여호와께서 말씀하시기를 내가 자식을 양육하였거늘 그들이 나를 거
역하였도다 소는 그 임자를 알고 나귀는 그 주인의 구유를 알건마는
이스라엘은 알지 못하고 나의 백성은 깨닫지 못하는도다"(사 1:2-3).
말라기 선지자도 이스라엘 백성이 하나님을 아버지와 주인으로 공경
하지 않는 것을 심하게 책망했습니다. "아들은 그 아버지를, 종은 그

주인을 공경하나니 내가 아버지일진대 나를 공경함이 어디 있느냐 내가 주인일진대 나를 두려워함이 어디 있느냐"(말 1:6).

선지자들은 이러한 이스라엘 백성이 진정으로 회개하고 돌아올 방법은 오직 메시아에 의한 구원밖에는 없다는 것을 알았습니다. 그래서 선지자들은 메시아가 오실 것을 예언했습니다. 세례자 요한도 마찬가지였습니다. 복음은 복음의 기원이신 하나님에 의해 시작되었고 그 줄기에 속하는 선지자들과 세례자 요한에 의해 이렇게 전개되었습니다.

2. 복음의 내용

그러면 그들이 전한 복음의 내용은 무엇일까요? 1절은 "하나님의 아들 예수 그리스도의 복음의 시작이라"고 선언했습니다. 그리고 그 후에 펼쳐지는 내용은 모두 예수 그리스도에 관한 이야기입니다. 다시 말해 복음의 시작이라고 말씀한 후에 그 이하의 실제 내용은 모두 예수님의 세례와 활동과 고난받으심과 십자가 죽으심과 부활로 채우고 있습니다. 그러므로 복음의 내용은 곧 예수님입니다. 예수님이 복음입니다. 그러면 예수님은 어떤 분인가요? 7절에 보면 예수님은 세례자 요한과 비교되고 있습니다. 세례자 요한은 이렇게 말합니다. "나보다 능력 많으신 이가 내 뒤에 오시나니 나는 굽혀 그의 신발 끈을 풀기도 감당하지 못하겠노라." 세례자 요한은 시간상으로 자신보다 뒤에 오는 예수 그리스도를 예언했습니다. 하지만 뒤에 온다고 해서 열

등한 것은 아닙니다. 세례자 요한은 예수께서 비록 시간상으로 뒤에 오지만 자기보다 얼마나 능력이 많은지를 비유로 설명합니다. 예수님은 세례자 요한이 허리를 굽혀 신발 끈을 풀기도 감당하지 못할 정도로 위대하고 능력이 많은 분입니다.

그러면 예수님은 왜 세례자 요한보다 능력이 많으며, 그 능력은 무엇일까요? 세례자 요한이 이에 대한 답을 줍니다. "나는 너희에게 물로 세례를 베풀거니와 그는 너희에게 성령으로 세례를 베푸시리라"(8). 요한의 활동은 물세례를 주는 것이지만 예수님의 활동은 성령세례입니다. 이것이 세례자 요한과 예수 그리스도 사이의 차이이며, 예수님이 요한보다 능력이 많으신 이유입니다. 복음이신 예수 그리스도는 성령으로 세례를 주시는 분입니다. 그러면 성령으로 세례를 주신다는 말은 무슨 의미일까요?

첫째로, 예수님이 성령으로 세례를 주시는 것은 세례받는 이들을 거룩하게 만든다는 뜻입니다. 성령은 '거룩한 영'이며 곧 하나님의 영이기 때문입니다. 복음은 믿는 자들을 하나님의 거룩한 백성으로 만듭니다(벧전 1:16-17). 복음은 죄와 부정함을 따라 사는 사람을 거룩한 사람으로 만듭니다. 복음인 예수님이 성령으로 세례를 주심으로 이 일을 행하셨습니다. 예수님은 사람을 거룩하게 만들어 하나님의 백성이 되게 하십니다.

둘째로, 예수님이 성령으로 세례를 주심으로써 육신의 인생을 거룩한 영의 인생으로 이동시키십니다. 성령세례 이전에는 육에 속한 사람이며 성령세례 이후에는 영에 속한 사람이 됩니다. 성령세례는 육신의 사람을 영의 사람이 되게 합니다. 이처럼 육적인 사람을 영적인 사람으로 변하게 하는 것이 바로 복음입니다.

그러나 예수님이 성령으로 세례를 주는 목적은 이 정도에서 그치지 않습니다. 예수께서 성령으로 세례를 주시는 것은 우리를 '성령의 사람'으로 만들기 위해서입니다. 이것이 바로 복음의 능력입니다. 성령의 사람은 성령으로 새로워진 사람입니다. 세례를 받는다는 말은 새로운 관계를 맺게 된 것을 의미합니다. 세례는 지금까지와 이제부터를 분리하고 나누는 가장 구체적인 행위입니다. 그래서 성령으로 세례를 받는 사람은 지금까지는 세상의 영으로 더러움 가운데 살았지만, 이제부터는 하나님의 영으로 거룩함 가운데 삽니다. 이것은 더러움에 대한 단절이며 거룩함에 대한 연결입니다. 거룩한 영이신 성령처럼 거룩해지는 것입니다. 이처럼 사람을 성령의 사람으로 변화키는 것이 바로 복음입니다. 그러므로 복음을 믿는 성령의 사람은 항상 성령에 붙잡혀 삽니다.

복음은 죄와 악에 속했던 사람을 성령의 사람으로 만듭니다. 복음으로 죄인이 성령에 관련된 사람이 되고, 성령으로 인격이 변화되고, 성령이 이끄는 생활을 하게 됩니다. 복음은 새로운 관계, 새로운 인격, 새로운 생활을 창조합니다. 이 모든 것을 가능하게 하시는 분이 바로 예수 그리스도이십니다. 그래서 예수님이 곧 복음입니다.

3. 맺음말

　마가복음은 복음의 시작을 말하고 있습니다. 복음은 하나님에게서 시작되어 선지자들과 세례자 요한을 통해 예수 그리스도에게 이어집니다. 예수 그리스도가 복음입니다. 그런데 마가복음은 가장 먼저 예수 그리스도를 성령으로 세례를 주시는 분으로 정의합니다. 그러므로 복음은 거룩한 사람이 되는 것, 영적인 사람이 되는 것, 성령의 사람이 되는 것을 목적으로 합니다. 한 마디로 성령에게 속한 사람이 되는것입니다. 이것이 구원입니다. 이 모든 일을 예수 그리스도께서 이루십니다. 예수님이 주님이시자 구원자이심을 믿어 거룩한 사람이 되고 영적인 사람이 되고 성령의 사람이 되시기를 바랍니다. 그리하여 하나님과 새로운 관계를 맺고 새로운 인격을 이루어 새로운 삶을 사는 복된 인생이 되시기를 바랍니다.

2. 복음이란 무엇인가?

: 로마서 1:1-4, 16-17

¹ 예수 그리스도의 종 바울은 사도로 부르심을 받아 하나님의 복음을 위하여 택정함을 입었으니 ² 이 복음은 하나님이 선지자들을 통하여 그의 아들에 관하여 성경에 미리 약속하신 것이라 ³ 그의 아들에 관하여 말하면 육신으로는 다윗의 혈통에서 나셨고 ⁴ 성결의 영으로는 죽은 자들 가운데서 부활하사 능력으로 하나님의 아들로 선포되셨으니 곧 우리 주 예수 그리스도시니라

¹⁶ 내가 복음을 부끄러워하지 아니하노니 이 복음은 모든 믿는 자에게 구원을 주시는 하나님의 능력이 됨이라 먼저는 유대인에게요 그리고 헬라인에게로다 ¹⁷ 복음에는 하나님의 의가 나타나서 믿음으로 믿음에 이르게 하나니 기록된 바 오직 의인은 믿음으로 말미암아 살리라 함과 같으니라

1. 복음의 기원

사도 바울은 청년 때에 예수 믿는 사람을 돌로 쳐 죽이는 데 앞장섰고, 집집이 돌아다니며 예수 믿는 남녀를 다 끌어내어 핍박했습니다.

그것도 부족해서 예수 믿는 이들을 다 붙들어 예루살렘으로 끌고 오기 위해 다메섹으로 갔습니다. 그런데 가던 중에 부활하신 예수님이 그에게 나타나셨습니다. 이 일로 그는 완벽히 다른 사람이 되었습니다. 복음을 핍박하던 자가 도리어 복음을 전하는 데 자신의 모든 삶을 다 드렸습니다. 그렇게 된 이유는 그가 예수님으로부터 받은 복음이 바로 "하나님의" 복음이기 때문입니다(1). 복음은 하나님으로부터 시작되었고(기원) 하나님에게서 나왔습니다(출처). 복음은 인간의 것이 아닙니다. 복음은 하나님의 것입니다. 그래서 복음은 일시적인 것이 아니라 영원한 것이고, 땅의 것이 아니라 하늘의 것이며, 초라한 것이 아니라 영광스러운 것입니다. 본문은 이러한 복음이 어떤 것인지에 대해 몇 가지로 말씀합니다.

2. 복음을 주신 방식

우선 복음은 하나님께서 "미리" 약속하신 것입니다. 복음은 갑자기 또는 우연히 생겨난 게 아닙니다. 하나님께서는 세상을 구원하실 계획을 어느 날 갑자기 세우신 게 아니라 이미 창세 전(엡 1:4)에 세우셨습니다. 하나님은 천지 만물을 창조하시기 전에, 시간과 역사를 초월한 저 영원의 세계에서 복음을 미리 준비하셨습니다. 또한 복음은 선지자들로 말미암아 미리 약속되었습니다(2). 구약의 선지자들은 복음을 미리 약속하는 일을 했습니다. 나아가서 복음은 성경에 미리 약속되었습니다(2). 하나님은 구약성경에서 복음과 오실 메시아에 대하여 끊임없이 말씀하고 있습니다.

3. 복음의 내용

이처럼 하나님은 자신의 복음을 미리, 그리고 선지자들을 통하여, 성경에 약속하신 방법으로 우리에게 주셨습니다. 그러면 복음의 내용은 무엇일까요? 3절에 보면 하나님의 복음은 "하나님의 아들에 관한 것"이라고 말씀합니다. 복음의 내용은 예수 그리스도입니다. 복음은 예수 그리스도의 일생과 그분이 성취하신 구원을 말합니다. 따라서 예수 그리스도가 빠진 복음은 복음이 아닙니다. 종교개혁자 칼뱅은 이렇게 말씀했습니다. "복음 전체가 그리스도 안에 포함되어 있습니다. 그러므로 그리스도로부터 한 발짝이라도 이동한다면 그것은 복음으로부터 물러나는 것입니다." 이런 까닭에 9절은 복음을 "그의 아들의 복음"(1:9)이라고 선언하고 있습니다.

그러면 복음의 내용인 하나님의 아들은 어떤 분이신가요? 그분은 "육신으로는 다윗의 혈통에서 나셨고"(3), "성결의 영으로는 죽은 자들 가운데서 부활하사 능력 안에 계신 하나님의 아들로 선포되신"(4) 분입니다. 3절과 4절은 정확하게 대칭을 이룹니다. "육신으로는"은 "성결의 영으로는"에 대칭되며, "다윗의 혈통에서"는 "죽은 자들 가운데서 부활하사"에 대칭됩니다. 예수님은 육신적으로는 다윗의 후손(아들)입니다. 그리고 성령의 역사로 부활하신 하나님의 아들이십니다(4).

이 두 가지가 예수님이 메시아, 즉 구원자가 되신다는 결정적인 단서입니다. 메시아가 되기 위해서는 다윗의 후손(아들)으로 태어나야 하고, 성령의 역사로 죽음에서부터 부활해야만 합니다. 물론 부활에는 십자가 죽음이 전제되어 있습니다. 이 두 가지, 즉 다윗의 후손으로 나심과 죽은 자들 가운데서 부활하심이 참 복음과 거짓 복음을 구별하는 표준입니다. 그러므로 오직 예수님만이 구세주요 메시아요 그리스도이십니다.

4. 복음의 목적

그러면 하나님께서 이 위대하고 영광스러운 은혜의 복음을 인간에게 주신 목적은 무엇일까요? 그것은 죄인을 구원하기 위해서입니다. "내가 복음을 부끄러워하지 아니하노니 이 복음은 모든 믿는 자에게 구원을 주시는 하나님의 능력이 됨이라"(16). 사도 바울은 "복음을 부끄러워하지 않는다"고 선언합니다. 부끄러워하지 않는다는 말은 사랑한다는 말로도 바꾸어 쓸 수 있습니다. 바울은 복음을 사랑했습니다. 그래서 복음을 자랑하지 않을 수 없었습니다. 사랑은 반드시 자랑으로 나타나기 때문입니다. 사랑하면 자랑하게 되어 있습니다. 여러분은 그렇지 않습니까? 아들딸을 사랑하면 자랑합니다. 하도 자랑하니까 푼수라고 하는 거지요.

그렇다면 사도 바울은 왜 복음을 부끄러워하지 않았을까요? 복음은 모든 믿는 자에게 구원을 주시는 하나님의 능력이 되기 때문입니다. 복음은 능력입니다. 그래서 복음은 정적이지 않고 동적이며, 정체적이지 않고 활동적이고, 강력하고 폭발적입니다. 이 능력은 "하나님의" 능력입니다. 복음의 능력은 땅에 속한 것이 아니라 하늘에 속했고, 인간적인 것이 아니라 신적입니다. 그래서 하나님의 능력인 복음은 사람의 가장 깊은 곳까지 뚫고 들어갑니다. 복음은 사람의 폐부를 찌르고 죽은 영혼을 두들겨 깨우는 능력의 복음입니다.

이렇게 능력적인 하나님의 복음은 모든 믿는 자에게 구원을 줍니다. 이것이 복음의 궁극적인 목적입니다. 복음은 물질의 부유나 육체의 건강이나 사회적인 성공을 위한 게 아닙니다. 복음은 구원을 위해 있습니다. 복음은 사람을 죄악에서 끌어내 예수 그리스도의 것으로 만듭니다(6). 그렇다고 해서 아무에게나 구원을 주는 것은 아닙니다. 왜냐하면 "믿는 자"(16)에게라는 결정적인 제한이 있기 때문입니다. 오직 예수님을 그리스도로 믿는 사람만이 구원받습니다. 이 믿음을 떠나면 구원은 없습니다.

5. 복음의 핵심

마지막으로 17절은 복음의 핵심을 말씀합니다. "복음에는 하나님의 의가 나타나서." 복음의 핵심은 하나님의 의입니다. 하나님의 의란 내 죄를 대신하여 십자가에 못 박혀 죽으시고 장사된 지 사흘 만에 부활하신 예수님을 믿는 모든 사람을 죄 없다고 선언하는 것입니다. 한마디로 말하면, 하나님의 의는 하나님께서 예수 그리스도 때문에 의롭지 않은 자들을 의롭다고 선언하시는 것입니다. 이것이 복음의 핵심입니다. 모든 사람은 죄인입니다. 단 한 명도 예외가 없습니다. 죄인은 자신을 스스로 구원할 수 없습니다. 죄 용서받고 구원을 얻으며 하나님의 의를 소유하기 위해서는 오직 복음을 믿어야 합니다. 다른 길은 없습니다.

6. 맺음말

여러분, 다윗의 자손으로 오셔서 십자가에서 죽으시고 부활하신 예수님을 믿으시기를 바랍니다. 이것만이 죄인인 우리가 구원을 얻을 수 있는 유일한 길이요 의롭게 되는 오직 한 길입니다. 하나님의 의는 오직 "믿음으로 믿음에 이르게 합니다"(17). 하나님의 의는 믿음이라는 울타리 안에서만 나타납니다. 하나님의 의는 믿음을 벗어나지 않습니다. 그러므로 예수님을 믿어 하나님의 의를 소유하게 된 우리도 믿음의 범위를 벗어나지 않고 오직 믿음으로 살아야 합니다(17). 예수님을 믿고 구원받으시길 간절히 바랍니다. 그리하여 의롭다 함을 받고 평생 믿음으로 사는 복된 인생이 되시기를 바랍니다.

3. 네가 어디에 있느냐?

: 창세기 3:8-19

⁸ 그들이 그 날 바람이 불 때 동산에 거니시는 여호와 하나님의 소리를 듣고 아담과 그의 아내가 여호와 하나님의 낯을 피하여 동산 나무 사이에 숨은지라 ⁹ 여호와 하나님이 아담을 부르시며 그에게 이르시되 네가 어디 있느냐 ¹⁰ 이르되 내가 동산에서 하나님의 소리를 듣고 내가 벗었으므로 두려워하여 숨었나이다 ¹¹ 이르시되 누가 너의 벗었음을 네게 알렸느냐 내가 네게 먹지 말라 명한 그 나무 열매를 네가 먹었느냐 ¹² 아담이 이르되 하나님이 주셔서 나와 함께 있게 하신 여자 그가 그 나무 열매를 내게 주므로 내가 먹었나이다 ¹³ 여호와 하나님이 여자에게 이르시되 네가 어찌하여 이렇게 하였느냐 여자가 이르되 뱀이 나를 꾀므로 내가 먹었나이다 ¹⁴ 여호와 하나님이 뱀에게 이르시되 네가 이렇게 하였으니 네가 모든 가축과 들의 모든 짐승보다 더욱 저주를 받아 배로 다니고 살아 있는 동안 흙을 먹을지니라 ¹⁵ 내가 너로 여자와 원수가 되게 하고 네 후손도 여자의 후손과 원수가 되게 하리니 여자의 후손은 네 머리를 상하게 할 것이요 너는 그의 발꿈치를 상하게 할 것이니라 하시고 ¹⁶ 또 여자에게 이르시되 내가 네게 임신하는 고통을 크게 더하리니 네가 수고하고 자식을 낳을 것이며 너는 남편을 원하고 남편은 너를 다스릴 것이니라 하시고 ¹⁷ 아담에게 이르시되 네가 네 아내의 말을 듣고 내가 네게 먹지 말라 한 나무의 열매를 먹었은즉 땅은 너로 말미암아 저주를 받고 너는 네 평생에 수고하여야 그 소산을 먹으리라 ¹⁸ 땅이 네게 가시덤불과 엉겅퀴를 낼 것이라 네가 먹을 것은 밭의 채소인즉 ¹⁹ 네가

흙으로 돌아갈 때까지 얼굴에 땀을 흘려야 먹을 것을 먹으리니 네가 그것에서
취함을 입었음이라 너는 흙이니 흙으로 돌아갈 것이니라 하시니라

1. 완전한 창조

창세기 1-2장에서는 하나님이 이 세상과 인간을 창조하셨다고 말
씀합니다. 하나님은 에덴동산을 창조하시고 한 남자와 한 여자를 창
조하셔서 그곳에 두셨습니다. 그들은 거기서 살며 하나님과 교제를
나누었습니다. 그곳은 눈물도 없고 고통도 없고 죽음도 없는 완전한
곳, 말 그대로 낙원이었습니다. 이처럼 하나님의 창조는 완전한 창조
였습니다. 그래서 하나님은 창조에 대해서 무려 여섯 번이나 "보시기
에 좋았더라"(창 1:4, 10, 12, 18, 21, 25)고 말씀하셨습니다. 이것은 절대
선의 상태를 말합니다. 왜냐하면 온전하신 하나님께서 보시기에 좋았
다고 말씀하셨기 때문입니다. 특히 인간을 만드신 후에는 "보시기에
심히 좋았더라"(창 1:31)고 말씀하셨습니다.

2. 저주와 심판

그런데 창세기 3장에서 우리는 이와 전혀 상반되는 완벽히 다른 모
습을 보게 됩니다(3:8-13). 먼저 아담과 하와가 이상하게 변했습니다.
하나님과 친밀한 교제를 나누던 그들이 이제는 하나님의 낯을 피하여

숨습니다. 그리고 벌거벗었으나 부끄러워하지 않았던 그들이 이제는 벗은 것 때문에 두려워하며 나무 사이에 숨습니다. 어찌 된 일인지 그들은 자꾸 하나님을 피하여 숨으려고 합니다. 이런 아담과 하와에게 하나님이 이렇게 물으십니다. "네가 어디 있느냐?"(창 3:9)

아담과 하와, 그들은 하나님이 보시기에 심히 좋았던 자들입니다. 그들은 유일하게 하나님의 형상을 따라 지음을 받은 존재입니다. 그들은 하나님이 지으신 모든 세계를 다스리고 관리할 특권을 부여받은 자들이었습니다. 또한 생육하고 번성하도록 하나님의 복을 받은 자들이었습니다. 그런데 왜 그들이 이렇게 하나님을 두려워하고 피하여 숨는 자들이 되었을까요?

완벽히 달라진 또 하나의 모습은 하나님의 사랑과 관심과 복의 대상이었던 사람과 피조 세계가 하나님의 저주와 심판을 받은 것입니다 (3:14-24). 먼저 뱀에게 저주가 내립니다. "네가 모든 육축과 들의 모든 짐승보다 더욱 저주를 받아 배로 다니고 종신토록 흙을 먹을지니라"(3:14). 이어 여자에게 저주를 내립니다. 그것은 잉태하는 고통을 크게 더하며 수고하고 자식을 낳을 것과 남편을 사모하고 남편이 그녀를 다스리게 된다는 것입니다. 이제 아담에게는 종신토록 수고하여야 땅의 소산을 먹을 수 있고, 땀을 흘려야 식물을 먹을 수 있다는 것과 결국에는 죽게 될 것이라는 사망의 저주를 내리셨습니다. 이와 더불어 땅도 인간 때문에 함께 저주를 받습니다. 인간의 다스림과 관리를 받아야 할 땅이 오히려 그 인간으로 말미암아 저주를 받게 된 것입니다. 풀과 각기 종류대로 씨 맺는 채소와 각기 종류대로 씨 가진 열매 맺는 나무를 내던 땅이(창 1:11-12) 이제는 가시덤불과 엉겅퀴를 내게 되었습니다. 그리고 인간의 수고와 땀을 요구하게 되었습니다. 이처럼 창세기 1-2장에서는 하나님이 창조하신 세상과 인간 원래의 완전한 모습이 그려져 있으나, 3장에서는 심판과 사망 아래 있는 왜곡되고 저주받은 세상과 인간의 모습이 그려져 있습니다.

그런데 여러분, 성경은 단지 이 두 가지 모습만을 보여 주고 있는 것은 아닙니다. 성경은 우리에게 1-2장의 낙원이 왜 3장의 심판과 저주받은 모습으로 변하게 되었는지도 말씀해 주고 있습니다(창 3:1-7). 성경은 이렇게 변하게 된 이유를 주위의 환경 때문이 아니라 인간 자신 때문이라고 분명히 밝힙니다. 성경에 보면 인간은 완전한 환경에서 출발했습니다. 인간은 그가 바랄 수 있는 모든 것을 다 가지고 있었으며 아무것도 부족한 것이 없었습니다. 그런데도 낙원은 사막으로 바뀌고 말았습니다. 그러면 왜 이렇게 되었을까요? 성경은 증언하기를 인간 자신이 그 낙원에서 어떤 일을 저질렀기 때문이라고 합니다. 그러면 인간은 낙원에서 무슨 일을 저질렀습니까?

3. 인간의 범죄와 타락

그것은 인간이 하나님과의 관계를 깨뜨렸다는 것입니다. 피조물인 인간이 창조주인 "하나님과 같이" 되려고 했습니다(창 3:5). 하나님은 인간을 에덴동산에 두신 다음 "자, 너는 이제 내가 일러 준 대로 살아라. 내가 너에게 엄청난 자유를 주마. 그렇지만 이것 하나만은 금한다"라고 말씀하셨습니다. 그것은 선악을 알게 하는 나무의 열매는 먹지 말라는 것이었습니다(창 2:17). 창조주이신 하나님은 피조물인 인간에게 '법'을 주신 것입니다. 어찌 보면 이것이 속박이요 죄를 짓게 하는 한 요인인 것 같지만, 사실은 그렇지 않습니다. 오히려 이것은 사랑의 표현이었습니다. 왜냐하면 피조물은 피조물의 자리에 있을 때 참으로 행복하기 때문입니다. 완벽하지는 않지만, 예를 들어 봅시다.

아버지가 아들을 매우 사랑했습니다. 그랬더니 아버지의 그 사랑에 기고만장한 아들이 아버지의 뺨을 때렸다고 해봅시다. 이것은 아버지의 권위를 무시하는 것이며 곧바로 죽음입니다. 그러므로 아들은 아버지의 권위 아래 있을 때 참으로 행복한 것입니다. 주인이 강아지를 참으로 사랑했습니다. 그런데 예뻐했더니 어느 날 주인의 밥상에 뛰어 올라가서 똥을 쌌습니다. 이것은 죽음을 자초하는 것입니다. 강아지는 주인의 밥상 아래에 있을 때 행복한 것입니다. 마찬가지로 피조물은 창조주가 정하신 질서와 법 아래에서 그의 권위를 인정하며 살 때에 진정한 행복을 누릴 수 있는 것입니다.

그러나 아담과 하와는 사탄, 곧 뱀의 유혹을 받았습니다. 그 유혹의 핵심은 하나님이 선악을 알게 하는 나무의 실과를 따먹지 못하게 함으로 인간을 억압하고 부당하게 대우한다는 것이었습니다. 그리고 하나님이 그렇게 하신 이유는 인간이 하나님과 같아지는 것을 막기 위해서라는 것이었습니다. 그래서 하나님이 말씀하신 것을 불신하고 그 법을 경멸하며 금하신 나무의 열매를 따 먹기만 하면 지식과 정보를 얻을 뿐만 아니라 그들도 하나님처럼 될 수 있다고 유혹했습니다. 하나님이 말씀하신 것보다 더 나은 삶의 길이 있다는 유혹이었습니다.

그런데 이 인간들이 사탄의 이 거짓말을 믿었습니다. 그리고는 하나님이 정하신 법과 질서를 어기고, 금지하신 선악을 알게 하는 나무의 열매를 따 먹었습니다. 이 때문에 모든 비참함과 가련함과 사망과 이 세상의 모든 문제가 생겨났습니다. 이것은 피조물인 인간이 피조물의 위치를 떠나 창조주이신 하나님과 동등하게 되려고 한 악한 시도의 당연한 결과입니다.

결국 우리에게 생기는 모든 문제의 근본 원인은 피조물인 인간이 창조주이신 하나님과 올바른 관계, 즉 '창조의 질서'를 깨뜨린 데 있습니다. 이것이 바로 죄입니다. 이 죄의 결과로 3장에서 말씀하는 저주와 심판과 죽음이 우리에게 임하게 되었으며, 1-2장의 아름답고 완전했던 모든 것을 잃게 되었습니다. 그리하여 서로 대적하며 싸우고 죽이는가 하면, 사망이 그 위에 왕 노릇 함으로 고통과 애통함이 끊일 날이 없는 왜곡되고 절망스러운 세상이 되고 만 것입니다.

4. 구원 약속

그러면 이제 모든 것이 완전히 끝난 것입니까? 인간에게 다시는 소망은 없습니까? 하나님이 처음 만드셨던 1-2장의 낙원으로 돌아갈 기회는 아예 없습니까? 인간과 세상이 원래의 모습으로 회복될 수는 없는 것일까요? 아닙니다. 성경은 우리에게 구원의 길이, 살 수 있는 소망이 있다고 말씀합니다. 창세기 3장에는 인간의 범죄로 말미암은 하나님의 심판과 진노와 저주와 죽음이 기록되어 있습니다. 그러나 동시에 이러한 인간과 세상에 대한 하나님의 구원에 대해서도 말씀하고 있기 때문입니다. 창세기 3:15에서는 이렇게 말씀합니다.

"내가 너로 여자와 원수가 되게 하고 너의 후손도 여자의 후손과 원수가 되게 하리니 여자의 후손은 네 머리를 상하게 할 것이요 너는 그의 발꿈치를 상하게 할 것이니라."

그러면 이 말씀이 왜 구원에 대한 말씀일까요? 하나님은 여자의 후손과 뱀의 후손이 서로 원수가 되어 싸울 것이라고 말씀합니다. 여기서 '여자의 후손'은 예수 그리스도를 가리키며, 뱀의 후손은 사탄을 가리킵니다. 하나님은 여자의 후손인 예수님이 뱀의 '머리'를 상하게 할 것이라고 하셨습니다. 머리는 중요하면서도 치명적인 부위입니다. 그러므로 머리가 상한다는 것은 도저히 회복 불가능한 결정적 패배를 당하게 될 것이라는 의미입니다. 이것은 예수 그리스도의 완전하고도 궁극적인 십자가의 승리에 대한 약속입니다. 반면에 뱀은 여자의 후손의 발꿈치를 상하게 할 것이라고 말씀합니다. 발꿈치는 신체 중 하찮은 곳입니다. 그러므로 여자의 후손도 뱀에 의해서 분명 해를 당할 것이지만 그러나 그것이 결코 큰 영향을 주지는 못할 것일 것이라는 뜻입니다. 이 말씀은 예수 그리스도의 고난당하심과 십자가의 죽음을 의미하는 것입니다.

이처럼 하나님은 죄를 범한 인간에 대한 심판이 선포되고 있는 3장에서 또한 구원을 선포하셨습니다. 그래서 우리에게 소망이 있습니다. 하나님은 인간에 대한 심판과 죽음만을 선언하시지 않았습니다.

하나님은 인간을 유혹한 사단에 대한 심판과 함께 그리스도의 궁극적인 승리를 선포하셨습니다. 그것도 죄를 범한 인간에 대한 심판을 말씀하시기 전에 먼저 그들의 구원에 대한 약속을 선포하셨습니다. 이 순서에 유의하시기를 바랍니다. 하나님은 인간을 심판하시기에 앞서 구원을 약속하셨습니다. 하나님의 심판은 구원을 전제로 한 심판이라는 말입니다. 하나님은 심판과 함께 구원의 길을 열고 계신 것입니다. 이 얼마나 놀랍고 소망이 넘치는 일입니까!

4. 맺음말

지금 이 세상은 불행 가운데 있습니다. 사람들을 보십시오. 그들의 인생이 얼마나 엉망진창으로 망가뜨려져 있는지 한번 보시기 바랍니다. 그들은 쾌락 속에서 행복을 맛보려 애쓰고 있습니다. 그들은 끊임없이 무언가를 필요로 하고 있습니다. 그러나 진정한 만족은 하나님만이 주실 수 있습니다. 그런데도 그들은 하나님으로부터 멀리 도망가고 있습니다. 하나님은 지금도 이렇게 물으십니다. "네가 어디에 있느냐?" 하나님은 죄를 범한 아담이 어디에 숨었는지를 몰라서 물어보시는 것이 아닙니다. 또한 네가 이 나무 아래 있니 저 나무 아래 있니 하며 숨바꼭질하고 계신 것도 아닙니다. 이 질문은 죄 때문에 두려워 떨며 하나님을 피해 숨을 수밖에 없는 죄인들을 향한 주님의 애타는 부르짖음입니다. "네가 어디에 있느냐?"

여러분은 어디에 있습니까? 여러분은 하나님 앞에 있습니까? 아니면 하나님을 두려워하여 피하여 숨어 있습니까? 만일 숨어 있다면 이제 그 자리에서 일어서십시오. 그리고 사탄의 머리를 밟으시고 십자가로 승리하신 예수님께 나아오십시오. 그분이 우리의 모든 죄를 대신 지시고 십자가에서 죽으셨습니다. 그리고 죽음을 이기시고 사흘 만에 부활하셨습니다. 이 예수님을 믿으십시오. 이것만이 하나님과 깨어진 관계를 회복하고 진정한 피조물의 삶을 살며, 아담이 잃어버린 그 큰 복을 다시 누리는 유일한 길입니다.

4. 네가 낫고자 하느냐?

: 요한복음 5:1-9

¹ 그 후에 유대인의 명절이 되어 예수께서 예루살렘에 올라가시니라 ² 예루살렘에 있는 양문 곁에 히브리 말로 베데스다라 하는 못이 있는데 거기 행각 다섯이 있고 ³ 그 안에 많은 병자, 맹인, 다리 저는 사람, 혈기 마른 사람들이 누워 [물의 움직임을 기다리니 ⁴ 이는 천사가 가끔 못에 내려와 물을 움직이게 하는데 움직인 후에 먼저 들어가는 자는 어떤 병에 걸렸든지 낫게 됨이러라] ⁵ 거기 서른여덟 해 된 병자가 있더라 ⁶ 예수께서 그 누운 것을 보시고 병이 벌써 오래된 줄 아시고 이르시되 네가 낫고자 하느냐 ⁷ 병자가 대답하되 주여 물이 움직일 때에 나를 못에 넣어 주는 사람이 없어 내가 가는 동안에 다른 사람이 먼저 내려가나이다 ⁸ 예수께서 이르시되 일어나 네 자리를 들고 걸어가라 하시니 ⁹ 그 사람이 곧 나아서 자리를 들고 걸어가니라 이 날은 안식일이니

1. 초점 맞추기

예수님이 유대인의 명절에 예루살렘에 올라가십니다. 본문은 예루살렘의 어느 한 곳을 집중적으로 소개합니다. 예루살렘을 둘러싸고

있는 성곽의 북편에 양문이 있습니다. 그리고 그 양문 곁에 베데스다라는 연못이 자리 잡고 있습니다. 베데스다 못에는 다섯 개의 행각이 있습니다. 행각은 지붕은 있으나 벽이 없는 복도로 된 건물을 말합니다. 그 행각 안에 많은 병자, 소경, 절뚝발이, 혈기 마른 자들이 누워 있습니다. 그리고 그중에 병에 걸려 38년을 지낸 어떤 사람이 있습니다. 이 설명을 자세히 보면 우리는 본문의 관심이 어느 한 곳으로 모이고 있는 것을 확인하게 됩니다. 예루살렘에서 양문, 양문에서도 베데스다 못, 그중에서도 행각 다섯, 그중에서도 많은 병자, 많은 병자 중에서도 한 사람! 지금 사도 요한은 마치 인공위성에서 어느 한 곳을 찾아 들어가듯이, 또는 망원렌즈로 어느 물체 하나를 끌어당기듯이 한 사람에게 초점을 맞추고 있습니다. 이 사실은 예수님의 관심이 언제나 사람에게 있다는 것을 잘 보여줍니다. 주님은 건물에 관심을 두지 않습니다. 주위의 화려한 경관에도 눈을 돌리지 않습니다. 주님의 눈은 사람에게 맞추어져 있습니다. 우리 주님은 사람을 소중히 여기시는 주님이십니다.

2. 인간의 비참함

그런데 이 초점의 한가운데 있는 이 사람은 38년째 병에 걸려 있습니다. 그가 언제부터 병에 시달렸는지 알 수는 없지만, 인생의 대부분을 이렇게 처참하게 살아온 것임이 틀림없습니다. 태어나면서부터라면 지금 40세를 눈앞에 둔 장년일 것이고, 10세부터라면 오십의 나이이며, 20세부터이면 지금 회갑을 맞이하는 노인입니다. 따라서 그의 인생은 비참함 그 자체입니다. 그는 그동안 병을 치료해 보려고 백방으로 노력했을 것입니다. 그러나 고치지 못하고 마지막 소망을 베데스다 못에다 걸고 그곳에 누워 있습니다. 베데스다 못에는 많은 병자들이 모여 있었습니다. 그 이유는 가끔 천사가 베데스다 못에 내려와 물을 움직이게 하는데 움직인 후에 먼저 들어가는 자는 어떤 병에 걸렸든지 낫게 된다는 소문 때문이었습니다(4). 이 이야기는 사실이 아니라 당시 유대인의 미신적 신앙에서 나온 것입니다. 그런데도 그곳에 모인 모든 병자와 38년 된 병자도 이 꿈같은 이야기에 목을 매었습니다. 그는 허황한 세계를 바라고 있습니다. 그는 참으로 비참한 사람입니다.

하지만 그가 더욱 비참한 까닭은 그에게 그를 도와줄 사람이 하나도 없다는 것입니다(7). 따라서 그가 못에 내려가기 전에 다른 사람이 먼저 갈 것입니다. 절망입니다. 그에게는 더는 소망이 없습니다. 이제 그에게 남은 것이라고는 헛먹은 나이와 깊이 자리 잡은 병마와 절망, 그리고 더러운 침구 하나뿐입니다. 헛된 소망에 마지막 인생을 건 비참한 인간, 그러나 사실상 그의 헛된 소망마저도 이루어질 가능성은 전혀 없습니다.

우리는 여기서 사실이 아닌 허황한 것에 목숨을 걸고 경쟁을 벌이고 있는 사람들을 봅니다. 진리가 아닌 것에 눈에 불을 켜고 서로 감시하는 사람들을 봅니다. 거짓을 놓고도 삶에 극렬한 경쟁이 벌어지고 있습니다. 끝없는 경쟁의 세계! 그것도 진리가 아닌 거짓과 허황한 것에 대한 치열한 싸움! 이것이 이 사람의 또 다른 비참함입니다. 우리는 여기서 1등만 살아남는 살벌한 인간 세상을 봅니다. 그것도 진리를 추구하기 위한 경쟁이 아니라 미신을 좇는 경쟁에 목숨을 걸고 있습니다. 세상이 이렇습니다. 여러분은 어떻습니까? 1등만 인정하는 이 세상의 피해자는 아닙니까? 1등만을 인정하는 세상의 허황한 가치관은 마치 미신과 같습니다. 그러므로 초점의 대상인 38년 동안 병들어 사는 이 사람은 모든 인간의 비참함을 대신하여 보여주는 것입니다. 인간은 누구든지 비참합니다. 단지 정도의 차이가 있을 뿐입니다.

3. 은혜의 주님

그런데 이 비참한 인간에게 예수님께서 눈길을 돌리셨습니다! 그래서 예수님은 은혜의 주님이십니다. 본문은 예수님이 어떤 분이신지를 몇 가지로 알려줍니다. 먼저 "올라가셨습니다"(1). 예수님은 찾아가시는 주님이십니다. 그리고 "보셨습니다"(6). 찾아가시는 주님은 보시는 주님이 되십니다. 이것은 단순히 겉으로 보는 것만을 의미하지 않습니다. 인간의 내면을 꿰뚫어 보는 것을 말합니다. 또한 주님은 "아셨습니다"(6). 주님은 인간의 형편을 아시는 분이십니다. 그리고 그에게 말을 건네셨습니다(6). "네가 낫고자 하느냐?" 주님이 직접 찾아가시고, 보시고, 아시고, 말을 건네셨습니다! 이 모든 것을 예수님께서 먼저 하셨습니다! 이것이 주님의 은혜입니다. 그 사람은 아무것도 예수님께 하지 않았지만, 예수님은 은혜를 베풀고 있습니다. 예수님의 은혜를 위하여 인간의 행위가 요구되지 않습니다. 믿음도 우선하지 않습니다. 심지어 이 사람이 예수를 믿기도 전에 은혜가 임했습니다. 은혜가 모든 것에 선행합니다! 모든 것이 예수님의 은혜 다음에 섭니다. 이 비참한 인간에게 예수의 은혜가 값없이 주어졌습니다. 사람이 무엇을 하기 전에 예수의 은혜가 먼저 임하였습니다. 그는 단지 "네가 낫고자 하느냐?"라는 질문에 "주여 다른 사람이 먼저 내려가나이다"(7)라고 자신의 비참한 상태를 고백했을 뿐입니다. 그러나 그가 자신의 비참함을 고백한 것만으로 예수님은 그에게 은혜를 베푸셨습니다(8). "일어나 네 자리를 들고 걸어가라"(8) 말씀하실 때 그는 즉시 나았습니다. 자신의 비참함을 인정하는 자에게 예수님의 은혜가 임한 것입니다. 그리고 그의 비참함은 해결되었습니다. 예수님의 은혜로만 인간은 비참함으로부터 자유로움을 얻을 수 있습니다.

병 때문에 허황한 것을 추구하며 살벌한 경쟁 속에서 절망할 수밖에 없는 인간의 이 비참함을 인간은 스스로 해결할 수 없습니다. 이러한 우리의 비참함은 오직 예수 그리스도 안에서만 해결을 받을 수 있습니다. 주님은 우리를 찾아오셨습니다. 그리고 우리의 형편과 처지와 탄식과 갈등과 눌림과 억울함을 보시고 그 병이 오래된 줄 아십니다. 주님은 우리에게 물으십니다. "네가 낫고자 하느냐?" 여러분, 낫기를 원하십니까? 주님의 은혜를 경험하기를 원하십니까? 그렇다면 우리는 우리를 절망하게 하고 비참하게 만드는 모든 아픔과 문제들을 있는 그대로 고백하시기를 바랍니다. 그리하면 분명 주께서 "일어나 네 자리를 들고 걸어가라"는 놀라운 회복의 은혜를 베풀어주실 것입니다.

4. 부활의 주님

그런데 여기서 우리는 이 사건에 담긴 진정한 의미가 무엇인지 생각해 보아야 합니다. 사도 요한이 이 사건을 기록한 의도는 무엇일까요? 본문에서 병자는 죽은 자와 다를 바 없는 것으로 나타납니다. 그 이유는 먼저 그는 병이 이미 오래되었다는 것입니다. 이것은 예수님의 판단입니다. 그의 병은 중하고도 깊었습니다. 무려 38년 동안이나 낫지 않았습니다. 시간의 차이가 있을 뿐 그는 반드시 죽을 수밖에 없는 처지에 있습니다.

또한 그는 다른 사람의 도움 없이는 못으로 들어갈 수 없습니다. 그런데 그를 못에 넣어 줄 사람이 아무도 없습니다. 그러므로 한 가닥 실낱같은 희망도 사라지고 말았습니다. 이뿐만 아니라 설령 못에 들어간다고 할지라도 치유는 절대 일어나지 않을 것입니다. 왜냐하면 그 못에 관한 이야기는 단지 미신일 뿐이기 때문입니다. 그러므로 이 병자는 살 가능성이 전혀 없습니다. 그는 살아있으나 실은 죽은 자입니다. 이 죽음이 인간을 절망하게 됩니다. 인간에게 있어서 최고의 비참함은 바로 죽음입니다.

그런데 이처럼 죽음에 처한 병자에게 예수님은 "일어나라, 들어라, 걸어가라"는 세 마디 명령을 하셨습니다. 그러자 '곧' 나아서 자리를 들고 걸어갔습니다. '곧' 나았다는 말은 그가 나을 때가 되어서 나았다거나 또는 우연히 나은 것이 아니라 주님이 그를 낫게 하셨다는 것을 분명히 밝히는 것입니다. 또한 "네 자리를 들고 걸어가라"는 예수님의 말씀을 세 번(8, 9, 11) 반복하여 기록한 것은 그 병자가 예수님의 말씀으로 온전히 치료되었다는 사실을 강조하는 것입니다. 이렇게 함으로써 예수님은 죽은 것과 다름없는 병자를 살리셨습니다.

이때 우리가 주의해야 할 것은 예수께서 병자를 고치실 때 질병을 향하여 "떠나라"라고 명령하시든지, 아니면 병자를 향하여 "나을지어다"라고 말씀하지 않고, "일어나라"고 명령하셨다는 것입니다. 여기에는 특별한 의미가 있습니다. 이 '일어나다'는 말은 죽은 자를 일으키시는 하나님의 능력을 나타낼 때 자주 쓰이는 매우 독특한 단어입니다 (갈 1:1; 롬 4:17; 고후 1:9; 엡 1:20; 히 11:19 참조). 그러므로 예수님은 병자를 일으키심으로써 죽은 자를 생명으로 일으키시는 부활의 주님이심을 나타내신 것입니다. 그 때문에 5:21에서는 "아버지께서 죽은 자들을 일으켜 살리심 같이 아들도 자기의 원하는 자들을 살리느니라"고 말씀하신 것입니다.

5. 맺음말

예수님의 눈은 언제나 사람을 향하여 있습니다. 주님은 우리에게 관심을 두십니다. 그렇기 때문에 주님은 우리의 근본적인 문제인 죽음과 생명의 문제를 다루십니다. 예수님이 이 땅에 오신 것은 죽음에 놓여 있는 우리를 일으켜 세우고 생명을 주시기 위함입니다. 죄로 인한 죽음 앞에서 모든 소망을 잃은 채 신음하는 인생들을 살리시기 위해 오셨습니다. 그러므로 오늘도 처절한 절망과 비참함 가운데서 무너져 가는 자들에게 새 생명을 불어넣으시기를 원하십니다. 여러분, 낫기를 원하십니까? 새 생명으로 일어나기를 원하십니까? 우리를 짓누르는 죽음의 그림자로부터 승리의 개가를 부르기를 원하십니까? 1등만 인정하는 미신을 쫓는 이 세상 속에서도 승리를 노래하며 낙관적인 삶을 살기 원하십니까? 그렇다면 예수께서 우리의 죄를 대신 지시고 십자가에 못 박혀 죽으심으로 우리의 죄를 용서하셨다는 이 사실을 믿으시기를 바랍니다. 예수께서 우리에게 생명을 주시는 부활의 주님이심을 믿으시기를 바랍니다. 그리하면 우리는 하나님의 자녀가 되고 죄와 죽음으로 인한 절망과 비참함에서 해방되어 자유와 참 생명의 삶을 살게 될 것입니다.

5부
/
구원

ONE FOR ALL
ONCE FOR ALL

1. 내가 넘어가리니
: 출애굽기 12:1-14

¹ 여호와께서 애굽 땅에서 모세와 아론에게 일러 말씀하시되 ² 이 달을 너희에게 달의 시작 곧 해의 첫 달이 되게 하고 ³ 너희는 이스라엘 온 회중에게 말하여 이르라 이 달 열흘에 너희 각자가 어린 양을 취할지니 각 가족대로 그 식구를 위하여 어린 양을 취하되 ⁴ 그 어린 양에 대하여 식구가 너무 적으면 그 집의 이웃과 함께 사람 수를 따라서 하나를 취하며 각 사람이 먹을 수 있는 분량에 따라서 너희 어린 양을 계산할 것이며 ⁵ 너희 어린 양은 흠 없고 일 년 된 수컷으로 하되 양이나 염소 중에서 취하고 ⁶ 이 달 열나흘날까지 간직하였다가 해 질 때에 이스라엘 회중이 그 양을 잡고 ⁷ 그 피를 양을 먹을 집 좌우 문설주와 인방에 바르고 ⁸ 그 밤에 그 고기를 불에 구워 무교병과 쓴 나물과 아울러 먹되 ⁹ 날 것으로나 물에 삶아서 먹지 말고 머리와 다리와 내장을 다 불에 구워 먹고 ¹⁰ 아침까지 남겨두지 말며 아침까지 남은 것은 곧 불사르라 ¹¹ 너희는 그것을 이렇게 먹을지니 허리에 띠를 띠고 발에 신을 신고 손에 지팡이를 잡고 급히 먹으라 이것이 여호와의 유월절이니라 ¹² 내가 그 밤에 애굽 땅에 두루 다니며 사람이나 짐승을 막론하고 애굽 땅에 있는 모든 처음 난 것을 다 치고 애굽의 모든 신을 내가 심판하리라 나는 여호와라 ¹³ 내가 애굽 땅을 칠 때에 그 피가 너희가 사는 집에 있어서 너희를 위하여 표적이 될지라 내가 피를 볼 때에 너희를 넘어가리니 재앙이 너희에게 내려 멸하지 아니하리라 ¹⁴ 너희는 이 날을 기념하여 여호와의 절기를 삼아 영원한 규례로 대대로 지킬지니라

하나님은 애굽 땅에서 고난 중에 부르짖는 이스라엘을 구원하기 위해 모세를 애굽의 바로에게 보냈습니다. 그리고 이스라엘 백성을 애굽에서 내보내라고 명령했습니다. 그러나 바로는 이 말을 듣지 않았습니다. 그러자 하나님은 애굽에 열 가지 재앙을 내리셨습니다. 이것은 단순히 하나님께서 바로와 애굽에 벌을 내리신 것이 아니라 하나님이 사탄을 심판하신 것입니다. 그 이유는 출애굽기 12:12에 나와 있습니다. 하나님은 열 가지 재앙을 통해서 "애굽의 모든 신을 내가 심판하리라"고 말씀하셨습니다. 그러므로 하나님이 애굽에 내리신 열 가지 재앙은 단순히 정치적인 것이 아니라 영적인 것이요, 사탄에 대한 하나님의 심판이었습니다.

1. 열 가지 재앙

첫 번째 재앙은 나일강이 피로 변한 것입니다. 나일강은 생명과 풍부함의 상징이었습니다. 그래서 그들은 나일강을 신격화하고 나일강의 신 크놈과 하피를 숭배했습니다. 그러므로 첫 번째 재앙은 이러한 우상 숭배에 대한 하나님의 심판이었습니다. 두 번째 재앙인 개구리가 온 애굽 땅을 덮은 이적은 부활과 다산의 신인 헥트에 대한 심판이며, 세 번째 재앙인 이는 땅의 신 셉에 대한 심판입니다. 네 번째 재앙인 파리 떼는 곤충의 신 하트콕에 대한 심판이며, 다섯 번째 재앙인 가축의 악한 돌림병은 황소의 신 아피스와 암소의 신 하도르에 대한 심판이며, 여섯 번째 재앙인 악성 종기는 의술의 신 임호레와 타이폰에 대한 심판입니다. 일곱 번째 재앙인 우박은 하늘의 신인 누트와 대기의 신 수에 대한 심판이며, 여덟 번째 재앙인 메뚜기는 곤충의 재앙을 막는 신인 세라피아에 대한 심판이요, 아홉 번째 재앙인 흑암은 태양의 신인 라와 여신 세케트에 대한 심판입니다. 이러한 심판과 징벌의 절정은 열 번째 재앙입니다. 이것은 장자를 죽이는 것으로 다산의 신 오시리스와 생명의 신 이시스에 대한 심판입니다. 이로 말미암아 바로는 이스라엘을 내보내게 됩니다. 이처럼 열 가지 재앙은 모세와 바로의 싸움이 아니라 사탄과 그 추종자인 세상 나라에 대한 하나님의 심판입니다.

2. 유월절의 유래

본문의 내용은 열 번째 재앙에 관한 것입니다. 이 재앙은 애굽 땅에 있는 모든 처음 난 것을 죽이는 재앙입니다. 즉 왕위에 앉아 있는 바로의 장자로부터 맷돌 뒤에 있는 몸종의 장자와 모든 가축의 처음 난 것까지, 사람의 장자뿐만 아니라 짐승까지 첫 새끼까지 몽땅 다 죽이시는 재앙입니다(출 12:12). 이러한 재앙은 애굽 땅에 이전에도 없었고 이후에도 없을 최악의 재앙입니다. 그런데 이 재앙과 관련하여 하나님께서 이스라엘에 한 가지 일을 명하십니다. 그것은 가족대로 어린 양을 잡고, 그 피로 이스라엘 사람들이 살고 있는 집 문의 좌우 설주와 인방에 바르라는 것입니다. 그리하면 하나님이 애굽 땅을 칠 때에 피를 바른 이스라엘의 집은 재앙을 면하게 된다는 것입니다(출 12:13). 하나님은 피를 볼 때에 "너희를 넘어가리니"(13)라고 말씀하셨습니다. 이 '넘어가다'는 말에서 유월절이라는 절기가 유래했습니다.

3. 모든 사람이 죄인이다

그런데 모세가 이스라엘 백성에게 "너희의 가족대로 어린 양을 택하여 유월절 양으로 잡고 우슬초 묶음을 가져다가 그릇에 담은 피에 적셔서 그 피를 문 인방과 좌우 설주에 뿌리고 아침까지 한 사람도 자기 집 문 밖에 나가지 말라"(출 12:21-22)고 말씀했습니다. 이는 이스라엘 백성도 똑같은 심판의 대상이라는 사실입니다. 그들도 애굽 사람과 마찬가지로 심판을 받아 마땅한 죄인이라는 것입니다. 이스라엘 백성도 애굽 사람과 똑같은 죄인이어서 어린 양을 죽여 그 피를 뿌리고 그 집 안에 머물러 있어야만 죽음을 면할 수 있었습니다. 이스라엘 사람, 애굽 사람 할 것 없이 모든 사람이 죄인이며, 죄의 형벌인 죽음에서 자유로운 사람은 아무도 없습니다.

4. 유월절의 의미

그런데 유월절은 어린 양의 피를 뿌리지 않은 애굽 백성들에게는 결코 좋은 날이 아닙니다. 그들의 맏아들과 처음 낳은 짐승까지 모두 멸망하는 날이기 때문입니다. 12절에서 하나님은 "내가 그 밤에 애굽 땅에 두루 다니며 사람이나 짐승을 막론하고 애굽 땅에 있는 모든 처음 난 것을 다 치고 애굽의 모든 신을 내가 심판하리라"고 말씀합니다. 이때 하나님께서 치신다, 심판하신다는 말과 함께 "애굽"을 세 번씩이나 말씀하시고, 또한 '모든', '다', '모든'을 반복하신 것은 유월절이 애굽 백성에게 매우 철저하고도 무서운 저주와 심판의 날이 될 것을 강조하는 것입니다.

그러나 이스라엘 백성에게는 이날이 구원과 생명과 해방의 날입니다. 13절은 이 사실을 분명히 합니다. "내가 애굽 땅을 칠 때에 그 피가 너희가 사는 집에 있어서 너희를 위하여 표적이 될지라 내가 피를 볼 때에 너희를 넘어가리니 재앙이 너희에게 내려 멸하지 아니하리라." 여기서 '너희'라는 단어를 무려 네 번이나 반복한 것은 유월절이 이스라엘 백성에게는 완벽하고 온전한 자유와 해방과 구원의 날이 될 것임을 강조하기 위함입니다.

그러므로 유월절은 하나님께서 사탄을 심판하시고 그것으로부터 하나님의 백성을 구원해 내신 것을 기념하는 절기입니다. 이런 이유로 "여호와께서 … 우리의 집을 구원하셨다"(출 12:27)고 말씀합니다. 이 유월절에는 다음과 같은 몇 가지 중요한 특징이 있습니다.

5. 오직 믿음으로

첫째로 유월절은 오직 믿음으로 제정되고 시행됩니다. 하나님은 모세와 아론에게 이스라엘이 장자를 죽이는 재앙으로부터 구원을 얻기 위해서 어린 양을 잡아 그 피를 문설주와 인방에 뿌리라고 명령하셨습니다. 그런데 이 명령에 순종하여 심판을 받지 않기 위해서는 반드시 믿음이 필요했습니다. 먼저 하나님의 말씀에 대한 믿음이 있어야만 했습니다. 이스라엘이 애굽과 함께 죽음의 심판을 받지 않기 위해서는 하나님의 계획을 믿고 순종해야 했습니다. 하나님의 말씀을 믿고 그 말씀대로 양을 잡아 피를 뿌리고 집 안에 있었던 사람은 다 생명을 얻었습니다. 하나님은 순종하는 영혼에 대해 보호와 사랑을 아끼지 않으십니다.

그러나 만일 어린 양을 잡아 그 피를 뿌리고 그 집안으로 피하면 죽지 않을 것이라는 말씀에 대해 무슨 미신 같은 소리 하느냐 하며 무시했다면, 또 그것은 인간의 과학과 이성과 논리에 맞지 않을 뿐만 아니라 합리적이지도 않다고 생각하여 믿지 않았다면 그들의 장자도 다 죽임을 당했을 것입니다. 왜냐하면 피 뿌림이 없는 집에는 죽음의 심판만이 있기 때문입니다. 생명에는 믿음이 요구됩니다. 이 믿음은 인간의 논리와 이성을 초월하는 것입니다.

또한 어린 양이 나를 대신하여 죽었다는 믿음이 있어야 했습니다. 유월절에는 어린 양을 잡아 그 피를 뿌려야 했습니다. 그런데 어린 양의 피를 뿌림으로 이스라엘 백성이 죽임을 당하지 않았다는 것은 그 양이 이스라엘 백성을 대신하여 죽었다는 의미입니다. 어린 양의 죽음은 곧 이스라엘 백성의 죽음이었습니다. 어린 양은 이스라엘 백성의 죄를 대속하는 제물이었습니다.

이처럼 유월절을 시행하기 위해서는 하나님의 말씀을 믿는 믿음과 어린 양의 대속적 죽음에 대한 믿음이 반드시 있어야만 했습니다. 그래서 히브리서 11:28에서는 다음과 같이 말씀합니다. "믿음으로 유월절과 피 뿌리는 예식을 정하였으니 이는 장자를 멸하는 자로 그들을 건드리지 않게 하려 한 것이며." 믿음이 없으면 유월절도 없고 구원도 받을 수 없습니다.

그런데 여러분, 어린 양의 피로 생명을 얻는다는 것은 무엇을 생각나게 합니까? 바로 예수 그리스도의 십자가 죽음입니다. 고린도전서 5:7에서는 "우리의 유월절 양 곧 그리스도"라고 말씀하며, 요한복음 1:29에서는 예수님을 "세상 죄를 지고 가는 하나님의 어린 양"이라고 말씀합니다. 이스라엘 백성을 대신하여 피 흘리고 죽은 유월절 어린 양은 우리의 죄를 대신해서 십자가에서 피 흘리고 죽으신 예수 그리스도를 상징합니다. 죽어야 마땅한 이스라엘을 위해 어린 양이 죽었던 것처럼, 죄 때문에 죽어 마땅한 우리를 위해 예수님이 죽으셨습니다. 그러므로 이제 우리에게 요구되는 것은 믿음입니다. 이스라엘 백성이 어린 양의 대속적 죽음을 믿었기 때문에 유월절을 시행했고 구원을 얻을 수 있었던 것처럼, 우리도 나 대신 십자가에 달려 피 흘려 죽으신 예수님을 믿어야만 구원을 얻을 수 있습니다. 믿음으로 이스라엘은 유월절을 시행하였고 그 결과 애굽에서 나왔습니다. 그들은 믿음으로 사망에서 생명으로 옮겨졌고 사탄의 권세에서 해방되었습니다. 우리도 이와 똑같습니다. 하나님은 나를 구원하시기 위하여 그의 아들 예수님이 내 죄를 대신 지고 십자가에 못 박혀 죽게 했습니다. 우리가 이 사실을 믿으면 우리는 우리의 모든 죄에서 해방되고 심판에 이르지 않으며 사망에서 생명으로 옮겨지고 영생을 얻게 됩니다. 그러나 믿지 않으면 구원은 없으며 오직 심판과 죽음이 있을 뿐입니다.

6. 맺음말

하나님은 유월절을 제정하시고 "이날을 기념(억)하라"고 명령하셨습니다(14). 무엇을 기억하라는 말씀인가요? 예수께서 유월절 어린 양이 되심을 기억하라는 것입니다. 그리고 하나님의 말씀을 그대로 믿어 구원받는다는 것을 기억하라는 말씀입니다. 우리도 예수께서 나의 죄를 대신 지시고 십자가에서 죽으신 것과 이로 말미암아 내 죄가 용서된 것을 믿으면 구원을 받습니다. 유월절 어린양이신 예수께서 나를 위해 십자가에 피 흘리고 죽으셨습니다. 이 예수를 믿으십시오. 그리하면 영원한 생명을 얻고, 구원을 받으며, 천국을 소유하고 참 자유를 얻게 될 것입니다. 이 은혜가 우리 모두에게 충만하기를 바랍니다.

2. 나를 섬기게 하라

: 출애굽기 4:19-23

¹⁹ 여호와께서 미디안에서 모세에게 이르시되 애굽으로 돌아가라 네 목숨을 노리던 자가 다 죽었느니라 ²⁰ 모세가 그의 아내와 아들들을 나귀에 태우고 애굽으로 돌아가는데 모세가 하나님의 지팡이를 손에 잡았더라 :²¹ 여호와께서 모세에게 이르시되 네가 애굽으로 돌아가거든 내가 네 손에 준 이적을 바로 앞에서 다 행하라 그러나 내가 그의 마음을 완악하게 한즉 그가 백성을 보내 주지 아니하리니 ²² 너는 바로에게 이르기를 여호와의 말씀에 이스라엘은 내 아들 내 장자라 ²³ 내가 네게 이르기를 내 아들을 보내 주어 나를 섬기게 하라 하여도 네가 보내 주기를 거절하니 내가 네 아들 네 장자를 죽이리라 하셨다 하라 하시니라

야곱과 함께 애굽에 내려간 사람은 모두 70명이었지만 그 후에 그 자손들이 크게 번성하고 심히 강해졌습니다(출 1:7). 그러자 애굽 왕이 그들을 핍박하기 시작합니다. 핍박의 이유는 단순히 그들이 크고 강해졌기 때문이 아닙니다. 출애굽기 1:10에 보면 애굽 왕이 "전쟁이 일어날 때에 우리 대적과 합하여 우리와 싸우고 이 땅에서 나갈까 하노

라"고 말합니다. 애굽 왕이 이스라엘을 핍박한 이유는 그들이 애굽 땅을 떠나가는 것에 대한 염려 때문이었습니다. 떠날 것을 염려한 것으로 보아 그동안 이스라엘 백성이 애굽에 큰 유익을 주었던 것 같습니다. 따라서 애굽 왕은 이스라엘 백성을 애굽의 적정 수준에 묶어 두어서 자기의 유익을 취하고자 했습니다. 그것은 이스라엘을 노예로 삼아 자기를 섬기게 하려고 했던 것입니다. 이렇게 하기 위해 애굽 왕은 이스라엘 백성에게 성을 짓게 하고 흙 이기기와 벽돌 굽는 일과 농사일을 시켰습니다(출 1:13-14.). 그것도 모자라 산파들을 시켜서 남자아이를 낳으면 다 죽이라고 명령했습니다. 이러한 학대(12)의 목적은 이스라엘 자손의 번성을 막기 위해서입니다. 단지 애굽인들이 마음 놓고 부릴 수 있는 정도로만 제한하여 유익을 얻겠다는 것입니다. 이렇게 되자 이스라엘 백성은 부르짖기 시작했습니다. 그때 하나님은 그들의 고통 소리를 들으시고 그들을 돌아보셨습니다(출 2:23). 하나님은 모세를 애굽에 보내 고통받는 그들을 구출해 내셨습니다. 이것을 우리는 출애굽이라고 부릅니다.

1. 스스로 있는 자

그런데 하나님은 이스라엘 백성이 애굽으로부터 탈출하여 종살이하던 삶에서 자유의 몸으로 해방된 이 출애굽을 매우 중요하게 여기십니다. 어느 정도로 중요하게 여기시는지는 출애굽기 3:14-15에 잘 나타나 있습니다. 하나님이 모세에게 애굽에 가서 이스라엘 백성을 애굽에서 데리고 나오라고 말씀하셨습니다. 그때 모세는 자신이 애굽에 있는 이스라엘 백성에게 가서 너희의 조상 하나님이 나를 너희에게 보냈다고 말하면, 그들이 너를 보내신 하나님의 이름이 무엇이냐고 물을 텐데 무어라고 대답해야 하느냐고 여쭈었습니다. 그러자 하나님은 "나는 스스로 있는 자니라"고 대답하시고 "스스로 있는 자가 보내셨다 하라"고 말씀하셨습니다.

하나님이 말씀하신 "스스로 있는 자"라는 말은 원래 "나는 나이다", 또는 "나는 내가 되고자 하는 바로 그런 존재가 될 것이다"라는 뜻입니다. 하나님은 그 누구도 규정할 수 없고, 또 하나님은 자신이 원하시는 뜻에 따라 무엇이든지 될 수 있는 분이라는 의미입니다. 그리고 하나님께서 앞으로 어떻게 행하시는가에 따라 알게 될 분이라는 뜻입니다. 즉 내가 누구인지는 앞으로 내가 행할 일들을 통해 알려지게 될 것이라는 말씀입니다.

따라서 이것을 출애굽과 관련시키면 하나님은 "출애굽 시키신 하나님"으로 불릴 것이라는 말이 됩니다. 그리고 출애굽기 3:15에서는 이것이 하나님의 영원한 이름이요 대대로 기억할 하나님의 칭호가 될 것이라고 말씀합니다. 그러므로 하나님의 이름은 오고 오는 모든 세대 동안 '출애굽 시키신 하나님'으로 불릴 것이고 또 그렇게 알려질 것입니다(출 30:2; 신 5:6).

2. 출애굽의 의미

이처럼 하나님은 영원토록 '출애굽을 행하신 하나님'으로 불리고 기억되길 원하십니다. 이것은 하나님이 출애굽 사건을 매우 중요하게 여기신다는 증거입니다. 그러면 출애굽이 무엇이기에 하나님께서 그토록 중요하게 여기시는 것일까요? 출애굽은 세상 나라, 죄악의 나라에서 고통받고 박해받던 하나님 나라의 백성이 그것으로부터 해방되는 것을 의미합니다. 즉, 출애굽은 세상 나라에 속해 있던 사람이 예수님의 은혜로 하나님 나라의 백성이 되는 구원을 의미합니다.

첫째, 고린도전서 10:1-2에서는 "형제들아 나는 너희가 알지 못하기를 원하지 아니하노니 우리 조상들이 다 구름 아래 있고 바다 가운데로 지나며 모세에게 속하여 다 구름과 바다에서 세례를 받고"라고 말씀합니다. 여기에서 바다에서 세례를 받았다는 것은 이스라엘이 애굽에서 나온 후에 홍해 바다를 건넌 사건을 말합니다. 그런데 이 사건을 가리켜 "세례"라고 한 것은 그 앞의 사건인 출애굽이 죄로부터의 구원을 의미한다는 뜻입니다. 왜냐하면 세례는 주님의 십자가 죽으심과 부활을 믿어 그리스도와 연합되고 구원받았다는 것을 공식적으로 인정하고 선포하는 행위이기 때문입니다.

둘째, 누가복음 9:31에 보면 예수께서 예루살렘에서 별세하실 것을 말씀하십니다. 여기서 별세라는 단어는 '출애굽'과 같은 단어입니다. 다시 말해 우리의 죄를 대신 지시고 십자가에 죽으신 예수님의 죽음을 출애굽이라고 부르는 것입니다. 이것은 예수님의 십자가 죽음은 그를 믿는 모든 자의 출애굽을 위한 것이라는 말입니다. 따라서 출애굽은 곧 구원을 의미합니다. 결국 이스라엘이 애굽으로부터 해방된 출애굽 사건은 장차 예수 그리스도로 말미암아 죄로부터 해방될 우리의 구원을 미리 보여 주는 예고편이자 그림자와 같은 것입니다.

셋째, 출애굽기 12:2에서 하나님은 이스라엘이 출애굽 하는 달을 "달의 시작, 곧 해의 첫 달이 되게 하라"고 말씀하십니다. 이것은 출애굽이 이스라엘의 새로운 시작이라는 뜻입니다. 출애굽은 이스라엘의 새로운 출생입니다. 그것은 곧 이스라엘의 거듭남입니다. 이런 이유로 이스라엘의 출애굽에 대해 "여호와께서 … 이스라엘의 집을 구원하셨다"(출 12:27)라고 말씀합니다.

이처럼 출애굽은 예수님을 통한 구원의 모형입니다. 그러므로 누구든지 예수를 믿기만 하면 죄에서 해방되고 영생을 얻는 영적 출애굽을 하게 됩니다. 그것은 곧 구원받는 것입니다. 하나님은 모든 사람이 구원받기를 원하십니다(딤전 2:4). 여러분은 영적 출애굽을 하셨습니까? 아니면 아직도 애굽에서 죄의 노예가 되어 종살이하고 있습니까? 여호와 하나님은 여러분을 구원하신 하나님으로 불리기를 원하십니다. 하나님은 구원의 하나님으로 불리는 것을 매우 기뻐하십니다. 이것은 우리를 구원하기를 원하시는 하나님의 간절함의 표현입니다.

3. 출애굽의 목적

지금까지 우리는 하나님께서 이스라엘의 출애굽을 매우 중요하게 여기신다는 것과, 출애굽이 이스라엘뿐만 아니라 모든 믿는 자들의 구원을 상징한다는 것을 살펴보았습니다. 이제 마지막으로 하나님이 이스라엘을 출애굽시키신 목적이 무엇인가에 대해 생각해 보겠습니다. 하나님이 이스라엘을 구원하신 목적은 "내 아들을 놓아서 나를 섬기게 하라"(출 4:23)는 말씀에 잘 나타나 있습니다. 하나님이 이스라엘을 애굽에서 인도하여 내신 중요한 목적은 그들이 하나님을 섬기도록 하기 위해서입니다. 이것은 출애굽기 3:12; 7:16; 8:1, 20; 9:1, 13; 10:3, 7, 8, 11, 13, 24, 26; 12:31에서도 말씀하고 있습니다. 출애굽의 목적은 하나님을 섬기기 위한 것입니다.

그러면 하나님을 섬기는 것은 구체적으로 무엇을 의미하는 것일까요? 이것은 "우리가 여호와께 희생을 드리려"(출 3:18)한다는 말씀 속에 잘 나타나 있습니다. 모세는 애굽 왕에게 그들이 애굽을 나가려는 이유가 하나님을 섬기기 위한 것이라고 말했습니다. 그런데 성경 다른 곳에서는 하나님께 희생, 즉 제사를 드리기 위해서라고 말합니다(출 5:3, 17; 8:8, 26-29; 10:26). 따라서 하나님을 섬기는 일과 제사를 드리는 일은 같은 것이며, 이는 하나님께 드리는 예배를 의미합니다. 따라서 하나님께 드리는 바른 예배 없이 구원받은 백성으로 산다는 것은 거짓말입니다. 구원받은 자의 모든 것이 예배로부터 출발합니다. 하나님은 이것을 위해 이스라엘을 애굽에서 인도하여 내셨고 우리를 구원하셨습니다.

그렇다고 해서 하나님이 무슨 이익을 얻으려고 우리에게 예배하라는 것은 아닙니다. 그것은 다 우리를 위한 일입니다. 우리는 모두 하나님에 의해 창조된 피조물입니다. 그런데 피조물인 우리의 삶이 언제 가장 행복한가 하면 창조주 하나님과의 바른 관계 속에서 그를 즐거워하고 경배할 때입니다. 피조물인 인간의 참 행복은 하나님을 알고 하나님을 섬길 때입니다. 우리가 그 목적으로 지음을 받았기 때문입니다. 그래서 사도 바울은 "우리가 살아도 주를 위하여 살고 죽어도 주를 위하여 죽나니 그러므로 사나 죽으나 우리가 주의 것이로다"(롬 14:8)라고 고백한 것입니다. 또한 시편에서는 "주의 집에 사는 자들은 복이 있나니"(시 84:4)라고 말씀했고, "주의 궁정에서의 한 날이 다른 곳에서의 천 날보다 나은즉 악인의 장막에 사는 것보다 내 하나님의 성전 문지기로 있는 것이 좋사오니"(시 84:10–11)라고 고백하고 있습니다.

어떤 사람이 참으로 구원받았는가 아닌가를 판단하는 기준은 그 사람이 하나님께 드리는 예배의 삶을 보면 알 수 있습니다. 때로 우리는 예배드릴 수 없는 정말 피치 못할 상황이 생길 수도 있습니다. 그러나 여러분, 속지 마십시오. 사단은 할 수만 있으면 하나님의 백성으로 하여금 하나님을 섬기지 못하도록 훼방합니다. 이것은 마치 바로가 하나님을 섬기려는 이스라엘 백성을 내보내지 않으려고 끝까지 악을 쓰며 붙잡아 둔 것과 같습니다. 현재의 이익이 영원한 것처럼 보일 수도 있습니다. 그러나 하나님께 가까이함이 우리에게 복이라는(시 73:28) 이 사실을 잊지 않으시기를 바랍니다.

4. 맺음말

하나님은 출애굽을 행하신 하나님으로 불리기를 기뻐하십니다. 하나님은 출애굽의 하나님이십니다. 이 출애굽은 하나님이 우리에게 행하신 구원을 의미합니다. 하나님이 죄인인 우리를 출애굽시키시고 구원하신 목적은 우리가 하나님을 섬기도록 하기 위함입니다. 우리는 구원받은 하나님의 자녀가 되어 하나님을 섬길 수 있는 특권을 받은 것에 자부심을 가져야 합니다. 아직 하나님을 믿지 않고 계신다면 이제는 하나님을 믿으시고 하나님을 예배하시기를 바랍니다. 이것은 그 무엇과도 바꿀 수 없는 특권입니다. 하나님을 믿지 않는 자들의 허망한 행동을 부러워하지 마십시오. 오히려 하나님께 예배하는 것을 자랑하시기를 바랍니다. 그리하여 하나님께 가까이함으로써 하나님이 주시는 복을 풍성히 받아 누리시기를 바랍니다.

3. 빼냄과 들임

: 출애굽기 6:1-8

¹ 여호와께서 모세에게 이르시되 이제 내가 바로에게 하는 일을 네가 보리라 강한 손으로 말미암아 바로가 그들을 보내리라 강한 손으로 말미암아 바로가 그들을 그의 땅에서 쫓아내리라 ² 하나님이 모세에게 말씀하여 이르시되 나는 여호와이니라 ³ 내가 아브라함과 이삭과 야곱에게 전능의 하나님으로 나타났으나 나의 이름을 여호와로는 그들에게 알리지 아니하였고 ⁴ 가나안 땅 곧 그들이 거류하는 땅을 그들에게 주기로 그들과 언약하였더니 ⁵ 이제 애굽 사람이 종으로 삼은 이스라엘 자손의 신음 소리를 내가 듣고 나의 언약을 기억하노라 ⁶ 그러므로 이스라엘 자손에게 말하기를 나는 여호와라 내가 애굽 사람의 무거운 짐 밑에서 너희를 빼내며 그들의 노역에서 너희를 건지며 편 팔과 여러 큰 심판들로써 너희를 속량하여 ⁷ 너희를 내 백성으로 삼고 나는 너희의 하나님이 되리니 나는 애굽 사람의 무거운 짐 밑에서 너희를 빼낸 너희의 하나님 여호와인 줄 너희가 알지라 ⁸ 내가 아브라함과 이삭과 야곱에게 주기로 맹세한 땅으로 너희를 인도하고 그 땅을 너희에게 주어 기업을 삼게 하리라 나는 여호와라 하셨다 하라

이스라엘 백성은 애굽에서 430년 동안 노예로 살았습니다. 이 정도 되면 이스라엘은 이 땅에서 흔적을 찾아볼 수 없어야 마땅합니다. 그러나 하나님은 그들을 점점 더 번성케 하셨고, 결국에는 애굽에서 이끌어 내어 해방하셨습니다. 이 일을 출애굽이라고 부릅니다. 출애굽은 신자의 구원 모형입니다. 본문은 신자의 구원을 상징하는 출애굽의 중요한 특징을 잘 보여줍니다.

1. 출애굽의 의미

첫째는 출애굽의 의미입니다. 하나님은 출애굽의 의미를 '빼냄'과 '들임'으로 정리합니다. 출애굽은 두 가지로 이루어져 있는데, 하나는 '빼냄'이고 다른 하나는 '들임'입니다. 하나님은 먼저 빼냄에 대하여 말씀합니다. 6절에서 하나님은 "내가 애굽 사람의 무거운 짐 밑에서 너희를 빼내며 그들의 노역에서 너희를 건지며 편 팔과 큰 심판들로써 너희를 속량하여"(6)라고 말씀합니다. 출애굽은 하나님의 백성을 사단의 나라로 상징되는 애굽의 무거운 짐으로부터 빼내는 것입니다. 이는 7절에서 "나는 애굽 사람의 무거운 짐 밑에서 너희를 빼낸 너희의 하나님 여호와"라는 말씀으로 반복됩니다. 그런데 출애굽의 빼냄은 '건짐'이라는 말로도 설명됩니다. "그 노역에서 너희를 건지며"(6).

따라서 출애굽은 사람들을 그들의 죄의 무거운 짐에서 빼내고 죄의 괴로움에서 건지는 것을 의미합니다. "내가 그들을 애굽인의 손에서 건져내고"(출 3:8). 결국 출애굽은 빼냄과 건짐인데, 이것은 한 마디로 죄로부터의 '구조'입니다. 그러나 출애굽은 여기서 끝나는 것이 아닙니다. 출애굽은 '빼냄'만 있는 것이 아니라 '들임'이 있습니다. 하나님은 8절에서 "맹세한 땅으로 너희를 인도하고"라고 말씀합니다. 출애굽은 하나님이 이스라엘을 애굽에서 빼낸 뒤, 약속하신 가나안 땅으로 인도하여 들이는 것입니다.

이처럼 출애굽은 하나님께서 하나님의 백성인 이스라엘 자손을 애굽 땅에서 인도하여 낸 다음(출 7:4, 5), 즉 그들을 빼낸 다음 젖과 꿀이 흐르는 아름답고 광대한 땅인 가나안으로 인도하여 들이는 것입니다. 그래서 하나님은 모세에게 출애굽 계획을 알려주시면서 이렇게 말씀하셨습니다. "내가 내려가서 그들을 애굽인의 손에서 건져내고 그들을 그 땅에서 인도하여 아름답고 광대한 땅, 젖과 꿀이 흐르는 땅에 데려가려 하노라"(출 3:8). 그러므로 출애굽은 애굽의 속박으로부터 빼내고 건져내는 구조로부터 시작하여 하나님이 약속하신 땅으로 인도하여 들이는 이주로 마감합니다. 요약하면 출애굽은 하나님의 '구조'와 '이주'입니다. 구원은 '구조'만으로나 또는 '이주'만으로는 불완전합니다. 그래서 사도바울은 "그가 우리를 흑암의 권세에서 건져내사 그의 사랑의 아들의 나라로 옮기셨으니"(골 1:13)라고 말씀한 것입니다.

온전한 구원은 구조와 더불어 옮김이 있어야 합니다(요 5:24 참조). 구조의 궁극적인 목적은 옮김을 위한 것입니다. 구원은 흑암의 권세'에서' 빼내서 그의 사랑의 아들의 나라'로' 옮기는 것입니다. 구원은 영역의 이동입니다. 구원은 한 영역으로부터 나오는 것이며 다른 영역으로 들어가는 것입니다. 구원은 이전 영역과 단절하고 새로운 영역에 소속되는 것입니다. 구원은 어둠의 영역과 흑암의 세력과 단절하고 새로운 영역인 하나님의 나라에 소속되는 것입니다. 하나님은 사람을 흑암의 권세에서 구조하여 공백에 두시는 것이 아닙니다. 하나님은 이동시키십니다. 이것이 출애굽의 의미입니다. 따라서 출애굽, 즉 구원은 사람이 어둠의 권세에서 구출 받아 하나님의 나라 안으로 이동(주)하는 것입니다. 구원은 '빼냄'과 '들임'이며, '건짐'과 '옮김'이며, '구조'와 '이동'입니다. 따라서 우리가 예수께서 십자가에서 죽으시고 부활하신 사실을 믿으면 죄로부터 구원받고, 하나님께서 우리를 천국에 옮겨놓으실 것입니다. 이것은 너무나 분명한 사실입니다. 구원은 구조와 이동이기 때문입니다.

2. 출애굽의 원인

둘째는 출애굽의 원인입니다. 하나님은 무엇 때문에 출애굽을 행하셨을까요? 그것은 하나님이 하신 언약 때문입니다. 출애굽은 하나님이 이스라엘의 조상에게 하신 약속 때문에 일어난 일입니다. 본문 4-8절은 하나님의 약속을 대단히 분명하게 내세우고 있습니다. 하나님은 이스라엘의 조상과 더불어 언약을 맺으셨고(4, 5) 맹세하셨습니다(8). 이 약속은 크게 두 가지로 되어 있습니다. 하나는 가나안 땅을 선물로 주시겠다는 것이며, 다른 하나는 하나님이 이스라엘을 자기 백성으로 삼고, 하나님이 그들의 하나님이 되신다는 것입니다. 하나님께서는 이 언약을 잊지 않고 기억하시고(5. 출 2:24 참조) 그대로 이루셨습니다.

하나님의 이 언약에는 놀라운 특징이 있습니다. 그것은 일방적이라는 것입니다. 하나님이 이 언약을 하시는 데 있어 이스라엘 사람들이 한 것은 아무것도 없습니다. 하나님의 언약을 위해 인간 편에서 한 것은 아무것도 없습니다. 이스라엘이 사탄의 나라인 애굽 땅에서 구조되어 아름답고 광대한 땅 젖과 꿀이 흐르는 약속의 땅으로 이주할 수 있었던 궁극적인 원인은 하나님께서 그들에게 아무런 조건 없는 언약을 하시고, 그것을 이루셨기 때문입니다. 이스라엘이 한 일은 아무것도 없습니다. 오직 하나님이 하셨습니다.

이와 마찬가지로 우리가 구원받고 하나님의 백성이 되는 것도 우리의 행위에 의한 것이 아닙니다. 우리가 구원 얻기 위해 해야 할 일은 하나도 없습니다. 우리는 오직 은혜로 구원을 받기 때문입니다. 그러므로 구원은 선물입니다. "너희가 그 은혜에 의하여 믿음으로 말미암아 구원을 받았으니 이것은 너희에게서 난 것이 아니요 하나님의 선물이라"(엡 2:8).

3. 출애굽의 주체

셋째는 출애굽의 주체입니다. 이것은 누가 출애굽을 행하였는가? 하는 것입니다. 출애굽은 하나님께서 행하셨습니다. 본문은 이 사실을 반복하여 강조하고 있습니다. 먼저 1절에 보면 하나님은 "내가 바로에게 하는 일을 네가 보리라"고 말씀하심으로써 출애굽이 하나님이 하시는 일이라는 것을 분명히 밝힙니다. 또한 1절에서 하나님은 두 번이나 "강한 손"으로 말미암아 출애굽이 일어날 것을 말씀하시는데, 이 손은 하나님의 손을 의미합니다. 이 손은 6절에서 "편 팔"이라는 말로 설명됩니다. 하나님은 "내 손을 애굽에 더하여"(출 7:4)라고 말씀하며, "내가 내 손을 애굽 위에 펴서 이스라엘 자손을 그 땅에서 인도하여 낼 때에"(출 7:5)라고 말씀합니다. 또한 내 손을 들어 그 나라를 친다고 말씀하며(출 3:20), 여호와의 손으로 애굽에 재앙을 일으키실 것을 말씀합니다(출 9:3, 15; 15:12).

이렇게 하나님의 강한 손 때문에 바로는 이스라엘 백성을 애굽에서 내보내지 않을 수 없었습니다. 아니 보내는 정도가 아니라 쫓아내야만 했습니다. 하나님은 "보내리라"는 말씀에 이어 "쫓아내리라"고 말씀합니다(1). 이것은 강조입니다. 하나님의 손과 강한 팔을 바로와 애굽 위에 펴실 때 바로는 얼마나 다급한지 그냥 보내는 정도가 아니라 제발 좀 빨리 나가라고 쫓아내게 될 것입니다. 이것이 바로 하나님이 구원하시는 방법입니다.

또한 하나님은 출애굽을 행하시는 분이 하나님 자신이라는 사실을 강조하기 위해 "여호와"라는 단어를 매우 많이 반복하고 있습니다. 이 단어는 1, 2, 3, 6, 7, 8절에서 말해지는데 이는 여덟 절에서 무려 여섯 번이나 반복되는 것입니다. 여호와가 빼내며, 여호와가 건지며, 여호와가 속량하며, 여호와가 인도하여 들이며, 여호와가 땅을 기업으로 주십니다. 그러므로 오직 여호와 하나님만이 구원하시는 분입니다. 하나님 외에는 구원할 자가 없습니다. 선지자 요나는 이렇게 고백합니다. "구원은 여호와께로 말미암나이다"(욘 2:9). 또한 다윗은 "구원은 여호와께 있사오니 주의 복을 주의 백성에게 내리소서"(시 2:8)라고 말하며, 사도 요한은 "할렐루야 구원과 영광과 능력이 우리 하나님께 있도다"(계 19:1)라고 선포합니다. 그렇습니다. 구원은 오직 여호와 하나님께로 말미암습니다. 다른 이로서는 구원을 얻을 수가 없습니다(행 4:12). 이 세상 그 어떤 것도, 그 어떤 종교나 그 어떤 사상이나 그 어떤 사람이나 그 어떤 조직이나 그 어떤 세력이나 그 어떤 행위도 우리를 우리의 죄로부터 구원할 수 없습니다. 오직 여호와 하나님만이 우리를 구원하십니다.

4. 맺음말

본문은 출애굽에 대한 전반적인 내용들을 종합하여 정리해 주고 있습니다. 이것은 우리의 구원에 대한 전체적인 설명입니다. 우리가 받은 구원은 건짐과 옮김, 빼냄과 들임, 구조와 이주(동)로 되어 있습니다. 구조는 옮김을 위한 것입니다. 옮기기 위해 구조를 하는 것입니다. 예수 그리스도를 믿는 사람은 무거운 죄의 짐과 흑암의 나라, 죄악의 나라, 사단의 나라에서 구조받아 빛의 나라, 사랑의 나라, 하나님의 나라로 옮겨졌습니다. 그래서 구원은 영역의 이동입니다. 이 놀라운 구원은 오직 하나님의 은혜로만 가능합니다. 우리의 구원에서 우리가 내놓고 자랑할 만한 것은 아무것도 없습니다. 또한 구원은 하나님이 주체가 되셔서 행하시는 하나님의 행위입니다. 하나님이 행하시는 구원은 어떤 중한 죄악이라도 이기고 남는 넉넉한 구원이며, 권세 있는 구원이며, 영원히 변하지 않는 구원입니다. 예수님을 믿음으로 이토록 놀라운 구원을 받고 소망 중에 살아가시기를 바랍니다.

4. 확증하신 사랑

: 로마서 5:5-11

⁵ 소망이 우리를 부끄럽게 하지 아니함은 우리에게 주신 성령으로 말미암아 하나님의 사랑이 우리 마음에 부은 바 됨이니 ⁶ 우리가 아직 연약할 때에 기약대로 그리스도께서 경건하지 않은 자를 위하여 죽으셨도다 ⁷ 의인을 위하여 죽는 자가 쉽지 않고 선인을 위하여 용감히 죽는 자가 혹 있거니와 ⁸ 우리가 아직 죄인 되었을 때에 그리스도께서 우리를 위하여 죽으심으로 하나님께서 우리에 대한 자기의 사랑을 확증하셨느니라 ⁹ 그러면 이제 우리가 그의 피로 말미암아 의롭다 하심을 받았으니 더욱 그로 말미암아 진노하심에서 구원을 받을 것이니 ¹⁰ 곧 우리가 원수 되었을 때에 그의 아들의 죽으심으로 말미암아 하나님과 화목하게 되었은즉 화목하게 된 자로서는 더욱 그의 살아나심으로 말미암아 구원을 받을 것이니라 ¹¹ 그뿐 아니라 이제 우리로 화목하게 하신 우리 주 예수 그리스도로 말미암아 하나님 안에서 또한 즐거워하느니라

2001년 상반기에 우리나라 소설 부분에서 베스트셀러 1위를 차지한 조창인 작가의 『가시고기』라는 책이 있습니다. 간암에 걸린 한 아버지가 급성 백혈병을 앓는 열 살배기 아들을 살리기 위해 자신의 각

막마저 팔고 온갖 노력을 다하다가, 마침내 아들은 살리고 자신은 죽는다는 내용입니다. 아버지의 희생적 사랑을 잘 표현한 소설입니다. 그 후에 2001. 6. 27⒮에 KBS에서 실제로 강물에 들어가 가시고기의 일생을 밀착 촬영하여 다큐멘터리로 방영했습니다. 저는 그 다큐멘터리를 보면서 참으로 큰 감동을 받았습니다.

1. 가시고기의 사랑

가시고기의 크기는 7-8cm 정도이며 새처럼 둥지를 만들어 사는 유일한 물고기입니다. 어미 가시고기는 산란하고 나면 기운이 다하여 아무런 먹이활동도 하지 못하고 물살에 떠밀려 바다 쪽으로 흘러갑니다. 바로 그 순간부터 아빠 가시고기는 먹이 사냥마저 중단한 채 단 한 순간도 둥지 곁을 떠나지 않습니다. 아빠 가시고기의 일은 크게 두 가지입니다. 하나는 모든 적으로부터 알을 안전하게 보호하는 입니다. 아빠 가시고기는 알을 먹으려고 오는 침입자들과 목숨을 걸고 싸웁니다. 심지어 자신과 비교할 수도 없는 큰 거북이와도 두려워하지 않고 싸웁니다.

아빠 가시고기가 해야 할 또 다른 일은 알을 안전하게 부화시키는 일입니다. 그래서 알을 낳은 직후부터 둥지 앞에서 아빠 가시고기는 자기 지느러미로 열심히 부채질합니다. 둥지 안에 신선한 산소와 맑은 물을 공급해야 알이 썩지 않고 건강하게 부화하기 때문입니다. 이렇게 아빠 가시고기는 며칠 동안 아무것도 먹지 못하고 자지도 못한 채 극도로 긴장한 상태에서 부채질을 계속합니다. 마침내 알이 부화될 때가 되면 아빠 가시고기의 지느러미는 낡은 걸레처럼 너덜너덜해지고 온몸은 다 망가지고 맙니다. 결국 알이 부화되면 아빠 가시고기는 이내 생명을 다합니다.

적과 싸우고 또 온몸으로 부채질하는 것도 감동적이지만, 무엇보다도 가슴 뭉클하게 하는 것은 아빠 가시고기가 생을 마감하는 최후의 모습입니다. 기운이 다 떨어진 아빠 가시고기는 물에 떠올랐다 가라앉았다 하기를 반복합니다. 그러다가 가끔 정신이 들면 다시 억지로 억지로 몸을 움직이는데 그 이유는 어떻게 해서든지 새끼들이 있는 둥지로 가기 위해서입니다. 그러기를 여러 차례, 겨우겨우 둥지 앞에 도착한 아빠 가시고기는 거기서 죽고 맙니다. 여러분, 아빠 가시고기가 왜 이렇게 죽을 힘을 다해 둥지 앞까지 찾아왔을까요?

아빠 가시고기가 둥지 앞에 도착한 후에 막 부화한 새끼들이 둥지에서 나옵니다. 그리고 새끼 가시고기들은 죽은 아빠 가시고기의 몸을 뜯어먹기 시작합니다. 아빠 가시고기는 죽어가면서도 자기 몸을 새끼들을 위한 먹이로 주기 위해 안간힘을 다해 둥지 앞에까지 온 것입니다. 아빠 가시고기는 한낱 미물에 불과한 물고기이지만, 참된 아버지의 사랑이 무엇인지를 교훈하기에 조금도 부족함이 없었습니다.

2. 하나님이 확증하신 사랑

성경의 일관된 가르침은 하나님이 우리의 아버지이시며, 우리의 아버지이신 하나님이 자녀인 우리를 사랑하신다는 것입니다. 본문 5절에도 "하나님의 사랑이 우리 마음에 부은 바 되었다"고 말씀하며, 또한 8절에도 "하나님께서 우리에 대한 자기의 사랑을 확증하셨다"고 말씀하고 있습니다.

1) 사랑의 대상

그러면 하나님이 우리의 마음에 부으시고 확증하신 그 사랑은 어떤 사랑일까요? 하나님의 사랑을 말하는 로마서 5:5-11에서 가장 특징적이고 주목해야 할 말은 '우리'라는 단어입니다. 왜냐하면 이 '우리'라는 단어는 일곱 절밖에 안 되는 짧은 내용 속에 무려 열 번(5×2회, 6, 8×3회, 9, 10, 11×2회)이나 반복되기 때문입니다. 이것은 하나님의 사랑이 '우리'와 밀접하게 관련되어 있다는 것을 강조하는 것입니다. 그러므로 하나님의 사랑이 어떤 사랑인지를 알기 위해서는 그 사랑의 대상인 '우리'가, 인간이 어떤 존재들이며 어떤 상태에 있었는지를 먼저 알아야 합니다.

본문은 '우리'에 대해서 네 가지로 설명합니다. 첫째, 우리는 죄인이었습니다(8). 우리는 의의 길에서 떠났고 하나님의 기준에 미치지 못한 자들입니다. 언제나 악을 도모하고, 죄를 멈추지 않는 자들이었습니다. 칼뱅이 이에 대해 이렇게 말했습니다. "인간은 멈추지 않는 악의 공장이다." 둘째, 우리는 연약한 자들이었습니다("연약할 때에," 6상). 이것은 우리가 다 죄인임에도 우리 자신은 그 죄를 해결할 어떤 방도도 가지지 못한 존재라는 말입니다. 우리 자신에게는 구원을 위한 어떤 능력도, 방법도 없습니다. 구원에 관한 한 우리는 전적으로 무능한 자들입니다. 구원은 우리 밖에서 옵니다. 셋째, 우리는 경건치 않은 자들이었습니다(6하). 우리는 우리의 온 존재를 다 해서 하나님을 사랑하는 대신 그분의 면전에 주먹질을 해댄 반역한 자들이었습니다. 우리는 하나님을 거역한 자, 하나님을 알되 하나님을 영화롭게 하지 않은 자, 하나님이 없다고 억지로 우겨대는 자입니다. 그리하여 하나님을 예배하지 않는 자들이었습니다. 넷째, 그러한 우리는 하나님의 '원수'였습니다(10). 인간은 하나님께 대하여 뿌리 깊은 적대감과 분개하는 마음을 갖고 있습니다. "육신의 생각은 하나님과 원수가 되나니"(롬 8:7). 이처럼 우리는 하나님에 대하여 죄인이요, 연약한 자이요, 경건치 않은 자요, 원수였습니다. 한마디로 말하면 의로움이라고는 하나도 없는 오직 불의한 자들이었습니다(롬 5:1, 9 참조). 오직 죄로 똘똘 뭉쳐진 하나님의 원수, 이것이 바로 하나님을 떠난 모든 인간의 실상입니다.

2) 사랑의 방법

그러나 하나님은 이러한 죄인인 우리를 사랑하셨습니다. 그리고 말로만이 아니라 실제로 그 사랑을 증명해 보이셨습니다. 8절은 하나님께서 우리에게 대한 자기의 사랑을 확증(증명)하셨다고 말씀합니다. 그러면 하나님은 무엇으로, 어떻게 죄인인 우리에 대한 자신의 사랑을 확증하셨습니까? 그것은 그의 아들 예수 그리스도의 죽음을 통해서입니다. 본문을 자세히 보면 정말 놀라운 어떤 사실을 발견합니다. 그것은 바로 우리의 죄와 불의를 말하는 모든 곳에는 반드시 그리스도의 죽음이 함께 언급된다는 사실입니다.

6절은 우리의 연약함과 경건치 않음을 말하면서 동시에 "그리스도께서 죽으셨다"고 말씀합니다. 8절은 우리의 죄인 됨을 말함과 함께 "그리스도가 죽으셨다"고 말씀합니다. 9절은 불의한 자가 의롭게 되는 것을 말하면서 "그의 피"를 함께 말씀합니다. 피는 죽음을 가리킵니다. 이는 예수님이 십자가에 못 박히시고 피 흘려 죽으신 것을 의미합니다. 10절은 우리가 하나님께 원수 된 자들이라고 말씀하면서 동시에 "그의 아들의 죽음"을 언급합니다. 이처럼 본문은 우리의 죄와 예수님의 십자가 죽음을 단단히 하나로 묶고 있습니다. 이것은 예수님이 우리의 죄악을 위해 죽으셨다는 사실을 강조하기 위한 것입니다. 우리의 죄가 있는 곳에는 그 어디나 예수님의 십자가 죽음이 함께 있습니다. 하나님은 우리의 죄를 예수님의 십자가와 한 몸이 되도록 만드셨습니다.

그런데 죄인인 우리를 구원하기 위하여 예수님이 피를 흘리고 죽으셔야 했다는 사실은 인간의 죄악이 얼마나 극악무도한지를 잘 알려 줍니다. 감기에는 주사를 맞거나 약을 먹으면 됩니다. 작은 상처에는 연고를 바르면 됩니다. 그러나 암에는 항암제를 씁니다. 항암제는 극약입니다. 그래서 항암치료를 하면 머리카락이 다 빠지고 음식을 먹지를 못합니다. 이렇게 암에 항암제라는 극약처방을 하는 이유는 암이 매우 악질적인 병이기 때문입니다. 마찬가지로 인간의 죄악은 너무나 크고 무거워서 어떤 다른 것으로도 해결할 수가 없습니다. 인간의 죄악은 너무나 질기고 모질며 크고 중하고 악질적입니다. 이러한 우리의 죄악을 죽이기 위해서 하나님이 쓰신 극약처방은 아들 예수님을 이 땅에 보내셔서 우리의 죄를 대신 지시고 십자가에 못 박혀 죽게 하신 것입니다. 하나님은 인간의 죄를 해결하기 위해 하늘을 깨뜨리신 것입니다. 오직 예수님의 생명으로만 인간의 죄악을 해결할 수 있습니다(요일 1:7; 계 1:5).

3) 사랑하신 때

그런데 더욱 놀라운 것은 하나님이 우리를 이렇게 사랑하신 때입니다. 하나님이 언제 우리를 사랑하셨습니까? 우리가 의인이 된 다음이 아니라, 여전히(8) 죄인으로 있을 때, 아직(6) 죄인이요 경건치 않고, 연약하며, 원수로 있을 때(6, 8), 그런 우리를 위해 예수께서 십자가에서 죽으셨습니다. 이런 일은 세상에서 도무지 있을 수 없는 일입니다. 7절에 보면 의인을 위하여 죽는 자가 쉽지 않고 선인을 위하여 용감히 죽는 자가 혹 있다고 말씀합니다. 이 말은 의인과 선인을 위해서도 죽는 자를 찾아보기 힘들다는 말입니다. 그렇다면 악한 죄인을 위해 자기 목숨을 내어놓는 사람은 있을 수 없다는 말입니다. 그래서 하나님의 사랑은 절대적인 사랑이요 인류 역사상 유례가 없는 사랑입니다. 사도 바울은 이 사랑을 하나님 '자기의' 사랑이라고 부릅니다(8). 하나님 '자기의' 사랑이라고 한 이유는 그 누구도 이 사랑을 흉내 낼 수 없으며 오직 하나님만이 하실 수 있는 사랑이기 때문입니다. 이 사랑 때문에 의인도 선인도 아닌, 오직 원수요 죄인인 우리가 죄를 용서받고 의롭게 됩니다(1, 9). 이 사랑으로 하나님은 죄인인 우리를 향한 자신의 사랑을 확증하셨습니다.

3. 맺음말

여러분, 하나님이 우리에게 베풀어 주신 이 크고 놀라운 사랑을 잊지 말고 꼭 기억하시기를 바랍니다. 아빠 가시고기가 새끼들을 위해 자기 몸까지 다 내어준 그 사랑도 위대하지만, 죄인인 우리를 위해 아들 예수님을 보내신 하나님의 사랑과 자기 몸을 십자가에 못 박도록 자신을 내주신 예수님의 사랑은 세상에서는 찾아볼 수 없는 절대적인 사랑입니다. 이 사랑으로만 죄인인 우리가 죄를 용서받고 구원을 얻습니다. 이 사랑을 믿으시기를 바랍니다. 그리하여 모든 죄를 용서받고 구원을 받으며 영원한 생명을 얻으시기를 진심으로 바랍니다. 하나님의 사랑 안에서 천국을 소망하는 영광스러운 인생이 되시기를 주님의 이름으로 축복합니다.

5. 뭇 백성이 좋게 여기므로

: 역대상 13:1-13

¹ 다윗이 천부장과 백부장 곧 모든 지휘관과 더불어 의논하고 ² 다윗이 이스라엘의 온 회중에게 이르되 만일 너희가 좋게 여기고 또 우리의 하나님 여호와께로 말미암았으면 우리가 이스라엘 온 땅에 남아 있는 우리 형제와 또 초원이 딸린 성읍에 사는 제사장과 레위 사람에게 전령을 보내 그들을 우리에게로 모이게 하고 ³ 우리가 우리 하나님의 궤를 우리에게로 옮겨오자 사울 때에는 우리가 궤 앞에서 묻지 아니하였느니라 하매 ⁴ 뭇 백성의 눈이 이 일을 좋게 여기므로 온 회중이 그대로 행하겠다 한지라 ⁵ 이에 다윗이 애굽의 시홀 시내에서부터 하맛 어귀까지 온 이스라엘을 불러모으고 기럇여아림에서부터 하나님의 궤를 메어오고자 할새 ⁶ 다윗이 온 이스라엘을 거느리고 바알라 곧 유다에 속한 기럇여아림에 올라가서 여호와 하나님의 궤를 메어오려 하니 이는 여호와께서 두 그룹 사이에 계시므로 그러한 이름으로 일컬음을 받았더라 ⁷ 하나님의 궤를 새 수레에 싣고 아비나답의 집에서 나오는데 웃사와 아히오는 수레를 몰며 ⁸ 다윗과 이스라엘 온 무리는 하나님 앞에서 힘을 다하여 뛰놀며 노래하며 수금과 비파와 소고와 제금과 나팔로 연주하니라 ⁹ 기돈의 타작 마당에 이르러서는 소들이 뛰므로 웃사가 손을 펴서 궤를 붙들었더니 ¹⁰ 웃사가 손을 펴서 궤를 붙듦으로 말미암아 여호와께서 진노하사 치시매 그가 거기 하나님 앞에서 죽으니라 ¹¹ 여호와께서 웃사의 몸을 찢으셨으므로 다윗이 노하여 그 곳을 베레스 웃사라 부르니 그 이름이 오늘까지 이르니라 ¹² 그 날에 다윗이 하나님을 두려워하여 이

르되 내가 어떻게 하나님의 궤를 내 곳으로 오게 하리요 하고 ¹³ 다윗이 궤를 옮겨 자기가 있는 다윗 성으로 메어들이지 못하고 그 대신 가드 사람 오벧에돔의 집으로 메어가니라

이스라엘 백성이 430년 동안 종살이하던 애굽에서 나온 후 광야에 있을 때 하나님께서 그들에게 성막을 세우게 하셨습니다. 이것은 그들이 이스라엘에 정착한 후, 솔로몬 시대 때에 성전이라는 건물로 바뀝니다. 성막 곧 성전은 하나님이 이스라엘 가운데 함께 계신다는 것을 나타내는 중요한 상징물이었습니다. 다시 말해 성전은 하나님의 임재의 상징이었습니다. 이것을 잘 보여주는 것이 언약궤입니다. 성전 안에는 언약궤가 있고, 이 궤 뚜껑 위에 두 천사가 서로 마주 보는 형상의 조각품이 있습니다. 이곳을 속죄소라고 부릅니다. 6절에 보면 "하나님의 궤를 메어오려 하니 이는 여호와께서 두 그룹 사이에 계시므로"라고 말씀합니다. 이처럼 언약궤는 하나님이 자기 백성과 함께 계시며, 그들의 죄를 사하심을 보여주는 매우 중요한 상징물이었습니다. 그런데 이스라엘이 이렇게 중요한 언약궤를 블레셋이라는 적에게 빼앗긴 적이 있습니다. 그 후에 이 언약궤가 다시 이스라엘로 돌아오지만, 예루살렘으로 가지 못하고 기럇여아림의 아비나답의 집에 있게 되었습니다(삼상 4:1-7:2).

그리고 그로부터 20년이 지났습니다. 다윗이 모든 대적을 물리치고 드디어 온 이스라엘의 왕이 되었습니다. 이때 다윗이 제일 먼저 하고자 한 일은 하나님의 언약궤를 기럇여아림에서 예루살렘으로 옮겨

오는 것이었습니다. 다윗이 온 이스라엘을 불러 모으고 그들과 함께 기럇여아림에서부터 하나님의 궤를 새 수레에 싣고 나옵니다. 웃사와 아히오가 수레를 몰고, 다윗과 이스라엘 온 무리는 하나님 앞에서 힘을 다하여 뛰놀며 노래하며 수금과 비파와 소고와 제금과 나팔로 연주합니다. 엄청난 축제의 행진을 벌이고 있는 것입니다. 그런데 기돈의 타작마당에 이르렀을 때, 수레를 끌고 가던 소들이 갑자기 날뛰기 시작했습니다. 그러자 수레를 몰던 웃사가 손을 펴서 언약궤를 붙들었습니다. 상식적으로 생각하면 이것은 너무나 당연한 행동이었습니다. 그러나 하나님께서는 이 일에 진노하셔서 웃사를 치셨고 그는 거기서 죽고 말았습니다. 이일로 다윗은 결국 언약궤를 다윗성에 가져오지 못하고 가드 사람 오벧에돔의 집에 두게 되었습니다.

왜 이런 일이 일어났을까요? 웃사는 분명히 하나님의 언약궤가 땅에 떨어지는 것을 막으려는 좋은 의도로 그 궤를 붙든 것입니다. 이것은 분명 하나님을 위한 행동으로 보입니다. 그런데도 하나님은 그를 쳐서 죽이셨습니다. 세상에 이런 억울하고 황당한 일이 또 어디에 있을까요? 하나님은 좋으신 하나님이시요 의로우신 하나님이시라는데 어떻게 이런 일을 행하실 수 있을까요? 그래서 하나님께 이렇게 따져 묻고 싶을 겁니다. "하나님, 왜 웃사를 죽이셨습니까? 이 일이 정당합니까?"

1. 하나님의 법을 어김

웃사의 죽음에는 매우 분명한 이유가 있었습니다. 그것은 그가 하나님의 법을 어겼기 때문입니다. 10절은 이렇게 말씀합니다. "웃사가 손을 펴서 궤를 붙듦으로 말미암아 여호와께서 진노하사 치시매 그가 거기 하나님 앞에서 죽으니라." 그리고 11절에 보면 하나님이 웃사의 몸을 찢으셨다고 말합니다. 이것은 마치 화산이 폭발하듯이 그렇게 하나님이 웃사에게 진노하셨다는 뜻입니다. 웃사가 하나님에 의해 죽임을 당한 것은 그가 만져서는 안 되는 하나님의 법궤를 손으로 만졌기 때문입니다(민 4:15. "고핫 자손들이 와서 멜 것이니라 그러나 성물은 만지지 말라 그들이 죽으리라"). 하지만 일이 이 지경이 된 데에는 이보다 더 큰 원인이 있었습니다.

역대상 15장에 보면 다윗은 다시 하나님의 법궤를 예루살렘으로 옮깁니다. 이때 다윗이 이전에 웃사가 죽은 근본 원인이 무엇이었는지를 말합니다. "전에는 너희가 메지 아니하였으므로 우리 하나님 여호와께서 우리를 찢으셨으니 이는 우리가 규례대로 그에게 구하지 아니하였음이라 이에 제사장들과 레위 사람들이 이스라엘 하나님 여호와의 궤를 메고 올라가려 하여 몸을 성결하게 하고 모세가 여호와의 말씀을 따라 명령한 대로 레위 자손이 채에 하나님의 궤를 꿰어 어깨에 메니라"(대상 15:13-15). 따라서 웃사가 죽은 근본 원인은 하나님의 언약궤를 메지 않고 수레에 실어 옮긴 데 있습니다. 하나님의 언약궤는 반드시 레위인들이 메고 옮기도록 하나님이 모세에게 명령하셨습니다. "그 채를 궤 양쪽 고리에 꿰어서 궤를 메게 하며 채를 궤의 고리에 꿴 대로 두고 빼내지 말지며"(출 25:14-15). 그런데도 다윗은 궤를 메도록 하지 않았고 결국 웃사가 죽임을 당했습니다. 그래서 이번에는 하나님의 명령대로 레위 자손이 채에 하나님의 궤를 꿰어 어깨에 메고 예루살렘으로 올라갔습니다(대상 15:15). 그러므로 웃사가 죽은 직접적인 원인은 그가 궤를 손으로 만진 것이지만, 그 일이 일어난 배경에는 다윗이 하나님의 법을 어긴 일이 있습니다.

2. 하나님보다 사람들을 더 의식함

그러면 다윗이 하나님의 법을 무시한 이유는 무엇인가요? 그것은 그가 하나님보다 사람들을 더 의식했기 때문입니다. 본문은 이에 대하여 매우 자세히 말씀하고 있습니다. 다윗이 언약궤를 예루살렘으로 옮겨 오려고 계획했을 때 제일 먼저 누구와 의논했습니까? 1절에 보면 다윗은 천부장과 백부장, 그리고 모든 지휘관과 의논했습니다. 그는 이 중요한 일을 하나님께 여쭙지 않았습니다. 그는 단지 권력을 가진 군 지휘관들과 의논했습니다. 또한 그는 이스라엘의 온 회중에게 이렇게 말했습니다. "만일 너희가 좋게 여기고 또 우리의 하나님 여호와께로 말미암았으면 … 우리가 우리 하나님의 궤를 우리에게로 옮겨오자"(2-3). 여기서 중요한 것은 "만일 너희가 좋게 여긴다면"입니다. 그는 하나님이 이 일을 어떻게 생각하시는지는 관심을 두지 않았습니다. 그의 관심은 오직 사람들이 이 일을 어떻게 생각하느냐에 있습니다. 나아가서 다윗은 "뭇 백성의 눈이 이 일을 좋게 여기므로" 이 일을 단행하였습니다.

다윗은 하나님의 궤를 옮기는 이 엄청난 일을 하나님을 무시한 채 사람들과만 의논했고 사람들의 눈에 옳은 것을 따랐습니다. 사람의 생각과 사람의 보는 것이 그의 판단과 결정의 기준이 되어 버린 것입니다. 다윗은 하나님보다 사람들을 더 의식했습니다. 그에게는 하나님의 생각과 하나님의 눈에 무엇이 옳은지를 생각할 어떤 여지도 없었습니다. 이제 막 온 이스라엘의 왕이 된 다윗은 하나님의 뜻을 구하지 않고 사람들의 눈치를 살폈습니다.

하나님의 궤를 옮기는 것도 사람들이 메고 가는 것보다 소들이 끄는 수레에 싣고 가는 것이 훨씬 수월하고 사람들이 보기에도 멋있어 보였을 것입니다. 그 시대의 수레는 오늘날로 말하면 크고 멋지고 화려한 리무진과도 같은 것이기 때문입니다. 다윗은 하나님의 법이 아닌 인간의 생각과 눈에 더 좋은 것을 하나님을 섬기는 기준으로 삼았습니다. 다윗은 온 이스라엘을 거느리고 나왔고(6) 다윗과 이스라엘 온 무리는 힘을 다하여 뛰놀며 노래하며 수금과 비파와 소고와 제금과 나팔로 연주했습니다. 많은 사람이 이 행사에 참여했고 여러 가지 악기들을 동원하여 연주하며 찬송했습니다. 하지만 하나님의 법을 무시하고 행하는 찬양이 무슨 의미가 있으며 그 연주가 하나님께 무슨 영광이 되겠습니까? 오히려 하면 할수록 더욱 하나님을 모욕하는 패역이 되고 말 뿐입니다. 사람들이 북 치고 장구 치고 힘을 다해 찬양을 해도 그것이 하나님의 방식을 떠난 것이면 그것은 인간을 만족하게 하는 것에 지나지 않습니다. 중요한 것은 나의 즐거움이 아니라 하나님께 기쁨이 되느냐 하는 것입니다.

3. 구원을 위한 유일한 방법

우리는 이 사건에서 매우 중요한 교훈을 배웁니다. 그것은 하나님의 말씀만이 인간 행위의 절대적 기준이 된다는 사실입니다. 하나님의 말씀에 반하는 것은 그것이 아무리 인간의 생각과 눈에 좋아 보일지라도 하나님께는 역겨운 것입니다. 웃사가 죽은 것이 사람의 눈에는 매우 불합리해 보이지만 하나님에게는 그렇지 않습니다. 하나님은 사랑의 하나님이시지만 동시에 진리의 하나님이십니다. 하나님은 진리를 버린 채 사랑만 베푸시는 분이 절대 아닙니다. 사도 바울도 이렇게 말했습니다. "사랑은 진리와 함께 기뻐한다." 진리가 빠진 사랑은 창기와 같습니다.

이 사건은 인간 구원에 대해서도 매우 중요한 교훈을 줍니다. 많은 사람이 다양한 구원의 길을 제시합니다. 그들은 모든 종교에 구원이 있다고 주장합니다. 이것을 흔히 종교다원주의라고 말합니다. 그러나 여러분, 하나님은 결코 그렇게 말씀하시지 않습니다. 오히려 그 반대입니다. 예수께서는 오직 나만이 길이요 진리요 생명이라고 선언하셨습니다. 구원의 길은 오직 하나밖에 없습니다. 그것은 예수님을 믿는 것입니다. 종교다원주의가 사람들의 생각에 합리적이고 그들의 눈에 좋아 보일지라도, 그리고 많은 사람이 그것에 동조한다 해도 예수님은 이렇게 말씀하십니다. "나로 말미암지 않고는 아버지께로 올 자가 없느니라"(요 14:6).

하나님은 오직 한 가지 방법을 통해서 인간을 구원하십니다. 인간을 구원하시는 하나님의 방식은 한 가지밖에는 없습니다. 그것은 한 사람이 백성을 위하여 죽어서 온 민족이 망하지 않게 되는 것입니다(요 11:50; 18:14). 이것은 한 사람이 모든 사람을 위해 죽는 대리 속죄의 방식입니다. 이를 위해 하나님은 아들이신 예수님을 이 땅에 보내시고 그에게 모든 사람의 죄를 대신 지우시고 십자가에 못 박아 죽게하셨습니다. 그리고 이 예수를 믿는 모든 사람의 죄를 용서하시고 값없이 의롭다고 하십니다. 이것이 인간 구원을 위한 하나님의 유일한 방법입니다. 이것 외에는 다른 구원의 방법이 없습니다. 뒤집어 말하면 이 말은 곧 이런 뜻이기도 합니다. "예수님을 믿으면 반드시 구원받습니다. 이것은 변할 수 없는 하나님의 유일한 구원 방식이기 때문입니다."

4. 맺음말

하나님은 자기 뜻을 사람들이 보기에 좋은 방법으로 이루시는 것이 아니라 하나님의 말씀을 따라 이루십니다. 하나님의 말씀이 하나님의 행위의 기준입니다. 우리의 구원도 마찬가지입니다. 구원은 하나님이 정한 방식으로 이루어집니다. 하나님은 예수 그리스도를 믿는 자만을 구원하십니다. "하나님이 세상을 이처럼 사랑하사 독생자를 주셨으니 이는 그를 믿는 자마다 멸망하지 않고 영생을 얻게 하려 하심이라"(요 3:16). 이것이 죄인을 구원하시는 하나님의 유일한 법입니다. 여러분 모두가 예수님을 믿고 구원받으시기를 주님의 이름으로 축복합니다.

6. 피에 빨아 희게 한 옷

: 요한계시록 7:9-17

⁹ 이 일 후에 내가 보니 각 나라와 족속과 백성과 방언에서 아무도 능히 셀 수 없는 큰 무리가 나와 흰 옷을 입고 손에 종려 가지를 들고 보좌 앞과 어린 양 앞에 서서 ¹⁰ 큰 소리로 외쳐 이르되 구원하심이 보좌에 앉으신 우리 하나님과 어린 양에게 있도다 하니 ¹¹ 모든 천사가 보좌와 장로들과 네 생물의 주위에 서 있다가 보좌 앞에 엎드려 얼굴을 대고 하나님께 경배하여 ¹² 이르되 아멘 찬송과 영광과 지혜와 감사와 존귀와 권능과 힘이 우리 하나님께 세세토록 있을지어다 아멘 하더라 ¹³ 장로 중 하나가 응답하여 나에게 이르되 이 흰 옷 입은 자들이 누구며 또 어디서 왔느냐 ¹⁴ 내가 말하기를 내 주여 당신이 아시나이다 하니 그가 나에게 이르되 이는 큰 환난에서 나오는 자들인데 어린 양의 피에 그 옷을 씻어 희게 하였느니라 ¹⁵ 그러므로 그들이 하나님의 보좌 앞에 있고 또 그의 성전에서 밤낮 하나님을 섬기매 보좌에 앉으신 이가 그들 위에 장막을 치시리니 ¹⁶ 그들이 다시는 주리지도 아니하며 목마르지도 아니하고 해나 아무 뜨거운 기운에 상하지도 아니하리니 ¹⁷ 이는 보좌 가운데에 계신 어린 양이 그들의 목자가 되사 생명수 샘으로 인도하시고 하나님께서 그들의 눈에서 모든 눈물을 씻어 주실 것임이라

1. 구별을 위한 표지

이 세상에 구별을 위한 표지(標識)는 수없이 많이 있습니다. 땅을 구별하기 위한 표지로 국가 간에는 국경이 있고 개인 간에는 지계석(地界石)이 있습니다. 옷이나 신발 같은 상품에는 각각의 상표가 있어서 어느 회사 제품인지 구별하는 표지가 됩니다. 책에는 도장을 찍거나 사인을 함으로써 누구의 것인지를 구별하는 표지가 됩니다. 가축을 구별하기 위한 표지로는 말의 엉덩이에 낙인을 찍는가 하면 소의 경우에는 귀에다 구멍을 뚫고 인식표를 답니다.

구별을 위한 이러한 표지는 사람에게도 있습니다. 각종 스포츠 경기에서는 유니폼이 팀을 구별하는 표지가 됩니다. 고대 노예제도에서는 노예의 코를 뚫거나 몸에 문신을 새기거나 아니면 낙인을 찍어서 누구의 노예인지 구별하는 표지로 삼았습니다. 성경에도 이런 법이 있습니다. 유대인이 동족인 유대인 종을 사면 6년 동안 섬기고 제 7년에는 풀어주어 자유의 몸이 되도록 했습니다. 그러나 그 종이 진정으로 종으로 계속 있기를 원하는 경우가 있습니다. 이때 주인은 종을 데리고 재판장에게 가서 확인한 후, 문이나 문설주 앞으로 데리고 가서 그것에다가 송곳으로 그의 귀를 뚫게 했습니다. 이렇게 하여 그 종은 영원히 그 주인의 종이라는 구별의 표지를 가지게 되었습니다(출 21:5-6; 신 15:16-17).

2. 천국 백성의 표지

또한 어느 나라의 백성인지를 구별하는 표지로는 국적이 있습니다. 그래서 미국 국적을 가진 사람이 우리나라에 들어오려면 우리나라 정부에서 발급하는 비자라는 허가서를 받아야만 합니다. 그런데 성경을 보면 어느 나라의 백성이냐를 구별하는 표지는 이 땅의 나라에만 있는 것이 아니고, 하늘나라에도 있다고 말씀합니다. 다시 말해 천국 백성을 구별하는 분명한 표지가 있다는 것입니다. 그것이 무엇일까요?

1) 흰 옷

요한계시록 9:9-17에는 천국의 모습이 소개되고 있습니다. 하나님이 보좌에 앉아 계시고 어린 양으로 상징되는 예수 그리스도가 계십니다. 그리고 그 주위에 천사들과 장로들과 네 생물이 서 있습니다. 그런데 거기에 큰 무리가 함께 있습니다(9). 이 큰 무리는 하나님 나라의 백성으로서 천국에 들어간 사람들입니다. 한마디로 말해 이들은 천국 백성입니다. 그런데 특이하게도 이들은 모두 흰 옷을 입고 있습니다. 따라서 흰 옷은 그들이 하나님의 백성이라는 구별의 표지입니다. 그러면 그들은 어떻게 이 흰 옷을 입을 수 있었을까요? 그들은 어떻게 천국에 들어갈 수 있었을까요?

이에 대해 14절은 그들이 어린 양의 피에 그 옷을 씻어 희게 하였다고 말씀합니다. 이 말씀은 그들이 원래부터 흰 옷을 입은 게 아니고, 그들의 옷을 어린 양의 피에 씻어서 희어진 옷을 입게 되었다는 뜻입니다. 그런데 여기서 "피로 씻어 희게 하였다"는 이 말씀은 좀 이상합니다. 피는 빨간색이므로 피에 옷을 빨면 붉은색이 되어야지 어떻게 흰색이 될 수 있습니까? 따라서 이 말은 문자적으로나 또는 물리적으로 피에 옷을 씻는다는 말이 아닌 것이 분명합니다. 다시 말해 대야나 세탁기에 어린 양의 피를 가득 받은 뒤 그 피에다 옷을 씻는다는 뜻이 아니라는 뜻입니다. 그렇다면 이것은 상징적으로 사용된 것이 분명합니다. 그러면 이것은 무엇을 상징하는 것일까요?

첫째, 어린 양은 누구를 상징하는 것일까요? 세례자 요한은 예수께서 자기에게 나아오심을 보고 이렇게 말합니다. "보라 세상 죄를 지고 가는 하나님의 어린 양이로다"(요 1:29). 또한 그는 예수가 다니시는 것을 보고 "보라 하나님의 어린 양이로다"(요 1:36)라고 말했습니다. 사도 베드로는 그리스도를 "오직 흠 없고 점 없는 어린 양 같은 그리스도"(벧전 1:19)라고 말했습니다. 사도 요한은 "어린 양은 만주의 주시요 만왕의 왕이시다"(계 17:14)라고 말씀했습니다. 그러므로 이 어린 양은 주 예수 그리스도를 가리키는 것이 분명합니다.

둘째, 피는 무엇을 상징하는 것일까요? 성경에서 피는 생명을 의미합니다.

"고기를 그 생명 되는 피째 먹지 말 것이니라"(창 9:4).

"다만 크게 삼가서 그 피는 먹지 말라 피는 그 생명인즉 네가 그 생명을 고기와 함께 먹지 못하리니"(신 12:23).

"육체의 생명은 피에 있음이라 내가 이 피를 너희에게 주어 제단에 뿌려 너희의 생명을 위하여 속죄하게 하였나니 생명이 피에 있으므로 피가 죄를 속하느니라"(레 17:11).

이처럼 피는 생명을 말하며, 따라서 피를 흘렸다는 것을 죽음을 의미합니다.

셋째, 흰 옷은 무엇을 상징하는 것일까요? 본문에 보면 "그 옷을 씻어 희게 하였다"(14)고 말씀합니다. 그냥 흰 옷이 아니라 "씻어서" 희게한 옷입니다. 이것은 무엇을 상징하는 것일까요? 성경에서 옷을 씻거나 빠는 행위는 성결하게 하는 것을 의미합니다.

"그들을 성결케 하며 그들에게 옷을 빨게 하고"(출 19:10).

"백성을 성결하게 하니 그들이 자기 옷을 빨더라"(출 19:14).

그러므로 희게 되었다는 말은 씻어서 깨끗하게 되었다, 즉 성결하고 거룩하게 되었다는 뜻입니다. 그런데 그들이 씻어서 깨끗하게 된 흰 옷을 입게 되었다는 이 말에는 그들의 이전 상태가 누더기와 같은 더러운 옷을 입고 있었다는 사실을 전제로 합니다.

2) 더러운 옷

그러면 더러운 옷은 무엇을 상징하는 것일까요? 성경은 이에 대해 다음과 같이 말씀합니다.

"무릇 우리는 다 부정한 자 같아서 우리의 의는 다 더러운 옷 같으며"(사 64:6).

"여호와께서 자기 앞에 선 자들에게 명령하사 그 더러운 옷을 벗기라 하시고 또 여호수아에게 이르시되 내가 네 죄악을 제거하여 버렸으니 네게 아름다운 옷을 입히리라 하시기로"(슥 3:4).

따라서 더러운 옷은 사람의 죄를 의미합니다. 그런데 성경은 모든 사람이 죄를 지었고(롬 3:23; 5:12), 의인은 없으며 한 사람도 없다(롬 3:10)고 선언합니다. 즉 모든 사람은 다 더러운 옷을 입고 있는 자들이라는 말입니다. 그 결과 모든 사람이 하나님의 진노의 심판을 받아 사망에 이르고 지옥에 들어가야만 한다고 말씀합니다. "죄의 삯은 사망이요"(롬 6:23; 약 1:15, 요 5:24 참조). 모든 사람은 이러한 운명에 놓여 있습니다. 우리 중에 죄를 짓지 않은 사람이 누가 있습니까? 그러므로 모든 사람은 다 누더기와 같은 더러운 옷을 입은 자이요 장차 지옥에 던져질 사단의 자식입니다.

3) 어린 양이신 예수의 피

그러나 놀랍게도 오늘 본문에서는 그 더러운 옷이 흰 옷으로 변화된 것을 말씀하고 있습니다. 어떻게 그렇게 될 수 있었을까요? 성경은 어린 양이신 예수의 피에 그 더러운 죄의 옷을 씻어서 희게 되었다고 말씀합니다. 예수의 피에 옷을 씻었다는 말은 예수가 피를 쏟았다는 사실을 전제합니다. 그리고 피는 생명을 의미하므로 예수가 피를 쏟은 것은 곧 그의 죽음을 뜻합니다. 따라서 어린 양의 피에 옷을 씻어 희어졌다는 것은 어린 양이신 예수께서 피 흘려 죽으심으로, 그 피에 더러운 옷을 빨아 깨끗하여지고 희어졌다는 뜻입니다. 이것은 그리스도께서 죄인인 우리를 대신하여 죽으신 그 죽음이 주는 완벽한 효력을 의미합니다.

하지만 이것이 정말 가능합니까? 다시 말해 예수님의 피가 정말로 우리의 죄를 깨끗하게 할 수 있습니까? 그렇습니다. 성경은 이 사실을 분명하게 증언합니다.

"생명이 피에 있으므로 피가 죄를 속하느니라"(레 17:11).

"영원하신 성령으로 말미암아 흠 없는 자기를 하나님께 드린 그리스도의 피가 어찌 너희 양심을 죽은 행실에서 깨끗하게 하고 살아 계신 하나님을 섬기게 하지 못하겠느냐"(히 9:14).

"예수도 자기 피로써 백성을 거룩하게 하려고 성문 밖에서 고난을 받으셨느니라"(히 13:12).

"너희가 알거니와 너희 조상이 물려 준 헛된 행실에서 대속함을 받은 것은 은이나 금 같이 없어질 것으로 된 것이 아니요 오직 흠 없고 점 없는 어린 양 같은 그리스도의 보배로운 피로 된 것이니라"(벧전 1:18-19).

"예수의 피가 우리를 모든 죄에서 깨끗하게 하실 것이요"(요일 1:7).

이런 수많은 증거에 이어 요한계시록 1:5에서는 "우리를 사랑하사 그의 피로 우리 죄에서 우리를 해방하셨다"고 선언하고 있습니다. 이런 까닭에 예수님은 "일찍이 죽임을 당하사 각 족속과 방언과 백성과 나라 가운데에서 사람들을 피로 사서 하나님께 드리신"(계 5:9) 분이라는 찬양을 받는 것입니다. 예수님은 죄 없는 분으로서 죄인인 우리의 죄를 대신 지고 십자가에 못 박혀 죽으셨습니다. 어린 양이신 예수께서 더러운 죄인들을 깨끗게 하려고 십자가에 못 박히시고 피 흘려 죽으셨습니다. 누더기와 같은 죄인이 흰 옷을 입고 하나님 앞에 설 수 있는 유일한 원인은 예수님이 죄인을 위해 십자가에서 피 흘려 죽으셨기 때문입니다. 죄인인 우리가 이 사실을 믿을 때 예수님의 피에 죄의 더러운 옷을 씻어 흰 옷을 입게 됩니다. 그리하여 천국 백성의 표지를 가지게 되는 것입니다.

3. 맺음말

우리는 이 세상에서 무수히 많은 구별의 표지 속에서 살고 있습니다. 그중에는 거룩한 하나님의 백성 된 표지도 있다는 것을 성경을 통해 확인했습니다. 하나님의 백성으로 구별된 표지가 무엇입니까? 천국 백성의 마크(mark)가 무엇입니까? 그것은 어린 양의 피로 씻은 흰 옷입니다. 흰 옷 입은 자가 하나님의 백성입니다. 흰 옷 입은 자가 천국에 들어갑니다.

"자기 두루마기를 빠는 자들은 복이 있으니 이는 그들이 생명나무에 나아가며 문들을 통하여 성에 들어갈 권세를 받으려 함이로다"(계 22:14).

누가 이 흰 옷을 입을 수 있을까요? 누가 어린 양의 피에 옷을 빨아 희게 할 수 있습니까? 누가 누더기와 같은 더러운 죄의 옷을 예수님의 피에 씻어 깨끗하여진 흰 옷 입은 하나님의 백성이 될 수 있습니까? 누가 지옥 자식에서 천국 백성이 될 수 있습니까? 그것은 오직 하나! 예수 그리스도가 우리의 죄를 대신 지시고 십자가에 못 박혀 죽으신 것과 그 때문에 우리의 죄가 용서되었다는 사실을 믿는 사람입니다. 다른 어떤 조건도 없습니다. 사람이 하나님의 백성이 되는 것은 어린 양이신 예수님이 피 흘려 죽으셨고 더러운 우리가 그 피로 씻어서 깨끗하게 되었다는 사실을 믿는 것입니다.

어린 양 예수께서 우리의 죄를 위해 피 흘리셨습니다. 죄인은 그 피에 옷을 씻을 때 희고 깨끗하여집니다. 하나님의 백성이 되어 생명을 얻고 천국에 가느냐 아니면 사단의 자식이 되어 심판을 받아 지옥에 가느냐 하는 것은 우리의 공로나 선행에 달린 것이 아닙니다. 얼마나 착하고 좋은 일을 많이 했느냐에 따라 결정되는 것도 아닙니다. 하나님의 백성이 되어 천국에 갈 수 있는 유일한 길은 십자가에서 나의 죄를 대신 지시고 피 흘려 죽으신 어린 양 예수님을 믿느냐 믿지 않느냐에 달려 있습니다.

예수님이 나의 죄를 위하여, 나를 대신하여 십자가에 못 박혀 죽으시므로 나의 더러운 죄가 용서되었다는 것을 믿는 사람은 어린 양의 피에 옷을 씻어 희게 한 자요, 하나님의 백성이라는 구별된 표지를 가진 자입니다. 그는 영생을 소유하고 구원을 얻으며 장차 저 천국에 들어가게 될 것입니다. 내 죄를 대신 지시고 십자가에서 죽으신 예수 그리스도를 믿음으로 어린 양의 피에 옷을 씻는 은혜를 누리십시오. 그리하여 하나님의 백성의 구별된 표지인 흰 옷을 입고 저 거룩하고 아름다운 천국에 들어가게 되시기를 간절히 바랍니다.

6부
/
구원
그 이후

One for All
Once for All

1. 구원받은 자의 감격

: 요나 2:1-10

¹ 요나가 물고기 뱃속에서 그의 하나님 여호와께 기도하여 ² 이르되 내가 받는 고난으로 말미암아 여호와께 불러 아뢰었더니 주께서 내게 대답하셨고 내가 스올의 뱃속에서 부르짖었더니 주께서 내 음성을 들으셨나이다 ³ 주께서 나를 깊음 속 바다 가운데에 던지셨으므로 큰 물이 나를 둘렀고 주의 파도와 큰 물결이 다 내 위에 넘쳤나이다 ⁴ 내가 말하기를 내가 주의 목전에서 쫓겨났을지라도 다시 주의 성전을 바라보겠다 하였나이다 ⁵ 물이 나를 영혼까지 둘렀사오며 깊음이 나를 에워싸고 바다 풀이 내 머리를 감쌌나이다 ⁶ 내가 산의 뿌리까지 내려 갔사오며 땅이 그 빗장으로 나를 오래도록 막았사오나 나의 하나님 여호와여 주께서 내 생명을 구덩이에서 건지셨나이다 ⁷ 내 영혼이 내 속에서 피곤할 때에 내가 여호와를 생각하였더니 내 기도가 주께 이르렀사오며 주의 성전에 미쳤나이다 ⁸ 거짓되고 헛된 것을 숭상하는 모든 자는 자기에게 베푸신 은혜를 버렸사오나 ⁹ 나는 감사하는 목소리로 주께 제사를 드리며 나의 서원을 주께 갚겠나이다 구원은 여호와께 속하였나이다 하니라 ¹⁰ 여호와께서 그 물고기에게 말씀하시매 요나를 육지에 토하니라

1. 요나의 경험

하나님의 명령을 거역하고 다시스로 도망하던 요나는 바다에 던져져 큰 물고기 배에 들어가게 되었습니다. 그곳은 끈적끈적하고 매력 없는 곳입니다. 한 줄기 빛이나 등불도 없고, 찐득찐득한 것과 독한 냄새와 짙은 어둠만이 그를 둘러싸고 있으며, 의지할 수 있는 친구도 없고 도망칠 틈이라고는 찾아볼 수 없는 철저히 단절된 장소입니다. 그는 그곳에서 밤낮 3일을 있었습니다. 그 후에 하나님이 명령하시자 그 물고기는 요나를 육지에 토했습니다(욘 2:30). 드디어 그 흑암의 자리에서 빛과 광명의 육지로 다시 나오게 된 요나의 마음이 어땠을까요? "아이고 참, 큰일 날 뻔했네"라고 하면서 그냥 툭툭 털고 일어나 걸어갔을까요? 아뇨. 그렇지 않았을 겁니다. 그에게는 말할 수 없는 큰 기쁨이 있었을 것입니다. 왜냐하면 요나의 경험은 단순히 죽다가 살아난 것이 아니기 때문입니다.

2. 요나의 고통

요나는 여호와의 낯을 피하여 처음에 욥바로 내려갔습니다(욘 1:3). 그리고 배로 내려갔고(욘 1:3) 다시 배 밑으로 내려갔습니다(욘 1:5). 그리고 결국 큰 물이 그를 둘렀고 파도와 큰 물결이 그의 위에 넘치며(욘 2:3), 해초가 그의 머리카락과 엉키고 땅이 빗장으로 막은 바닷속 깊은 곳인 산의 뿌리까지 내려갔습니다(욘 2:5). 이것은 그가 실제로 바다 깊은 곳에 들어간 것을 말씀합니다. 그러나 이 일을 단순히 물리적인 사건으로만 생각하면 안 됩니다. 왜냐하면 이 일이 불순종한 죄의 결과이기 때문입니다. 요나가 내려가 있는 바다 깊은 곳에 대한 묘사에서 이러한 사실들이 잘 나타납니다. 요나는 큰 물고기의 배 속을 '스올'의 배 속이라고 말합니다(욘 2:2). 스올은 하데스라고 부릅니다. 그곳은 죽은 자들의 거처이며 최종적인 심판의 장소인 지옥(음부)입니다. 또한 6절의 '구덩이'는 멸망의 장소요 무덤이라는 의미가 있습니다. 그러므로 2절에서 말하는 요나의 고난은 단순히 육체적 고통이 아니라 영적 죽음의 고난이요 지옥의 고통을 말합니다. 요나는 실제로 물리적인 바다 깊은 곳에 들어가 있습니다. 동시에 그는 거기서 죄인이 죽은 후에 가는 지옥의 고통을 맛보았습니다.

이러한 고통을 당한 요나가 다시 육지에 토해졌습니다. 이것은 요나가 죽음에서 살아난 것이며 새로운 생명을 얻은 것입니다. 요나의 부활입니다. 이에 대한 분명한 증거가 있습니다. 마태복음 12:40(마 16:4, 눅 11:30 참조)에서 예수님은 "요나가 밤낮 사흘을 큰 물고기 배 속에 있었던 것 같이 인자도 밤낮 사흘 동안 땅속에 있으리라"고 말씀하셨습니다. 따라서 요나의 이 사건은 예수 그리스도의 죽으심과 장사되심, 그리고 사흘 만에 부활하심을 미리 보여주는 예고편이자 그림자요 모형입니다. 그러므로 요나가 바다 깊은 곳에 내려가고 다시 육지에 토해 짐은 주님의 죽음과 부활을 상징적으로 보여주는 영적인 사건이었습니다.

3. 요나의 감격

여러분, 이렇게 죽음에서 살아 나와 구원받은(욘 2:9) 요나의 마음이 어땠을까요? 감히 무엇으로 표현할 수 없는 기쁨과 감사와 감격이 있었을 것입니다. 그래서 그는 2절에서 "내가 받는 고난으로 말미암아 여호와께 불러 아뢰었더니 주께서 내게 대답하셨고, 내가 스올의 뱃속에서 부르짖었더니 주께서 내 음성을 들으셨나이다"라고 외치는 것입니다. 이러한 감격은 구원받은 사람에게 있어야 하는 정상적인 반응입니다.

제가 결혼하고 얼마 지나지 않아 여름휴가를 저희 고향으로 갔습니다. 산과 계곡이 있고 바다가 가까운 참으로 좋은 곳입니다. 계곡에는 소(沼)라고 부르는 자연식 수영장이 여러 곳에 있습니다. 바닥은 모래와 자갈로 이루어진 평평하지 않은 웅덩이입니다. 깊은 곳은 어른 키의 두 배 정도 깊습니다. 주위에는 큰 바위들이 있어서 다이빙대 역할을 하기도 합니다. 그곳에서 물놀이하다가 아내가 물에 빠졌습니다. 그때 저는 바위 위에 서 있었고, 물에서 허우적거리는 아내를 분명히 보았습니다. 그 순간 제가 어떻게 했겠습니까? 물론 저는 수영을 곧잘 합니다. 정식으로 배운 것이 아니기에 모양새가 나지 않습니다만 그래도 물에서 노는 것은 자신이 있었습니다. 제가 어떻게 했을까요? 순간 날아서 멋있게 물에 들어가 아내를 끄집어냈을까요? 아닙니다. 저는 그냥 계속 지켜보고만 있었습니다. 제가 그런 경험을 많이 했기 때문입니다. 그리고 대부분은 그러다가 나옵니다. 그러나 정말 위험하면 좀 지난 다음에 들어가서 끌어내면 됩니다. 그렇게 지켜보고 있는데 저쪽에 있던 매형이 허겁지겁 수영해서 달려가서는 아내를 밀어냈습니다. 졸지에 매형은 영웅이 됐고, 저는 졸렬하고 아주 몹쓸 놈이 되고 말았습니다. 물가로 나온 아내는 엉엉 울기 시작했습니다. 말려도 주체할 수 없었습니다. 왜 그렇게 울었을까요? 먼저는 저에 대한 배신감 때문이었겠지요. 세상에 무슨 저런 신랑이 다 있나 싶었겠지요. 남의 진심도 모르고 말입니다. 그러나 더 큰 이유가 있을 것입니다. 그것은 죽었다가 살아났다는 안도감과 감격 때문입니다. 이것은 경험해 보지 않은 사람은 모릅니다. 아내는 그때 요나의 감격을 조금은 느끼고 공감했을 것입니다.

4. 맺음말

여러분, 우리는 구원의 감격을 회복하고 누려야 합니다. 물에서 살아 나왔을 때도 그리 울며 감격해했다면 죽음과 지옥의 자리에서 구원받은 후에는 얼마나 더 그리해야 하겠습니까? 우리는 호흡이 있는 날까지 요나처럼 구원은 여호와께로 말미암는다고 간증하면서 살아야 하며 감사하는 목소리로 주께 제사를 드려야만 합니다(욘 2:9). 그러하기 위해서는 여호와로 말미암은 구원을 늘 기억하며 우리가 어떠한 자리에서 건짐을 받았는지(욘 2:6) 잊지 말아야 합니다.

하지만 구원의 감격을 잊지 말라는 말은 단지 감정적인 것만을 말씀하는 게 아닙니다. 감정보다 더 중요한 것은 하나님이 베풀어주신 구원에 감사하면서 하나님이 주신 사명의 길을 가는 것입니다. 요나는 육지에 토해진 후에 다시 부르심을 받아 니느웨로 갔습니다(욘 3:3). 중요한 것은 이러한 삶이 우리에게 있느냐 하는 것입니다. 구원받았다고 감격해하고 감사하는 것은 마땅히 해야 할 일입니다. 그러나 감정에만 머물러 있으면 안 됩니다. 구원의 감격을 단순히 감정적인 것으로만 생각하면 안 된다는 말씀입니다. 구원의 감격은 감정의 차원을 넘어 주님의 부르심에 합당하게 반응하는 삶으로 표현되어야 합니다. 고래고래 소리 지르고 펑펑 울고 요란한 간증은 없더라도, 주님이 원하시는 고급한 신앙 수준의 자리까지 자라가기 위해 수고하고 애씀이 있다면 그는 참으로 구원의 감격 속에서 사는 사람입니다. 구원받은 자의 기쁨을 누리십시오. 무엇보다 주님이 온전하신 것처럼 온전한 자가 되기 위해 노력함으로써 지속적인 구원의 감격 속에 살아가시기를 바랍니다.

2. 광야에서

: 출애굽기 15:22-16:4

²² 모세가 홍해에서 이스라엘을 인도하매 그들이 나와서 수르 광야로 들어가서 거기서 사흘길을 걸었으나 물을 얻지 못하고 ²³ 마라에 이르렀더니 그 곳 물이 써서 마시지 못하겠으므로 그 이름을 마라라 하였더라 ²⁴ 백성이 모세에게 원망하여 이르되 우리가 무엇을 마실까 하매 ²⁵ 모세가 여호와께 부르짖었더니 여호와께서 그에게 한 나무를 가리키시니 그가 물에 던지니 물이 달게 되었더라 거기서 여호와께서 그들을 위하여 법도와 율례를 정하시고 그들을 시험하실새 ²⁶ 이르시되 너희가 너희 하나님 나 여호와의 말을 들어 순종하고 내가 보기에 의를 행하며 내 계명에 귀를 기울이며 내 모든 규례를 지키면 내가 애굽 사람에게 내린 모든 질병 중 하나도 너희에게 내리지 아니하리니 나는 너희를 치료하는 여호와임이라 ²⁷ 그들이 엘림에 이르니 거기에 물 샘 열둘과 종려나무 일흔 그루가 있는지라 거기서 그들이 그 물 곁에 장막을 치니라

¹ 이스라엘 자손의 온 회중이 엘림에서 떠나 엘림과 시내 산 사이에 있는 신 광야에 이르니 애굽에서 나온 후 둘째 달 십오일이라 ² 이스라엘 자손 온 회중이 그 광야에서 모세와 아론을 원망하여 ³ 이스라엘 자손이 그들에게 이르되 우리가 애굽 땅에서 고기 가마 곁에 앉아 있던 때와 떡을 배불리 먹던 때에 여호와의 손에 죽었더라면 좋았을 것을 너희가 이 광야로 우리를 인도해 내어 이 온 회중이 주려 죽게 하는도다 ⁴ 그 때에 여호와께서 모세에게 이르시되 보라 내가

너희를 위하여 하늘에서 양식을 비 같이 내리리니 백성이 나가서 일용할 것을 날마다 거둘 것이라 이같이 하여 그들이 내 율법을 준행하나 아니하나 내가 시험하리라

사람은 한평생을 사는 동안에 여러 어려운 일들을 당합니다. 저에게도 몇 번의 어려움이 있었습니다. 직장에서 허리를 다쳐 1년간 아무것도 못 하고 병원 신세를 져야만 했던 적이 있었습니다. 지금도 그 후유증이 나타나 힘들 때가 종종 있습니다. 이때 아내가 고생을 많이 했습니다. 1999년 8월, 장맛비가 억수같이 쏟아지던 어느 날 제가 운전하던 승합차의 측면을 대형 버스가 들이받는 교통사고가 있었습니다. 제 차에 12명이 타고 있었고, 누가 봐도 다 사망했어야 마땅한 엄청나게 큰 사고였습니다. 그러나 저는 잠시 기절했다가 깨어났고 귀가 찢어져 몇 바늘 꿰맨 것 외에는 별 이상이 없었습니다. 함께 탔던 사람들도 경미한 상처를 입은 두세 사람을 제외하고는 아무도 다치지 않았습니다. 정말 기적이었습니다. 하나님께서 지켜주신 것입니다. 몇 년 전에는 공황장애가 발병해서 지금도 약을 먹고 있습니다. 이 외에도 여러 어려움이 있었지만 지나고 보니 다 하나님의 인도 하심과 함께하심을 경험할 수 있었던 은혜의 시간이었습니다. 그래서 감사하고 있습니다.

1. 광야생활

죄인이 예수님을 믿으면 새사람이 되고 천국 백성이 됩니다. 그러

나 하나님은 이 사람을 곧바로 천국에 데려가시지 않고 일정 기간 이 세상에서 살게 하셨습니다. 이것은 마치 하나님께서 애굽에서 나온 이스라엘 백성을 젖과 꿀이 흐르는 가나안 땅으로 곧장 인도하여 들이지 않으시고 40여 년을 황량하고 척박한 광야에서 살게 하신 것과 같습니다. 광야에는 마실 물도 없고 먹을 양식도 없으며 쉴만한 그늘이나 안식할 집이 없습니다. 이런 것들은 생존을 위해 필수적인 것입니다. 그런데도 광야에는 이런 것들이 없었습니다. 따라서 광야는 사람이 자기의 힘과 능력으로는 살기 힘든 땅, 곧 죽음의 땅입니다. 그런데도 이스라엘 백성은 그 광야에서 40년이나 살았습니다. 어떻게 그럴 수 있었을까요?

애굽에서 나온 이스라엘이 도착한 곳은 광야였습니다. 그래서 하나둘 문제가 생기기 시작합니다. 첫째로 광야에 물이 없었습니다. 물을 발견하기는 했지만 써서 먹을 수 없는 물이었습니다. 이 물은 썩은 물이며 독한 물이며 먹으면 죽는 물입니다. 물은 있어도 좋고 없어도 그만인 게 아닙니다. 물은 생사가 걸린 중대한 것입니다. 광야에서는 더더욱 그렇습니다. 이 문제로 이스라엘 백성은 원망하기 시작했습니다. 그러자 모세가 기도했습니다. 이 기도를 들으시고 하나님이 쓴 물을 단물로 바꾸어 주셨습니다.

이후에 이스라엘 백성은 신 광야에 도착했습니다. 이번에는 또 다른 문제가 발생했습니다. 앞에서는 목마름의 문제였다면 이번에는 배고픔의 문제였습니다. 출애굽기 16:3에 보면 이스라엘 백성은 "우리가 애굽 땅에서 고기 가마 곁에 앉아 있던 때와 떡을 배불리 먹던 때에 여호와의 손에 죽었더라면 좋았을 것을 너희가 이 광야로 우리를 인도해 내어 이 온 회중이 주려 죽게 하는도다"라고 원망합니다. 배가 고파 죽겠으니 구원이고 뭐고 다 필요 없고 먹을 것을 내놓으라는 말입니다. 눈앞에 닥친 배고픔에 그들은 구원의 은혜를 다 잊어버렸을 뿐 아니라 오히려 구원해 주신 것을 원망하고 있습니다. 육신의 문제 앞에 영혼의 문제를 팽개치는 것입니다. 물론 양식은 그들의 목숨을 위해 절대적으로 필요한 것입니다. 그러나 그들의 문제는 그들이 육신의 것에만 집착했지, 영적인 것에는 관심이 없었다는 사실입니다.

2. 하나님의 은혜

이러한 이스라엘 백성에게 하나님은 하늘에서 양식을 비같이 내려주겠다고 말씀하셨습니다(출 16:4). 그리고 하나님은 "너희가 해 질 때에는 고기를 먹고 아침에는 떡으로 배부르리니"(출 16:12)라고 말씀하셨습니다. 그래서 13절 이하에 보면 실제로 저녁에는 메추라기가 와서 진에 덮이고, 아침에는 광야 지면에 만나가 가득 내렸습니다. 그런데도 출애굽기 17장에 가면 이스라엘 백성은 마실 물이 없자 다시 모세를 원망합니다. 하나님께서 이번에는 모세가 지팡이로 바위를 치게 해서 물이 나오게 하셨습니다.

이처럼 이스라엘 백성이 광야에서 그들의 힘으로 한 것은 오직 하나밖에 없습니다. 그것이 무엇인지 아십니까? 그것은 바로 원망과 불평입니다. 그런데도 하나님은 이런 이스라엘 백성에게 하늘에서 양식을 내리시고 바위에서 물을 내셔서 먹고 마시고 살게 하셨습니다. 그러므로 원망과 불평밖에 모르는 죄 많은 이스라엘이 사람들이 죽음의 땅인 광야에서도 부족함 없이 지낼 수 있었던 것은 그들 자신의 힘이 아니라 오직 하나님의 은혜 때문이었습니다.

이뿐만이 아닙니다. 하나님께서는 낮에는 구름 기둥으로, 밤에는 불기둥으로 그들을 보호하시고 인도하셨습니다. 이 두 기둥은 이스라엘을 떠나지 않고 항상 그들 앞에서 행하였습니다(출 13:31-32; 40:38). 이것은 하나님이 항상 그들 가운데 계신다는 하나님의 임재의 표시입니다. 그러므로 이스라엘의 광야 여행은 그들만의 외로운 여행이 아니라 하나님께서 함께하신 여행이었습니다. 광야 생활 중에 이스라엘 백성은 차라리 애굽으로 돌아가겠다고 불평하였지만, 하나님은 그러한 이스라엘을 버리거나 떠나지 아니하시고 언제나 동행하셨습니다.

3. 우리는 어떻게, 무엇으로?

우리는 구원받은 이후에 일정 기간 천국이 아닌 이 세상에서 살아갑니다. 이것은 출애굽 한 이스라엘 백성이 일정 기간 광야에서 살았던 것과 같습니다. 그들에게 목숨과 직결된 많은 어려움과 고난이 있었습니다. 마찬가지로 하나님의 백성인 우리에게도 이 세상에서 많은 어려움과 고난을 겪습니다. 그것은 죽느냐 사느냐 하는 생사의 문제일 수도 있습니다. 그러면 광야 같은 이 세상에서 우리는 어떻게, 무엇으로 살아갈 수 있을까요?

이스라엘 백성이 불모지요 죽음의 땅인 광야에서도 살아갈 수 있었던 유일한 이유는 하나님이 그들과 함께하셔서 그들을 먹이시고 마시우고 보호하셨기 때문입니다. 마찬가지로 우리가 이 세상의 여러 어려움 가운데서도 넘어지지 않고 살아갈 수 있는 것은 하나님이 우리와 함께하셔서 우리의 필요를 채워 주시기 때문입니다. 하나님은 우리에게 먹을 것과 마실 것과 모든 필요한 것들을 때를 따라 공급해 주십니다. 또한 우리가 이 세상을 살아가는 것은 우리 혼자만의 외롭고 힘든 싸움이 아닙니다. 왜냐하면 "내가 세상 끝날까지 너희와 항상 함께 하겠다"(마 28:30)고 약속하신 예수님이 우리와 늘 함께 계시며, 또 우리를 고아와 같이 버려두지 않고(요 14:18) 항상 돌보아 주시는 성령님이 우리와 언제나 함께하시기 때문입니다. 나아가서 우리가 우리에게 닥치는 여러 어려움을 소망 가운데 이겨 나갈 수 있는 것은 이 광야의 여행이 한시적이기 때문입니다. 광야 여행은 고난과 더불어 무한정 싸워야만 하는 여행이 아니고 정해진 기한이 있는 여행입니다. 잠시 잠깐이면 끝이 날 여행이며, 안식의 땅을 바라고 소망하는 최종 목적지가 있는 여행입니다.

4. 맺음말

우리는 구원받은 이후에 이 세상에 살면서 힘들고 어려운 일들을 많이 만나게 됩니다. 그때 우리는 원망과 불평을 해서는 안 됩니다. 오히려 우리는 이스라엘을 인도하신 하나님을 생각하며 믿음으로 감사해야 합니다. 하나님께서는 물도 없고 양식도 없으며 불뱀과 전갈이 우글대는 광야에서도 옷이 떨어지지 않고 신발이 닳아서 발이 부르트지 않도록 이스라엘 백성을 인도하셨습니다(신 8:4, 15). 바로 그 하나님께서 우리와 함께하셔서 우리를 그렇게 인도하실 것입니다. 이 세상 살아가는 것이 힘들고 어렵지만, 그래도 재미있는 이유는 하나님께서 함께 하셔서 모든 필요를 채우시고 그 모든 것들을 넉넉히 이기게 하시기 때문입니다. 인도하시고 함께 하시는 하나님께서 우리 모두에게 이와 같은 은혜를 풍성히 베풀어 주실 것을 믿습니다.

3. 다윗의 마음

: 사무엘하 7:1-9

1 여호와께서 주위의 모든 원수를 무찌르사 왕으로 궁에 평안히 살게 하신 때에
2 왕이 선지자 나단에게 이르되 볼지어다 나는 백향목 궁에 살거늘 하나님의 궤
는 휘장 가운데에 있도다 3 나단이 왕께 아뢰되 여호와께서 왕과 함께 계시니
마음에 있는 모든 것을 행하소서 하니라 4 그 밤에 여호와의 말씀이 나단에게
임하여 이르시되 5 가서 내 종 다윗에게 말하기를 여호와께서 이와 같이 말씀하
시되 네가 나를 위하여 내가 살 집을 건축하겠느냐 6 내가 이스라엘 자손을 애
굽에서 인도하여 내던 날부터 오늘까지 집에 살지 아니하고 장막과 성막 안에
서 다녔나니 7 이스라엘 자손과 더불어 다니는 모든 곳에서 내가 내 백성 이스
라엘을 먹이라고 명령한 이스라엘 어느 지파들 가운데 하나에게 내가 말하기를
너희가 어찌하여 나를 위하여 백향목 집을 건축하지 아니하였느냐고 말하였느
냐 8 그러므로 이제 내 종 다윗에게 이와 같이 말하라 만군의 여호와께서 이와
같이 말씀하시기를 내가 너를 목장 곧 양을 따르는 데에서 데려다가 내 백성 이
스라엘의 주권자로 삼고 9 네가 가는 모든 곳에서 내가 너와 함께 있어 네 모든
원수를 네 앞에서 멸하였은즉 땅에서 위대한 자들의 이름 같이 네 이름을 위대
하게 만들어 주리라

사무엘하 7:1–17은 하나님께서 다윗과 언약을 맺는 내용입니다. 하나님은 다윗에게 그의 후손의 나라를 견고하게 세우고 그의 나라 왕위를 영원히 견고하게 할 것과 하나님이 그의 아버지가 되고 그는 하나님의 아들이 될 것을 언약하셨습니다. 이 언약을 다윗 언약이라고 부릅니다. 그러면 하나님은 무슨 연유로 이처럼 놀라운 약속을 다윗에게 하셨을까요?

1. 다윗이 성전 건축을 원하다

2절에 보면 다윗 왕이 선지자 나단에게 이렇게 말합니다. "나는 백향목 궁에 살거늘 하나님의 궤는 휘장 가운데 있도다." 왕이 된 다윗은 백향목으로 된 왕궁에 살았습니다. 사무엘하 5:11에 의하면, 이 왕궁은 두로 왕 히람이 자원해서 지어 준 것입니다. 백향목은 레바논 산지에 분포한 나무로서 송진의 냄새가 매우 향기로워 백향목이라고 불립니다. 성경은 백향목에 대해 "가지가 아름답고 그늘은 숲의 그늘 같으며 키가 크고 꼭대기가 구름에 닿았다"(겔 31:3)라고 묘사합니다.

다윗은 이렇게 향기로운 멋진 나무로 지은 아름다운 왕궁에서 살게 되었습니다. 반면에 하나님의 언약궤는 여전히 휘장 가운데 있었습니다. 언약궤는 하나님의 임재와 통치를 상징하는 물건입니다. 그런데 이 소중한 언약궤가 짐승의 가죽과 천으로 된 휘장, 즉 천막(텐트) 안에 있었습니다. 다윗 왕은 이렇게 말도 안 되는 상황을 차마 견딜 수 없었습니다. 그래서 그는 선지자 나단에게 "나는 백향목 궁에 살거늘 하나님의 궤는 휘장 가운데 있다"라고 말한 것입니다. 이 말의 속뜻은 하나님의 성전을 건축하겠다는 말입니다. 이 사실은 하나님이 "네가 나를 위하여 내가 살 집을 건축하겠느냐"(5)라고 말씀하시는 데서 분명히 알 수 있습니다. 다윗의 말을 들은 선지자 나단은 다윗에게 "여호와께서 왕과 함께 계시니 마음에 있는 모든 것을 행하소서"(3)라고 대답합니다.

2. 성전 건축을 원한 때

그런데 1절은 다윗이 하나님의 성전을 건축하려는 마음을 먹었을 때에 대해 이렇게 말씀합니다. "여호와께서 주위의 모든 원수를 무찌르사 왕으로 궁에 평안히 살게 하신 때에." 이 말씀은 "왕이 그의 집에 살고 있을 때 그리고 여호와께서 사방에 있는 그의 모든 적으로부터 안식(쉼)을 주셨을 때"라는 말씀입니다. 여기서 우리는 다윗에 대한 두 가지 특이한 사실을 알게 됩니다. 먼저 다윗은 지금까지 자기 집에서 살지 못했습니다. 그는 '집 안'의 사람이 아니라 '집 밖'의 사람이었습니다. 계속되는 사울의 추적을 피해 굴과 산과 다른 나라로 도망해야 했습니다. 또한 그는 블레셋이나 다른 적들과 수많은 전쟁을 치러야 했습니다. 다윗은 집이 아닌 산과 들과 동굴 등에서 밤이슬을 맞으며 한 데서 살아야 했습니다. 그래서 다윗은 지금까지 안식 없는 삶을 살아야 했습니다. 사울에게 쫓기고 사방에 적들이 그를 죽이려고 쉬지 않고 달려드는데, 하루라도 편히 쉴 수 있었겠습니까? 다윗은 이런 세월을 하루 이틀이 아닌 무려 15년 이상을 해야만 했습니다. 그러니 그의 삶이 얼마나 힘들었겠습니까? 그러던 다윗에게 하나님께서 그의 적들을 무찌르시고 전쟁이 없는 쉼을 주셨습니다. 그는 이제 비로소 왕궁에서 안식의 삶을 살게 되었습니다. 만일 여러분이 이런 상황을 맞이한다면 제일 먼저 무얼 하고 싶으십니까?

3. 성전 건축을 하려는 다윗의 마음

다윗은 바로 이때, 이제 조금 마음 편히 살아볼 만한 때에 하나님의 집인 성전을 건축할 마음을 가졌습니다. 이게 바로 다윗의 마음입니다. 다윗의 이러한 마음은 하나님과 하나님의 은혜를 잊지 않는 마음입니다. 원래 다윗은 양치기였습니다. 하나님은 다윗을 양을 관리하던 사람이라고 하지 않고 양을 '따라다니던' 사람이라고 합니다. 이것은 하나님이 다윗을 택하시기 이전의 그의 낮고 천한 모습을 강조하는 것입니다. 그렇게 낮고 천한 다윗을 아무런 조건 없이 하나님께서 택하셔서 이스라엘을 다스리는 통치자로 삼으셨습니다. 짐승이나 "따라다니던 자"를 이스라엘을 "다스리는 자"로 세우신 것입니다. 이 얼마나 놀라운 은혜입니까?

또한 다윗은 오랜 세월 동안 사울에게 쫓기고 주변의 많은 적과 싸우며 살았습니다. 마치 사냥꾼에게 쫓기는 들짐승처럼 거처 없이 떠도는 철새처럼 살았습니다. 대적의 창과 화살이 언제 그의 심장을 향해 날아들지 모르는 긴박하고 긴장된 도망자의 삶을 오랫동안 살아야만 했습니다. 이러한 그를 그 모든 위험으로부터 안전하게 지키시고 그의 대적을 물리치신 분이 바로 하나님이셨습니다. 하나님은 다윗과 언제나 함께하시고 그를 모든 원수에게서 지켜 주셨습니다. "네가 가는 모든 곳에서 내가 너와 함께 있어 네 모든 원수를 네 앞에서 멸하였은즉"(9). 그리고 마침내 하나님이 그를 이스라엘의 왕으로 세우시고 안식을 주셨으며 그의 왕궁에서 살게 하셨습니다. 그러자 다윗은 하나님을 위한 성전 짓기를 마음먹었습니다. 이것은 다윗이 마음에서 하나님과 하나님의 은혜를 잊지 않고 있었다는 것을 보여줍니다.

사람마다 차이가 있겠지만, 보편적으로 사람은 고난의 때에는 하나님을 찾지만, 그 기간이 지나고 평안의 때가 오면 하나님을 잊기 쉽습니다. 문제가 있을 때는 열심히 기도합니다. 그러나 응답받고 문제를 해결 받은 후에는 기도를 게을리하고 마음에 하나님을 잊은 채 살 때가 많습니다. 이것은 하나님의 은혜를 잊은 마음입니다. 이것은 이성 없는 짐승 같은 마음이요 참으로 무섭고 비참한 마음입니다. 이런 의미에서 신자에게 고난은 화가 아니라 복입니다.

우리는 모든 것을 하나님으로부터 받았습니다. 호흡하는 것, 한 걸음 바로 걷는 것, 밥알 하나 소화하는 것부터 결혼하여 자녀를 낳는 것 등 모든 것이 하나님의 은혜로 된 것입니다. 하지만 사람들은 이 모든 것을 당연하다고 생각합니다. 그러나 그 어떤 것도 당연한 것은 없으며, 모든 것이 다 하나님의 은혜입니다. 여러분, 인간의 가장 큰 죄가 무엇인지 아십니까? 사도 바울은 로마서에서 인간의 죄를 고발하면서 이렇게 말씀합니다. "그들이 마음에 하나님 두기를 싫어하매"(롬

1:28). 하나님을 마음에 두기 싫어하는 것, 이것이 인간 죄의 핵심입니다. 모세는 가나안 땅 진입을 앞둔 이스라엘 백성에게 이렇게 경고합니다. "네 마음이 교만하여 네 하나님 여호와를 잊어버릴까 염려하노라"(신 8:14). 마음이 교만해지면 구원해 주신 하나님을 잊어버립니다. 이것이 인간입니다.

그러므로 우리는 은혜 베풀어 주신 하나님을 잊지 않기 위해 무엇보다 마음을 지켜야 합니다. 지난 과거를 돌아보며 풀무불 같은 고난 중에도 은혜로 인도하시고 망하지 않도록 지켜주신 하나님을 생각하며 감사하고 찬양해야 합니다. 하나님의 인자와 성실과 자비와 긍휼을 잊지 마십시오. 그 무엇보다 하나님이 베풀어주신 구원의 은혜를 잊지 않기를 바랍니다.

4. 맺음말

하나님께서 다윗에 대해 이렇게 말씀하셨습니다. "내가 이새의 아들 다윗을 만나니 '내 마음'에 맞는 사람이라 내 뜻을 다 이루리라"(행 13:22). 다윗이 하나님의 마음에 쏙 들었던 이유는 그의 외모나 그의 부나 그의 지식이나 그의 힘 때문이 아니었습니다. 하나님이 다윗을 '내 마음'에 맞는 사람이라고 말씀한 이유는 하나님을 향한 '다윗의 마음' 때문이었습니다. 다윗의 마음에는 언제나 하나님이 계셨고, 다윗의 마음은 하나님의 은혜를 잊지 않았습니다. 다윗의 마음에는 언제나 하나님이 계셨고, 하나님의 마음에는 늘 이런 다윗이 있었습니다.

하나님과 다윗은 마음과 마음이 이어진 관계입니다. 하나님은 바로 이러한 다윗과 놀라운 영원한 언약을 맺으셨고 하나님의 뜻을 이루게 하셨습니다. 우리 모두의 마음 또한 언제나 하나님을 우선으로 생각하고 높임으로 하나님의 마음에 연결되고 묶여 있기를 바랍니다. 그리하여 하나님의 마음에 맞는 사람이 되고 하나님의 뜻을 이루는 인생이 되시기를 바랍니다.

4. 하늘나라 시민의 생활

: 빌립보서 1:27-28

²⁷ 오직 너희는 그리스도의 복음에 합당하게 생활하라 이는 내가 너희에게 가
보나 떠나 있으나 너희가 한마음으로 서서 한 뜻으로 복음의 신앙을 위하여 협
력하는 것과 ²⁸ 무슨 일에든지 대적하는 자들 때문에 두려워하지 아니하는 이
일을 듣고자 함이라 이것이 그들에게는 멸망의 증거요 너희에게는 구원의 증거
니 이는 하나님께로부터 난 것이라

대한민국에 살면서 늘 숨어 지내며 항상 쫓기고 불안해하는 사람
들이 있습니다. 그들은 불법 체류자들입니다. 이들이 이렇게 사는 이
유는 그들이 대한민국 시민권자가 아니기 때문입니다. 반면에 우리는
어떻습니까? 그들보다 대단히 잘난 것도 없습니다. 단지 대한민국 시
민권을 가지고 있기 때문에 이 땅에서 살아도 아무런 제재도 받지 않
으며 국가가 베푸는 모든 권리와 혜택을 누리고 있습니다. 하지만 또
한 우리는 대한민국 시민권자이기에 대한민국의 법을 지키고 의무를

이행해야만 합니다. 예를 들면 이 나라의 교통법규를 지켜야 하고 이 나라에 세금을 내야 하고 남자들은 군대에 가야 하는 것들입니다. 이처럼 시민권자는 특권도 있지만, 책임과 의무도 있습니다. 사도 바울도 본문에서 이 사실을 말씀하고 있습니다.

1. 빌립보교회 설립 과정

빌립보서는 사도 바울이 자신이 세운 빌립보교회에 보내는 편지입니다. 이 교회가 세워진 과정과 그때 있었던 사건들에 대해서는 사도행전 16장에 잘 설명되어 있습니다. 사도 바울과 실라는 2차 전도여행을 하던 중에 그리스의 빌립보에 도착했습니다. 그들은 그곳에서 자색 옷감 장사 루디아에게 복음을 전하고 그의 집이 다 세례를 받는 복음 전도의 성과를 올립니다. 이렇게 해서 빌립보교회가 시작되었습니다. 하지만 바울은 빌립보에서 복음을 전하던 중에 예상치 않은 한 가지 어려운 일을 당합니다. 바울과 실라는 기도하는 곳으로 가다가 점치는 귀신 들린 여종 하나를 만났습니다. 그리고 바울은 그 여종에게서 귀신을 쫓아냈습니다. 그러자 그 여종의 주인들은 자기들의 수입원이 사라진 것을 알고 바울과 실라를 붙잡아 광장으로 관원들에게로 끌고 가서 그들을 고소했습니다. 그러자 그곳에 모인 무리도 일제히 일어나 그들을 공격했고, 상관들은 바울과 실라의 옷을 찢어 벗기고 그들을 매로 치라고 명령했습니다.

바울과 실라는 매를 많이 맞은 후에 옥에 갇혔습니다. 한밤중에 그들이 기도하고 하나님을 찬송하는데 갑자기 큰 지진이 나서 옥터가 움직이고 옥문이 다 열리며 모든 사람의 매인 것이 다 벗어졌습니다. 간수가 자다가 깨어 옥문들이 열린 것을 보고 죄수들이 도망한 줄로 생각하여 칼을 빼 자결하려고 했습니다. 그러자 바울이 그를 만류하였고, 결국 그 간수와 그의 온 가족이 예수를 믿고 세례를 받았습니다.

다음날 상관들이 부하를 보내어 바울과 실라를 놓아주라고 명령하였습니다. 그래서 간수는 바울에게 "상관들이 당신들을 놓아주라고 사람을 보냈습니다. 그러니 이제 나오셔서 평안히 가십시오."라고 전했습니다. 그러자 바울이 이렇게 말했습니다. "로마 사람인 우리를 유죄 판결도 내리지 않은 채 사람들 앞에서 때리고 감옥에 가두었다가 이제 와서, 슬그머니 우리를 내보내고자 하느냐? 안 된다. 그들이 직접 와서 우리를 석방해야 할 것이다." 이 말을 전해 들은 상관들은 바울이 로마 사람이라는 말을 듣고 두려워했습니다. 그리하여 그들은 감옥에 가서 그들을 위로하고 데리고 나가서, 그 성에서 떠나 달라고 간청했습니다.

2. 빌립보 사람들이 바울을 공격한 이유

우리는 본문 말씀을 바로 이해하기 위해서 이 사건 속에 나타난 어떤 특별한 내용에 주목할 필요가 있습니다. 귀신 들린 점치는 여종의 주인들이 자신들의 수입이 끊어진 것을 알고 바울과 실라를 데리고 광장으로 끌고 가서 관원들에게 고소했습니다. 그때 그들은 "이 사람이 우리 여종으로부터 귀신을 쫓아내어 우리의 수입이 끊어졌습니다."라고 말하지 않았습니다. 대신에 그들은 "이 사람들은 유대 사람들인데, 우리 성을 소란하게 하고 있습니다. 이 사람들은 로마 사람인 우리로서는 받아들일 수도 없고 실천할 수도 없는 부당한 관습을 선전하고 있습니다"라고 고소했습니다. 이것은 모함입니다. 이 모함의 핵심 내용은 유대인인 바울과 실라가 로마 사람인 빌립보 사람들이 수용할 수 없고 실행할 수도 없는 부당한 관습을 전한다는 것이었습니다. 쉽게 말하면 로마시민과 로마의 관습에 반하는 어떤 것을 전한다는 것이었습니다. 여종의 주인들은 왜 이렇게 모함했을까요? 그것은 이렇게 고소하는 것이 빌립보 사람들과 상관들을 격동시키기에 매우 적합한 것이었기 때문입니다. 그렇다면 왜 빌립보 사람들은 로마시민과 로마의 법에 반하는 어떤 것을 전하는 것에 그토록 민감하게 반응했을까요?

3. 로마 시민의 자부심과 책임

사도행전 16:12은 빌립보 시가 "마게도냐 지방의 첫 성이요 또 로마의 식민지라"고 말씀합니다. 빌립보 시가 마게도냐 지방의 "첫 성"이라는 말은 빌립보가 마게도냐 지역에서 매우 중요한 도시라는 의미입니다. 사실 빌립보는 로마의 식민지였지만 로마의 다른 식민지들과는 매우 달랐습니다. 로마는 빌립보의 사람들에게 로마 시내의 시민과 똑같은 법적 지위를 부여했습니다(행 16:21). 그래서 여종의 주인들은 광장에 모인 사람들 앞에서 "로마 사람인 우리가"라는 말로 그들이 로마 시민이라는 사실을 강조했던 것입니다. 또한 그들은 개인 재산을 소유할 수 있었고, 재판권을 가질 수 있었으며, 공물과 세금을 면제받았습니다. 그래서 빌립보 시는 '작은 로마'라고 불렸습니다. 빌립보 시민은 자신들이 로마 시민이라는 것에 대단한 자부심을 품고 있었고, 로마 시민으로서 로마의 법을 지키는 것에 충실했습니다. 이런 까닭에 여종의 주인들이 바울과 실라가 로마법을 어기고 로마시민이 받을 수 없는 풍습을 전한다고 모함했을 때 빌립보 사람들과 상관들이 바울과 실라를 거칠게 공격했던 것입니다.

빌립보 사람들이 로마 시민의 자부심과 긍지를 가지고 로마의 법을 철저히 지켰다는 사실은 바울의 항의와 그것에 대한 상관들의 반응에서도 분명하게 나타납니다. 바울은 자신을 폭행하고 가두었다가 가만히 내보내고자 한 상관들에게 "로마 사람인 우리를 죄도 정하지 아니하고 공중 앞에서 때리고 옥에 가두었다가 이제는 가만히 내보내고자 하느냐?"(행 16:37)라고 말했습니다. 여기서 바울은 자신이 로마 시민이라는 것을 강조하고 있습니다. 그러자 상관들은 바울과 실라가 로마 사람이라는 말을 듣고 두려워했습니다. 그리고 감옥에 가서 그들을 위로하고, 데리고 나가서는 그 성에서 떠나 달라고 간청했습니다(행 16:38). 왜 그랬을까요? 로마법에 따르면, 로마시민이 고소당한 경우에는 반드시 재판을 통해 죄의 유무를 가리고, 죄가 있을 때만 처벌할 수 있었습니다. 그런데도 상관들은 바울에게 그렇게 하지 않았습니다. 그래서 상관들은 자신들이 로마의 시민으로서 로마의 법을 어긴 것을 알았고 이것이 두려워서 바울과 실라에게 달려와 잘못을 빌고 그들을 데리고 나가 빌립보에서 떠나달라고 간청했던 것입니다.

4. 하늘나라 시민의 생활

그런데 사도 바울은 빌립보교회에 편지를 쓰면서 제일 먼저 "오직 너희는 그리스도의 복음에 합당하게 생활하라"(빌 1:27)고 권면합니다. 여기서 "생활하다"라는 말은 "시민으로 살다"라는 뜻입니다. 그러므로 복음에 합당하게 생활하라는 말은 복음에 합당한 시민 생활을 하라는 뜻입니다. 사도 바울이 이 명령을 할 수 있었던 이유는 "우리의 시민권은 하늘에 있는지라"(빌 3:20)는 말씀에 있습니다. 예수님을 믿는 사람은 비록 이 땅에 살고 있지만, 하늘나라의 시민권자입니다. 그러므로 신자는 하늘나라 시민으로서 그것에 대한 자부심과 긍지를 가지고 당당하게 이 땅에서 살아가야 합니다. 동시에 신자는 하늘나라 시민이기에 이 땅에서도 하늘나라의 법을 지키며 살아야 합니다. 사도 바울이 로마 시민권에 대한 자부심을 가지고 로마의 법을 지키려고 애를 썼던 빌립보 교인들에게 편지를 쓰면서 시민권을 이야기한 이유가 바로 여기에 있습니다. 빌립보의 교인들은 시민권이 어떤 것인지를 잘 알고 있었기 때문입니다.

5. 한마음, 한 뜻, 협력하는 것

그러면 사도 바울이 빌립보교회에 요구한 하늘 시민의 복음에 합당한 생활은 어떤 것일까요? 그것은 "너희가 한마음으로 서서 한뜻으로 복음의 신앙을 위하여 협력하는 것"(27)입니다. 빌립보교회는 내부적으로 분열의 아픔을 겪고 있었습니다(2:1 이하). 그들은 서로 한마음 한뜻이 되지 못했고 서로 협력하지 않았습니다. 빌립보 교인들은 주님께 대한 열심은 있었으나 서로 화합하지는 못했습니다. 그래서 사도 바울은 이러한 분열을 극복하고 하늘나라 시민답게 살 수 있는 대안을 가르쳐 줍니다. 그것은 바로 그리스도의 모범을 따르는 것입니다. "너희 안에 이 마음을 품으라 곧 그리스도 예수의 마음이니"(빌 2:5). 그러면 그리스도의 마음은 무엇입니까? 그리스도는 근본 하나님의 본체시나 하나님과 동등됨을 취할 것으로 여기지 아니하시고 오히려 자기를 비워 종의 형체를 가지사 사람들과 같이 되셨고 사람의 모양으로 나타나사 자기를 낮추시고 죽기까지 복종하셨습니다(빌 2:6-8). 예수께서 하나님과 동등됨을 취할 것으로 여기지 않았다는 말씀은 무슨 뜻일까요? 예수께서 하나님과 동등임을 탈취물로 여기지 아니하셨다는 말입니다. 좀 쉽게 말씀드리면, 예수님이 하나님이신 것은 하나님이라는 신분을 누군가로부터 빼앗아 된 것이 아니라 원래부터 예수님은 하나님이시라는 뜻입니다. 예수님은 강도가 남의 금품을 탈취하듯이 하나님이라는 신분을 탈취해서 하나님이 된 것이 아닙니다. 예수님은 원래 하나님이시고 언제나 하나님이십니다. 그런데도 예수님은 사람이 되기까지 자기를 비우고 낮추셨습니다. 이것이 바로 그리스도의 마음입니다.

6. 맺음말

가정이든 교회든 회사든 여러 사람이 모인 공동체는 언제나 분열과 다툼의 가능성을 가지고 있습니다. 하지만 하늘나라 시민권자인 우리는 이러한 분열과 갈등을 잘 극복해야 합니다. 그 비결은 그리스도처럼 자신을 낮추어 종이 되며, 겸손한 마음으로 모든 사람을 자기보다 낮게 여기는 것입니다. 이것이 바로 그리스도의 복음에 합당하게 천국 시민 생활을 하는 것입니다. 우리는 비록 이 땅에 살지만, 우리의 시민권은 하늘에 있습니다. 우리는 이 땅에서 살아도 하늘을 사는 사람들입니다. 그러므로 우리는 예수님의 마음을 가지고 죽기까지 자신을 낮춤으로써 한마음 한뜻으로 서로 협력해야 합니다. 교회에서나 직장에서 열심히 일하는 것은 너무나 마땅하나 그 열심이 자기를 높이고 하나 됨을 깨뜨리며 분열을 일으키는 것이 되어서는 안 됩니다. 죽기까지 자신을 낮춘 그리스도의 마음을 잊지 마십시오. 직장에서도 자신을 낮춤으로 하나 됨을 이루어 하늘나라의 시민임을 나타내고 하늘 시민권자의 자부심과 품격을 지켜나가시기를 바랍니다.